무비 스님의
증도가 강의

무비 스님의
증도가 강의

조계종
출판사

강의를 시작하며

『증도가(證道歌)』는 예로부터 『신심명(信心銘)』과 함께 선시(禪詩)의 백미(白眉)로 꼽히는 글입니다. 또한 선(禪)을 공부하는 이들에겐 필수 지침서라 할 만큼 중요하고 익숙한 글입니다. 수많은 역대 조사 스님들이 법문에 『증도가』를 인용하셨고, 선방에서도 『증도가』를 외우지 못하면 대화가 안 될 정도입니다.

먼저 제목부터 살펴보겠습니다.

'증도가'는 증득할 증(證), 길 도(道), 노래할 가(歌), 글자 그대로 풀이하면 도를 증득한 노래, 도를 증득하고 부르는 노래, 즉 '깨달음의 노래'입니다. 따라서 오도송(悟道頌)과 그 맥을 같이합니다. 사실 팔만대장경이 몽땅 부처님 깨달음의 노래라고 할 수 있습니다. 그중에서도 대표적인 것은 보리수 아래에서 깨달음을 얻고 가장 먼저 설하신 『화엄경(華嚴經)』입니다.

부처님과 조사들의 확철대오(廓徹大悟)만 깨달음인 것은 아닙니다. 인생을 살다 보면 누구나 나름대로 깨닫는 바가 있고, 일상에서 하루에도 몇 번씩 새롭게 깨닫는 바가 있습니다. 비록 각성(覺性)의 힘이 미약해 널리 적용되지 못하고 오래가지는 못하지만 그것 역시도 깨달음입니다. 또한 깨달음은 단 한 차례에 그치는 것이 아닙니다. 전적을 통해 과거 조사 스님들도 몇 번씩 깨달았던 사실을 확인할 수 있습니다.

『선요(禪要)』를 남기신 고봉원묘(高峰原妙) 선사도 큰 깨달음만 몇 차례 있었고, 『서장(書狀)』을 남긴 대혜종고(大慧宗杲) 선사도 여러 차례 깨달으셨습니다. 작은 깨달음이 쌓이고 반복되다 보면 큰 깨달음도 찾아오리라 생각합니다.

영가 스님께서 깨달음을 성취한 내력은 『육조단경(六祖壇經)』「참청기연품(參請機緣品)」에 수록되어 있습니다. 영가 스님은 당나라 절강성(浙江省) 온주부(溫州府) 영가현(永嘉縣) 출신이고, 성은 대(戴) 씨, 자(字)는 명도(明道)입니다. 여덟 살에 출가해 경·율·론 삼장을 두루 섭렵하였고, 특히 천태지관법문(天台止觀法門)에 정통했다고 합니다.

천태지관은 천태 지자대사(智者大師)께서 확립한 선법입니다. 영가 스님 당시는 교학과 율이 성행하던 시기입니다. 그래서 선도 불립문자(不立文字)를 표방하는 달마선(達磨禪)보다 교학을 겸비하는 천태선(天台禪)이 더 유행했습니다. 영가 스님도 천태지관법문을 깊이 공부하고, 천태종을 계승할 유망주로 촉망받던 인물이었습니다. 천태종 제8조인 좌계현랑(左溪玄朗) 법사가 그와 동문수학한 사이입니다.

스님이 개원사(開元寺)에서 지낼 때 우연히 현책(玄策) 스님이라는 분을 만나게 되는데, 이분이 육조대사의 제자였습니다. 현책 스님이 이야기를 나눠보니, 영가 스님의 불교에 대한 소견이 남달랐습니다. 그래서 물었습니다.

"상당히 깊은 경지에 이르렀는데, 당신의 법사는 누구십니까?"

"제가 방등(方等)의 여러 경론을 공부할 때는 각각 가르쳐 주신 분들이 계셨습니다. 그 후 『유마경』을 읽다가 부처님의 마음을 깨달았습니다. 그런데 제가 깨달은 바를 증명해 주는 분이 아직 없습니다."

옛 스님들의 행장을 살펴보면 깨달음의 계기가 참 다양합니다. 현각 스님은 경전을 보다 깨달은 것입니다. 그러자 현책 스님이 이렇게 말합니다.

"위음왕불(威音王佛) 이전이라면 인가(認可)를 받지 않아도 됩니다. 하지만 위음왕불 이후에 만약 인가해 주는 스승이 없다면 그자는 천연외도(天然外道)입니다."

위음왕불은 아득한 과거에 출현하신 최초의 부처님입니다. '위음'에서 위(威)는 색(色) 즉 형상을 뜻하고, 음(音)은 성(聲) 즉 소리를 뜻합니다. 그래서 "위음왕불 이전"이라 하면 '빛깔과 소리가 있기 전'이라는 뜻입니다. 석가모니 부처님도 연등불께 수기를 받았으니, 훌륭한 스승을 찾아 그 깨달음을 확인받으라는 것입니다.

영가 스님이 "그러면 스님께서 저를 증명해 주십시오" 하고 청합니다. 내가 깨달은 바를 들어 보시고 불법에 합당하면 인가해 달라는 것입니다. 하지만 현책 스님이 이렇게 권합니다.

"내 말은 가볍고, 조계산에 육조대사라는 분이 계십니다. 육조대사는 워낙 덕화가 뛰어나 사방에서 학자들이 운집하고, 또 법을 얻은 사람도 상당히 많습니다."

덧붙여 "만약 갈 생각이 있다면 내가 동행해 주겠다"고 합니다. 그래서 현각 스님이 현책 스님과 함께 육조 스님을 찾아뵙게 됩니다.

이렇게 성사된 영가 스님과 육조 스님의 만남은 선종사(禪宗史)에서 두고두고 회자되는 이야깃거리입니다. 영가 스님은 육조 스님을 뵙고는 인사도 하지 않은 채 육조 스님이 앉아 계신 선상 주위를 빙빙 세 바퀴 돌았습니다. 그리고는 주장자를 쾅하고 내려찍고 떡하니 제자리에 섰습니다.

예의가 없고 배운 게 없어서 이런 행동을 한 것이 아닙니다. 자신이 체득한 바를 표현해 상대가 어떻게 반응하는지 살핀 것입니다. 이를 거량(擧揚)이라 합니다. 그러니 육조 스님이 그냥 계실 수 없지요.

"무릇 사문이라면 삼천 가지 위의와 팔만 가지 세밀한 행실을 갖춰야 하는데, 스님은 도대체 어디서 왔기에 그리 도도하게 아만을 부리는가?"

이때 영가 스님의 나이는 서른하나이고, 육조 스님은 예순여덟이셨다고 합니다. 젊은 스님이 당돌하게 행동하니까 꾸짖은 것입니다. 그러자 영가 스님 이렇게 대답했습니다.

"나고 죽는 일이 크고, 무상(無常)이 신속합니다."

삶과 죽음이 중대한 문제인데, 시간은 너무 빨리 흘러간다는 것입니다. 중대사를 해결하기에도 시간이 촉박한데 예의범절 따질 겨를이 어디 있느냐는 겁니다. '생사사대(生死事大) 무상신속(無常迅速)'이 여덟 글자는 수행에 임하는 출가자 본연의 자세를 가장 잘 표현한 말입니다. 그러자 육조 스님께서 말씀하십니다.

"왜 그대는 무생(無生)의 도리를 체달하지 않는가?"

죽고 사는 일이 중대하다고 말했는데, 왜 본래 나고 죽음이 없는 도리를 체달하지 못하는가? 무상이 신속하다고 말했는데, 신속한 변화 가운데 본래 신속함이 없는 도리를 왜 깨닫지 못하는가? 그것도 깨닫지 못하고서 무슨 죽고 사는 일이 중대하다느니 무상이 신속하다느니, 그따위 소리를 하느냐고 되받은 것입니다. 그러자 영가 스님이 이렇게 대답합니다.

"깨달았다고 하는 것은 곧 생사가 없는 것이고, 요달했다고 하는 것은 본래 더디고 빠를 것이 없는 것입니다."

깨달음의 경지, 요달의 경지에는 생로병사(生老病死)와 인생무상(人生無常)이 없다는 것입니다. 즉 영가 스님이 "스님께서 말씀하신 생사가 없는 도리, 신속함이 없는 도리를 깨달아서 알고 있습니다" 하고 입장을 표명한 것입니다.

그러자 육조 스님이 "그렇지, 그렇지" 하며 인정합니다.

이것을 첫 번째 인가라고 합니다. 육조 스님이 단박에 영가 스님을 인정하자 그 자리에 있던 대중들이 깜짝 놀랍니다. 또 후대에는 두 분의 이 대화를 두고 "육조 스님보다 영가 스님의 견해가 더 날카롭고 뛰어나다"고 평한 분도 있습니다.

얼핏 보면 그런 면이 보이기도 합니다. 하지만 법거량이란 당사자들의 타고난 성향과 깊은 관련이 있습니다. 따라서 표면적으로 드러난 말만 가지고 그 경중을 논해서는 안 됩니다. 영가 스님은 날카로운 기질의 소유자였고, 반면에 육조 스님은 점잖은 성품이셨습니다.

육조 스님의 인정을 받고서야 영가 스님이 위의를 갖추고 예배를 드립니다. 그리고는 곧바로 떠나려 합니다. 그러자 육조 스님께서 '세상에 이렇게 급한 사람이 있는가' 싶어 "너무 빠르지 않은가?" 하십니다. 이것 역시도 영가 스님이 자신의 견해를 한 번 더 점검받으려고 취한 동작입니다. 그러자 영가 스님이 대답합니다.

"본래 움직이는 것이 아닌데, 어찌 빠름이 있겠습니까?"

본래 온 적도 없는데 가는 일이 어디 있겠냐는 것입니다. 본래 마음자리는 움직임이 없습니다. '온다', '간다'고 말하고 생각하지만 가고 오는 주체는 없습니다.

그러자 육조 스님이 되짚어 묻습니다.

"누가 움직이지 않는다는 사실을 아는가?"

육조 스님께서 아주 점잖게, 상식적인 수준에서 "뭐가 급해 그리 빨리 돌아가는가?" 했는데, 영가 스님이 내친김에 번뜩이는 자신의 지혜를 드러냈습니다. 그러자 육조 스님께서 '네가 그렇게 나온다면 나도 한마디 하겠다' 이겁니다. 그래서 "마음이 움직이지 않는다는 사실을 누가 아느냐?"고 물은 것입니다. '안다', '모른다'가 문젯거리로 부각된 것입니다. 그러자 영가 스님이 이렇게 대답합니다.

"스님께서 스스로 분별하시는 것입니다."

'움직인다', '움직이지 않는다', '안다', '모른다' 하고 스님 혼자 분별하시는 것 아닙니까 하고 지적한 것입니다. 그러자 육조 스님께서 영가 스님의 그 말을 또 인정합니다.

"그대가 생사가 없는 도리, 생멸이 없는 도리, 무생의 뜻을 제대로 알고 있구나."

이것이 육조 스님의 두 번째 인가입니다. 그러자 영가 스님이 다시 꼬투리를 잡고 반항조로 말씀하십니다.

"무생인데 어찌 뜻이 있겠습니까?〔無生豈有意耶(무생기유의야)〕"

본래 생멸이 없고 생사가 없어 모든 게 다 끊어진 자리인데 어찌 의식사량(意識思量)이 있을 수 있겠냐는 것입니다. "무생의 뜻을 깊이 얻었구나" 하신 육조 스님의 말씀을 물고 늘어진 것입니다. 영가 스님의 세 번째 도전입니다.

그러자 육조 스님께 말씀하십니다.

"의식사량이 없다면 어떻게 그러한 사실을 분별하겠느냐?"

그러자 영가 스님이 이렇게 대답합니다.

"분별 역시도 뜻이 아닙니다.〔分別亦非意(분별역비의)〕"

아무리 분별해도 그것은 뜻이 아니라는 것입니다. 깨닫지 못한 사람들은 '나' 또는 '심(心)·의(意)·식(識)' 등의 주체가 있어서 그것이 분별한다고 여깁니다. 하지만 이러한 경지에 이른 사람에게는 분별 자체가 몽땅 진여대용(眞如大用)의 발현이지 무엇이 무엇을 분별하는 게 아닙니다.

그러자 육조 스님이 "훌륭하구나〔善哉(선재)〕" 하고 칭찬하십니다. 이것을 세 번째 인가라 합니다.

그러면서 "하룻밤이라도 자고 가는 것이 어떻겠는가?" 하고 권합니다. 그렇게 해서 영가 스님이 겨우 하룻밤 자고 갔다고 해 별명이 '일숙각(一宿覺)'입니다. 조계산에서 하룻밤 자고 깨달음을 인가받은 분이라는 의미입니다.

고향으로 돌아온 영가 스님은 당신의 깨달음을 정리해 『영가집(永

嘉集)』이라는 책을 남겼습니다. 이 책이 세상에 널리 알려졌는데, 그 가운데서도 이 증도가가 특히 오랜 세월 동안 추앙을 받았습니다. 일본에서는 증도가를 『대승결의경(大乘決疑經)』이란 이름으로 출판한 적도 있습니다. 대승의 가르침이 무르녹아 있는 경전이라는 뜻이지요. 원래 '경(經)'자는 부처님 말씀에만 붙이는 단어입니다. 특별한 예외가 『육조단경(六祖壇經)』과 『대승결의경』입니다. 그러니 후대의 불교도들이 육조대사와 영가대사를 얼마나 존경했는지 미루어 짐작할 수 있을 것입니다.

앞에서 말씀드렸듯, 영가 스님은 『유마경』을 보다가 깨달았습니다. 육조 스님께는 그 깨달음을 인정받았을 뿐입니다. 육조 스님 회상에서 참선한 적도 없고, 법문을 들은 적도 없습니다. 만나자마자 선 자리에서 인사도 없이 곧장 당신이 깨달은 이치를 드러냈던 것입니다. 그리고 몇 마디의 짧은 대화로 그 깨달음을 확증받았습니다. 이는 선종사에서도 특별한 사례입니다. 그래서 증도가가 더욱 돋보이는지도 모르겠습니다.

영가대사께서 증도가를 지은 정확한 시기는 알 수 없습니다. 영가스님이 조계에서 하룻밤 자고 이튿날 하직을 고하자, 육조대사께서 몸소 대중을 거느리고 전송하셨다고 합니다. 그때, 영가 스님이 열걸음쯤 걷다가 석장을 세 번 내려치고 이렇게 말했답니다.

"조계대사를 한 번 뵙고는 나고 죽음과 상관없음을 분명히 알았노라!" 명안종사로부터 부처의 경지에 이르렀다는 증명을 받고 대장부로서 할 일을 마쳤으니, 얼마나 기분이 좋았겠습니까? 그렇게 가벼

운 발걸음으로 조계산에서 내려와 고향으로 향하면서 흥얼거리다 보니, 저절로 한편의 노래가 되지 않았을까 짐작됩니다. 굳이 다리 틀고 앉아서 머리를 싸매고 자구를 맞춰가면서 지었으리라고는 생각지 않습니다.

역대 조사들의 오도송(悟道頌)도 그렇습니다. 깨달음의 희열이 주체할 수 없어 터져 나온 것이 오도송이지, 미사여구를 동원해 억지로 만든 것이 아닙니다. 억지로 끼워 맞춰봐야 그런 글에 무슨 깊이가 있고 무게가 있겠습니까? 깨달음이란 큰 재산이 있어 자신도 모르게 흘러나와야 그게 참된 말입니다. 말이 이 정도는 되어야 읽을 만하고 들을 만하며, 아무리 읽어도 질리지 않고 아무리 들어도 질리지 않는 것입니다. 어린 시절 이 글을 배우고 얼마나 좋았던지, 매일 새벽 증도가로 도량석을 돌던 기억이 새롭습니다.

불기 2558(2014)년 초여름 화엄전에서
무비 합장

차례

제1강

군불견
君不見가

그대는 알리라.

절학 무위 한 도인
絕學無爲閒道人은

배울 것도 없고 할 일도 없는 한가한 도인은

부 제 망 상 불 구 진
不除妄想不求眞이라

망상을 버리지도 않고 진심을 구하지도 않네.

무 명 실 성 즉 불 성
無明實性卽佛性이요

무명의 실제 성품이 그대로 부처님 성품이며

환 화 공 신 즉 법 신
幻化空身卽法身이라

환영 같은 허망한 육신이 그대로 법신이네.

법 신 각 료 무 일 물
法身覺了無一物이요

법신의 실상을 깨닫고 나니 아무것도 없고

본 원 자 성 천 진 불
本源自性天眞佛이라

모든 존재의 근본 자성이 그대로 천진불이로다.

오 음 부 운 공 거 래
五陰浮雲空去來요

오음의 육신도 뜬구름이라 할 일 없이 오고 가며

삼 독 수 포 허 출 몰
三毒水泡虛出沒이로다

삼독의 번뇌도 물거품이라 헛되이 출몰하네.

군 불 견
君不見가
그대는 알리라.

글자 그대로 새기면 "그대는 보지 못했는가?"입니다. '보지 못했
는가?'는 '보았는가?'와 같은 말입니다. "우리 집 아이 보지 못했는
가?"나 "우리 집 아이 봤는가?"나 의미는 같습니다. 또한 '본다'는
'안다'와 일맥상통하는 단어입니다. 따라서 "그대는 아는가?"라고
해석해도 됩니다. 또한 "여러분, 들어보세요" 하는 의미도 담고 있
습니다. 조사들께서 법상에 올라 대중들에게 법문하시는 것을 시중
(示衆)이라 합니다. '대중에게 보인다'는 뜻입니다. 이것 역시 "여러
분, 한번 들어보세요" 하는 것입니다. 또 '군불견'을 '증도(證道)'라
는 제목과 연결해 풀어본다면 "그대는 도(道), 즉 인생의 의미를 제
대로 알고 살아가는 사람을 보지 못했는가?"가 됩니다.

절 학 무 위 한 도 인
絶學無爲閒道人은
배울 것도 없고 할 일도 없는 한가한 도인은

『신심명』에서는 지도(至道), 대도(大道), 중도(中道) 등 형이상학적
인 단어를 많이 사용했는데, 이 증도가에서는 첫 구절에 도인(道人)
이라는 단어가 등장합니다. 도인이란 도(道)가 사람[人(인)]의 것이
되어버린 것, 즉 진리가 인격화된 것입니다. 그것이 도인입니다. 그

럼, 어떤 사람이 진리가 인격화된 사람인가? 첫째, '절학(絶學)'이라 표현했습니다. 모든 번뇌를 끊고 최후의 경지인 아라한과(阿羅漢果)를 증득한 자를 무학(無學)이라 합니다. 이는 배운 것이 없다는 말이 아니라, 완전히 성취해 더는 배울 것이 없다는 뜻입니다. 절학도 마찬가지입니다.

또한 수없이 많은 것을 배우고 익혔지만 공부한 흔적이 없고 공부했다는 상(相)이 없는 것도 절학이라 할 수 있습니다. 우리는 글자 하나라도 새롭게 배우면 마음의 양식이라 여기면서 그것을 '나의 지식'으로 소중히 간직하려고 듭니다. 지식이란 징검다리입니다. 그 다리를 건너 진리의 언덕으로 건너가야지, 그렇지 못하면 또 다른 번뇌의 먼지가 될 뿐입니다. 진리에 도달한 사람, 즉 도인은 어떤가? 아무리 공부를 많이 했어도 공부한 흔적이 없고, 아무리 많은 걸 성취했어도 성취했다는 상이 없습니다. 그것이 절학입니다.

또한 도인은 '무위(無爲)' 즉 조작(造作)이 없다, 하는 일이 없다, 할 일이 없다고 했습니다. 두 손 두 발 꽁꽁 묶고 산다는 말이 아닙니다. 경전도 더 많이 보고, 어록도 더 많이 읽고, 참선도 더 많이 하고, 사유도 더 깊이 합니다. 하지만 도인은 그렇게 온종일 열심히 뭔가를 해도 조작이 없고, 한 흔적이 없고, 한 상이 없습니다. 이것을 무위라 합니다. 반면 우리의 일상은 어떤가? 아무리 작은 일이라도 "내가 무엇을 한다"고 하고, "내가 무엇을 했다"고 합니다. 또 그렇게 한 일을 '내 일'이라 여기기 때문에 이익과 손실을 따지고, 잘했나 못했나를 따집니다. 그래서 바쁩니다. 나에게 손해되는 것을 피하고 이로운 것을 찾자니, 할 일이 태산이고 바쁘지 않을 수가 없는 겁니다.

　그처럼 중생은 '나라는 관념〔我相(아상)〕'에 사로잡혀 끊임없이 조작하는 유위(有爲)이지만 도인은 무위(無爲)입니다. 그래서 '한가하다〔閒(한)〕'고 표현한 것입니다. 진리를 체득하고 보면 일체가 한 바탕이라 다시 특별하게 애쓸 일이 없습니다. 그렇다고 돌덩이나 나무토막처럼 된다는 말은 아닙니다. 진리를 알고, 지혜롭게 사는 사람일수록 더 열심히 더 활기차게 살아갑니다. 그렇게 살아가면서 '내가 한다'는 망령된 생각에 사로잡히지 않고, '내가 했다'는 마음의 흔적을 남기지 않습니다. 그런 사람이라야 도인(道人)이고, 제대로 알고 인생길을 걷는 사람이고, 진리를 완전히 체득해 만고에 한가로운 사람입니다.

　　　부 제 망 상 불 구 진
　　　不除妄想不求眞이라
　　　망상을 버리지도 않고 진심을 구하지도 않네.

　중생의 기본적 습성 중 하나가 취하고〔取(취)〕 버리는〔捨(사)〕 것입니다. 유형의 것이건 무형의 것이건 마음에 들면 취하고 마음에 들지 않으면 버립니다. 욕정(欲情)에 따라 취하고 버리던 습성은 출세간 길에 들어서도 쉽게 사라지지 않습니다. 그래서 수행에 도움이 된다 싶으면 집착하고, 수행에 방해된다 싶으면 모조리 버리려고 듭니다. 하지만 진짜 도인은 어떤가? 망상을 제거하지도 않고 진실을 구하지도 않습니다. '진(眞)'은 진리(眞理), 진실(眞實)이란 뜻으로 망상(妄想)의 반대말입니다. 뒤쪽의 '망상'과 상대되는 단어인 진상(眞想), 진심(眞心)으로 해석해도 괜찮습니다. 망령된 생각을 제거하지도 않고 참다운 마음을 구하지도 않는다는 것입니다.

도인에게는 망상과 진심이 따로 있지 않습니다. 우리에게 망상인 것도 도인에게는 이미 망상이 아닙니다. 우리는 불 꺼진 캄캄한 방으로 들어서면 거기에 '어둠'이 있다고 생각합니다. 또 불이 켜져 환한 방으로 들어서면 거기에 '밝음'이 있다고 생각합니다. 하지만 실재하는 어둠과 밝음은 없습니다. 방이 있을 뿐입니다. 방은 인연 따라 어두울 때도 있고, 밝을 때도 있습니다. 어둠과 밝음은 인연 따라 나타났다 사라지는 현상일 뿐, 실체가 있는 것이 아닙니다. 따라서 어둠과 밝음을 문제 삼지 않습니다. 부처님도 도인도 배고프면 먹고, 졸리면 자고, 추우면 껴입고, 더우면 벗습니다. 겉보기 일상생활은 똑같았습니다.

무엇이 다른가? 관점이 다릅니다. 우리는 캄캄한 방으로 들어섰을 때, 그 '어둠'에만 주목하고 '방'을 생각하지 않습니다. 또 밝은 방으로 들어섰을 때, 그 '밝음'에만 주목하고 '방'을 생각하지 않습니다. 도인은 어떤가? 시야를 확장해 '방'을 확인합니다. 밝음도 어둠도 모두 방안에서 인연 따라 일어났다가 사라지는 현상이란 것을 아는 것입니다. 그러니 한가한 도인은 겉모양을 갖춰서 되는 것이 아닙니다. 특정한 모습을 점찍어 "이러이러해야 도인이다"라고 고집한다면 그건 착각입니다.

도인은 평등한 자리, 바탕, 즉 방을 보는 자입니다. 밝음과 어둠이 같은 방에서 일어나는 현상이듯이 망상과 진리가 한 바탕임을 보는 것입니다. 하지만 우리는 구분하기에 바쁩니다. 이것은 진리고 저것은 망상이다, 이것은 옳고 저것은 그르다, 이것은 선이고 저것은 악이다. 이리저리 갈팡질팡 경계선을 긋고는 '이것'과 '저것'이 전혀 다른 것이라 주장하고, '이것'을 취하고 '저것'을 버리려고 애쓰고, 뜻대로 되니 안 되니 하면서 온 동네를 시끄럽게 합니다.

정말 '어둠'이 따로 존재하고 정말 '밝음'이 따로 존재한다면, 당장 이 자리에 그 두 가지를 동시에 가져올 수 있어야 합니다. 과연 그럴 수 있습니까? 절대적인 선과 절대적인 악이 어디에 존재한단 말입니까? 그런 분별과 차별이 전부 알량한 자기 잣대이고, 편견의 틀입니다.

그래서 도인은 망상을 제거하지 않습니다. 왜인가? 따로 망상이라 할 만한 것이 본래 존재하질 않기 때문입니다. 또 도인은 진심을 구하지도 않습니다. 어둠에 상대하여 밝음이라 부르듯, 망상에 상대하여 진상이라 한 것일 뿐이지 그것 역시 실체가 있는 것은 아니기 때문입니다. 망상과 진심은 붙여진 '말'에 불과합니다.

이런 도인의 가르침을 배우고 외운다 해서 당장 그것이 우리네 살림살이가 되는 것은 아닙니다. 하지만 자주 읊조리며 그들의 내면세계를 깊이 사유하다 보면 자신도 모르는 사이에 닮아가는 것 또한 사실입니다.

무 명 실 성 즉 불 성
無明實性卽佛性이요
무명의 실제 성품이 그대로 부처님 성품이며

"망상도 제거하지 않고 진상도 구하지 않는다"라고 한 앞 구절과 내용이 일맥상통합니다. 우리는 무명을 제거해야 할 것이라 여기고, 불성은 추구해야 할 것으로 여깁니다. 그래서 번뇌를 없애려 애를 쓰고, 불성이라는 것을 찾고 싶어 안달입니다. 하지만 곰곰이 되짚어 보아야 합니다.

'끊임없이 일어나고 있는 이 번뇌망상, 짙은 안개처럼 도무지 걷힐 줄 모르는 이 무명, 이것이 과연 우리가 생각했던 대로 그리 몹쓸 것인가? 꼭 제거해야만 하는 것인가?'

불법 공부하는 사람들이 번뇌망상을 제거하려고 얼마나 많은 노력을 기울입니까? 하지만 영가 스님께서 그러지 말라는 것입니다. 그 성품을 알면 곧 불성이지만, 모르면 번뇌요, 무명이란 것입니다. 그러니, 무명과 번뇌를 억누르고 없애려 애쓸 것이 아니라 바탕을 보라는 것입니다. 불성을 찾아 헤맬게 아니라 당장 번뇌와 무명의 실상을 보라는 것입니다.

환 화 공 신 즉 법 신
幻化空身卽法身이로다.
환영 같은 허망한 육신이 그대로 법신이네.

우리의 육신은 이른 아침 풀 끝에 맺힌 이슬처럼, 허공에 핀 꽃처럼, 저물녘 연기처럼, 참으로 허망하고 부질없는 것입니다. 튼튼하지도 오래가지도 못합니다. 작은 가시 하나도 감당하지 못해 상처가 나고 아프지 않습니까? 쉽게 병이 들고, 늙어가지 않습니까? 이리

저리 뒤져 보면 어느 한구석은 부족하고 장애가 있지 않습니까? 그 래서 이 육신에 실망한 자들은 법신(法身), 즉 영원불멸한 진리의 몸을 추구합니다.

법신은 어디에 있는가? 이것이 문제입니다. 영가 스님께서 "환영처럼 헛된 이 몸 그대로가 곧 법신이다" 했습니다. 찾고자 하는 법신이 바로 우리의 육신이란 것입니다. 늙고, 병들고, 부족하고, 장애가 있는 이 몸이 영원한 진리의 몸이란 것입니다.

존재의 실상(實相)을 꿰뚫어 본 안목에는 늙고, 병들고, 장애가 있고, 더럽고, 허물투성이인 이 몸이 그대로 청정법신(淸淨法身) 비로자나불(毘盧遮那佛)입니다. 지금 이렇게 말하고, 보고, 듣고, 느끼고, 아는 이대로가 법신입니다. 이것을 제외하고 달리 법신이라 할 것은 없습니다. 이 육신만 법신인가? 『화엄경』에서는 한 걸음 더 나아가 이 우주 전체가 그대로 부처님이라 했습니다.

그러니, 세상을 바꿀 것이 아니라 세상을 바라보는 눈을 바꾸어야 합니다. 중생의 눈에는 이 육신이 볼품없고, 온갖 번뇌만 들끓게 하는 쓸모없는 것으로 보입니다. 하지만 깨달은 사람의 눈에는 그렇질 않습니다. 지금 이래로 진리가 온전히 현현하고 있는 것입니다. 이외에 달리 법신은 없습니다.

"무명의 참 성품이 곧 불성이고, 환영처럼 헛된 몸이 곧 법신이라"는 두 구절만 납득하면 증도가 전체를 꿰뚫을 수 있습니다. 이 구절의 뜻을 직접 체험하고 증명한다면 수많은 가르침 가운데 궁극(窮極)을 통달했다고 자신할 수 있습니다.

법 신 각 료 무 일 물
法身覺了無一物이요
법신의 실상을 깨닫고 나니 아무것도 없고

부처님께서는 항상 상황을 살피고 청중의 수준을 살펴 가르침을 설파하셨습니다. 이것을 방편설(方便說)이라 합니다. 수준별 학습인 셈이지요. 그래서 가장 상식적인 불교, 즉 초급에서는 무명(無明)과 불성(佛性), 번뇌(煩惱)와 열반(涅槃), 망심(妄心)과 진심(眞心) 등을 구분해 어느 하나는 극복해야 할 대상으로 어느 하나는 추구해야 할 대상으로 설명합니다. 하지만 이 증도가는 청중을 고려한 말씀이 아닙니다. 그야말로 영가대사께서 큰 깨달음을 얻고 그 터지는 감흥을 이기지 못해 자신의 경지를 마음껏 노래한 것입니다. 그래서 쉽게 들을 수 없는 참으로 희유한 말씀을 하신 것입니다.

이 몸뚱이가 그대로 법신(法身)인 줄을 깨달으면 '무일물(無一物)', 한 물건도 없다고 했습니다. '한 물건도 없다'는 것은 법신 아닌 것이 하나도 없다, 전부가 법신이라는 뜻입니다. 망상에 사로잡혀 실체가 있다고 여겼던 것들이 몽땅 그림자처럼 본래 실체가 없었다는 것이지, 실재하던 무엇무엇이 깡그리 없어졌다는 의미가 아닙니다.

당송 팔대가(八大家) 중 동파거사(東坡居士) 소식(蘇軾)이란 분이 있습니다. 그 소동파가 동림상총(東林常總) 선사를 만나 무정설법(無情說法)에 대한 이야기를 듣게 됩니다. 설법이란 보통 감정이 있는 사람의 말씀을 두고 하는 말입니다. 그런데 상총 선사께서 소동파에게 유정(有情)인 사람뿐 아니라 무정(無情)들, 저 산의 나무와 바위들까지도 모두 법을 설한다고 한 것입니다. 소동파가 도무지 이해가 되질 않는 겁니다. 그래서 골똘히 생각에 잠겨 산길을 걷다가 지축을 뒤흔드는 폭포수 소리에 놀라 무정설법의 도리를 깨달았다고 합니다. 그때 상총 선사께 올린 시가 있습니다. 소동파의 오도송이라고 할 수 있는 시입니다.

계성변시광장설　　　산색기비청정신
溪聲便是廣長舌　　　山色豈非淸淨身
야래팔만사천게　　　타일여하거사인
夜來八萬四千偈　　　他日如何擧似人
시냇물 소리가 곧 부처님의 설법이요
산의 빛깔이 어찌 청정법신이 아니리오.
밤새 들려주신 팔만사천의 게송을
훗날 사람들에게 어떻게 전해야 할까요?

부처님의 32상 가운데 광장설상(廣長舌相)이 있습니다. 부처님은 혀가 두툼하고 길어서 내밀면 이마에 닿을 정도였다고 합니다. 이는 풍부하고 끝이 없었던 부처님의 설법을 표상한 것이기도 합니다. 또 옛날 인도에서는 논쟁할 때 혀를 내미는 풍습이 있었답니다. 진실만을 말한다는 뜻이랍니다. 부처님은 진실을 드러낸 분입니다. 그러니 부처님의 설법이란 곧 진리의 표현입니다. 소동파가 깨닫고 보니, 시냇물 소리가 곧 풍부하고 끝없는 부처님의 설법이더라는 것입니다.

진리가 어찌 소리로만 표현되겠습니까? 그래서 울긋불긋 세월 따라 끝없이 변화하는 산천초목(山川草木)의 모습이 어찌 청정법신 비로자나불이 아니겠냐고 했습니다. "환영처럼 헛된 몸이 곧 법신"이라 하고, "법신을 깨닫고 보니 이 세상 무엇 하나 법신 아닌 것이 없더라"고 노래한 영가대사와 딱 맞아 떨어집니다.

밤사이 쉬지 않고 들려온 물소리를 수량으로 따진다면 얼마나 많겠습니까? 그래서 그것을 부처님의 한량없는 설법을 표현하는 말인 '팔만사천법문(八萬四千法門)'에 빗대어 팔만사천의 게송이라 한 것입니다.

참, 기가 막힌 이야기지요. 모든 소리가 부처님의 설법이고, 산천초목이 그대로 청정법신 비로자나불인 이 이치를 도대체 어떻게 설명해야 할까요? 설령 구구절절 친절하게 설명한다 한들 과연 누가 쉽게 믿고 이해하겠습니까? 그래서 소동파도 마지막 구절에서 "훗날 사람들에게 어떻게 전해야 할까요?" 했습니다. 소동파 역시도 무명의 참 성품이 곧 불성이고, 환영처럼 헛된 몸이 곧 법신이란 것을 깨달은 것입니다.

이것이 부처님 가르침의 최고 경지입니다. 더 이상은 없습니다.

본 원 자 성 천 진 불
本源自性天眞佛이라
모든 존재의 근본 자성이 그대로 천진불이로다.

보통 자성(自性)이란 단어는 개개 사물의 독립된 성품을 일컫는 말로 쓰입니다. 즉 다른 것에는 없고 그것에만 있는 고유한 특성을 흔히 자성이라 합니다. 존재의 실상을 깨닫지 못하면 유형무형 개개의 존재에 고유한 성품이 있다고 여깁니다. 하지만 이는 착각입니다. 연기하는 실상을 면밀히 살펴보면 그것만의 고유한 특성은 없습니다. 어떤 특성이건 인연 따라 일어났다 인연 따라 사라질 뿐입니다. 그래서 대승에서는 만법개공(萬法皆空), 온갖 법이 다 공하다, 온갖 법이 고유한 특성이 없는 공이라 설명합니다. 또한 이런 모든 존재의 실상을 일컬어 법성(法性)이라 하고, 중생들의 망상과 착각으로 파악되는 자성과 구분하기 위해 진여자성(眞如自性), 즉 참되고 여여한 자성이라 부릅니다. 그러니 지금 이 구절에서 '자성'이라 한 것은 곧 '법성(法性)', '진여(眞如)'를 뜻합니다. 이 자성은 사람뿐 아니라 모든 존재에 하나로 통하는 자성입니다.

'천진불(天眞佛)'이란 조작할 것도 없고 꾸밀 것도 없이 천연 그대로 참된 부처님이라는 것입니다. 본래불(本來佛)이란 말과도 통합니다. 즉 모든 존재의 참된 성품이 본래 부처님이라는 것입니다. 이것이 중요합니다. 선종을 이해하고 증도가를 이해하려면 반드시 이것을 알아야 합니다.

여러 경전에서 삼아승지겁(三阿僧祇劫)이라는 무수한 세월에 육바라밀을 닦고 십바라밀을 닦아 점차로 부처가 된다고 설하는데, 그것 역시 방편설입니다. 최상승(最上乘)을 표방하는 선종에서는 어떻게 말씀하는가? 갈고, 닦고, 새로 만들고 하는 것이 아니라 본래 부처님과 한 치도 다르지 않음을 알면 그것으로 끝이라는 것입니다. 앞에서 "무명이 그대로 불성이고, 육신이 그대로 법신"이라 하신 말씀과 같습니다.

오 음 부 운 공 거 래
五陰浮雲空去來요
오음의 육신도 뜬구름이라 할 일 없이 오고 가며

5온(五蘊)·12처(十二處)·18계(十八界)를 삼과법문이라 합니다. 이 것을 일일이 들 수 없어서 그 대표로 오음을 거론한 것입니다. 우리 가 '나'라 여기는 것을 간단히 분석하면 육체(色(색))와 정신(心(심))으 로 구분됩니다. 그리고 그 정신이란 것을 또 세분하면 감정(受(수))과 관념(想(상))과 의지(行(행))와 사고(識(식))로 구분됩니다. 이런 색 (色)·수(受)·상(想)·행(行)·식(識)을 5음 또는 5온이라 칭합니다. 12처 와 18계 역시 5온과 완전히 다른 것이 아니라 기준을 달리한 분류법 일 뿐입니다.

범부들은 5온·12처·18계를 '나' 또는 '나의 것'이라 집착합니다. 뿐만 아니라 5온·12처·18계가 분명히 존재한다고 여깁니다. 하지 만 한가한 도인이 보기엔 그렇지 않다는 것입니다. 무명이 곧 불성 이고 육신이 곧 법신인 차원에서 보면, 오음이 이미 오음이 아닙니 다. 실체가 있는 것이 아니라 뜬구름과 같다는 것입니다. 그래서 '공연히 오간다(空去來(공거래))'고 표현한 것입니다. 오온으로 구성 된 육신을 두고 실체가 있다고 여겨 '나'라고 보는가, 실체가 없음을 간파해 '법신'으로 보는가가 범부와 도인의 차이입니다. 육신을 그 대로 법신으로 보면, 육신을 형성하고 있는 오음은 뜬구름처럼 그야말로 헛되이 왔다가 부질없이 사라지는 것입니다.

삼 독 수 포 허 출 몰
三毒水泡虛出沒이로다
삼독의 번뇌도 물거품이라 헛되이 출몰하네.

오음만 부질없이 모였다 흩어지는가? 오음을 바탕으로 생기는 삼독(三毒)도 마찬가지라는 것입니다. 이 구절의 '삼독'도 딱히 탐욕〔貪(탐)〕과 분노〔瞋(진)〕와 어리석음〔癡(치)〕만 말하는 것은 아닙니다. 앞의 '오음'과 마찬가지로 온갖 번뇌를 총칭하는 말입니다. 탐욕과 분노와 어리석음, 이 세 가지가 가장 뿌리 깊은 번뇌입니다. 여기에 교만〔慢(만)〕과 의심〔疑(의)〕을 더한 다섯 가지를 근본번뇌라 합니다. 또 이를 5이사(五利使)와 5둔사(五鈍使)로 구분해 10사(十邪)로 구분하기도 합니다. 번뇌가 어찌 열 가지뿐이겠습니까. 그 종류를 자세히 분류하자면 수를 헤아릴 수 없습니다. 그래서 흔히 '팔만사천 번뇌'라 합니다.

그런 수많은 번뇌들의 실상을 살펴보면 물에 둥둥 떠다니는 거품과 같다는 것입니다. 헛것이다, 실체가 없다는 것입니다. 그래서 '헛되이 나타났다 사라진다〔虛出沒(허출몰)〕'고 표현하신 것입니다.

한가로운 도인, 존재의 실상을 간파한 사람, 무명이 곧 불성이고 육신이 곧 법신임을 깨달은 사람의 눈에는 오음도 없고 삼독도 없습니다. 『반야심경(般若心經)』에서도 5온이 모두 공하다〔五蘊皆空(오온개공)〕고 하고, 눈·귀·코·혀·몸·뜻과 빛깔·소리·냄새·맛·감촉·개

념의 12처가 없다고 하고, 거기에 안식·이식·비식·설식·신식·의
식을 더한 18계도 없다고 했습니다. 무명도 없고, 무명이 다함까지
도 없다고 했습니다. 『반야심경』 260자의 뜻을 한 마디로 요약해 보
라면 이렇게 말하겠습니다.

　　"나는 없다!"

　　이 한 마디가 『반야심경』 전체의 뜻을 함축하고 있습니다. '없
다'는 것이 어디 공중으로 날아갔다거나 어떻게 산화돼서 사라졌다
는 뜻이 아닙니다. 중생이 편견과 집착으로 '있다'고 여겼던 '나'와
'나의 것'들이 조견(照見), 즉 부처님의 가르침에 따라 찬찬히 살펴보
면 본래 없었다는 것입니다. 그럼, 5온·12처·18계와 온갖 번뇌망
상은 다 뭐란 말인가? 그것 그대로가 참사람〔無位眞人(무위진인)〕의 활
발발한 용처(用處)이고, 불성(佛性)의 발현이며, 법신(法身)의 현현입
니다.

증 실 상 무 인 법
證實相無人法하니
실상을 증득하니 나와 남의 분별이 없어지고

찰 나 멸 각 아 비 업
刹那滅却阿鼻業이라
찰나 사이에 무간지옥의 업이 사라지네.

약 장 망 어 광 중 생
若將妄語誑衆生인댄
만약 거짓말을 가지고 중생을 속인다면

자 초 발 설 진 사 겁
自招拔舌塵沙劫이로다
영원히 발설지옥에서 사는 업보를 자초하리라.

돈 각 료 여 래 선
頓覺了如來禪하니
여래선의 높은 경지를 순식간에 깨달으니

육 도 만 행 체 중 원
六度萬行體中圓이라

육도만행을 닦아 얻어지는 공덕이 마음 안에 다 있네.

몽 리 명 명 유 육 취
夢裏明明有六趣나

꿈속에서는 분명하고 분명하게 육취가 있으나

교 후 공 공 무 대 천
覺後空空無大千이라

꿈을 깨고 나면 텅텅 비어 온 세상이 하나도 없네.

증 실 상 무 인 법
證實相無人法하니
실상을 증득하니 나와 남의 분별이 없어지고

'인(人)'은 주관(主觀)을 말하고, '법(法)'은 객관(客觀)을 말합니다. 실제로는 인식의 주체도 인식의 대상도 없다는 것입니다. 그러면 증득해야 할 실상, 우리가 깨달아야 할 실상(實相)은 무엇일까요? 앞에서 "무명이 그대로 불성이고, 환상처럼 나타난 헛된 몸이 그대로 법신이다"라고 했습니다. 이것이 실상입니다. 이 사실을 증득하면 주관이니 객관이니, 나니 너니, 무명이니 해탈이니 하며 차별하고 분별할 것이 본래 없다는 것입니다.

찰 나 멸 각 아 비 업
刹那滅却阿鼻業이라
찰나 사이에 무간지옥의 업이 사라지네.

'아비업(阿鼻業)'은 아비지옥(阿鼻地獄), 즉 무간지옥(無間地獄)에 떨어질 중대한 악업을 말합니다. 실상을 증득하면 그런 중죄마저 한 찰나에 완전히 없애버린다고 했습니다. 왜 이런 말씀을 하셨는가? 아비지옥에 떨어질 업이 어디서 생겼겠습니까? 모든 업(業)은 주관과 객관을 나누고, 나와 너를 나누는 분별에서 시작되는 것입니다. 거기서 온갖 차별이 벌어지고, 번뇌망상의 자욱한 먼지가 일어난 것입니다. 그래서 인간도 있고, 축생도 있고, 천당도 있고, 지옥도 있고, 온갖 것들이 다 있게 된 겁니다.

실상을 증득하면 어떻게 되는가? 주관이니 객관이니, 주체니 대상이니, 나니 너니 하는 차별상이 없어져 버립니다. 그러면 분별과 차별상 위에서 건립했던 업도 따라서 없어져 버리는 것입니다. 뿌리가 없어지면 줄기와 가지가 따라서 없어지는 건 당연한 이치입니다.

무간지옥에 떨어질 업만 사라지는가? 어떤 업이건 다 사라져 버립니다. 실상을 깨달으면 주관과 객관만 없는 것이 아니라, 중생과 부처라는 차별마저 없습니다. 그렇게 차별심이 없으면 죄업(罪業)만 없어지는 것이 아니라 불업(佛業)과 보살업(菩薩業)도 없어집니다. 차별을 바탕으로 일어났던 모든 것들이 순식간에 사라지는 것입니다. 그래서 아비지옥에 떨어질 업을 찰나에 없애 버린다고 한 것입니다.

『천수경(千手經)』에 이런 게송이 있습니다.

죄무자성종심기   심약멸시죄역망
罪無自性從心起   心若滅時罪亦亡
죄망심멸양구공   시즉명위진참회
罪亡心滅兩俱空   是則名爲眞懺悔
죄는 자성이 없고 마음에서 일어나니
마음이 소멸할 때 죄도 따라 없어진다.
죄가 없고 마음 소멸해 둘 다 공하면
이것을 일러 진정한 참회라 한다.

존재건 현상이건 일체는 인연 따라 일어난 것이고, 인연 따라 일어난 것은 자체의 성품이 없습니다. 죄(罪)도 그 가운데 하나입니다. 죄란 실체가 있는 것이 아니라 마음으로부터 일어난 것입니다. 그러면, 마음은 실재하는가? 느끼고 알고 기억하고 판단하고 추리하는 등 다양하게 작용하고 있지만 '이것이 마음이다' 할 실체를 찾을 수가 없습니다. 우리의 능력이 부족해서 마음의 실체를 찾지 못하는 것이 아니라, 부처님도 찾을 수 없는 것이 바로 마음입니다. 왜 그런가? 원래 공적(空寂)하기 때문입니다.

그런 공적한 마음, 실체가 없는 마음으로부터 일어난 죄가 어찌 자성(自性)이 있을 수 있겠습니까? 그래서 '마음이 본래 자성이 없는 것이었음을 깨달으면 죄 역시도 사라진다' 한 것입니다.

중도에 입각해 바라보면 죄도 그 죄의 바탕이 된 마음도 물에 비친 달그림자와 같은 것입니다. 공(空)이라 표현했다고 해서 아무것도 없다, 전혀 무의미하다는 말이 아닙니다. 공을 그런 방식으로 이해하면 "죄의 성품이 본래 공한데 참회할 필요가 뭐가 있냐?"고 할수 있습니다. 그건 단멸공(斷滅空), 즉 단견(斷見)에 사로잡힌 것이지, 부처님께서 말씀하신 공과 중도를 올바로 이해한 것은 아닙니다. 온갖 죄를 자행하고도 한 점 죄책감마저 품지 않는다면 그런 사람을 어디에다 쓰겠습니까? 부끄러움도 모르는 철면피들이 천하를 횡행하는 무법천지를 만들자고 부처님께서 고구정령 공(空)을 설하고, 무자성(無自性)을 설하신 것이 아닙니다. 오직 고통스러워하는 중생과 그런 중생으로 가득 찬 세상을 구제하시고자 자비심에서 하신 말씀입니다. 이런 부처님의 의도를 파악해야 진정한 참회입니다. 지금 영가 스님께서 "아비지옥에 떨어질 업도 한순간에 없애버린다"

고 표현하신 것도 『천수경』의 말씀과 똑같습니다.

그러니, 무엇보다 먼저 바른 견해〔正見(정견)〕를 세워야 합니다. 팔정도에서도 정견(正見)이 제일 앞에 나옵니다. 연생연멸(緣生緣滅)하는 존재의 실상을 중도(中道)의 관점에서 봐야 하고, 눈앞에 펼쳐지고 있는 모든 현상을 중도의 관점에서 이해해야 하고, 인생 만사를 중도의 관점에서 영위해 나아가야 합니다. 그 실상을 파악해 중도에 입각해 바라보고 이해하고 행동하면 그것이 곧 온갖 번민과 다툼을 해소하는 지름길이고, 해탈과 열반으로 가는 지름길입니다.

약 장 망 어 광 중 생
若將妄語誑衆生인댄
자 초 발 설 진 사 겁
自招拔舌塵沙劫하리라.
만약 거짓말을 가지고 중생을 속인다면
영원히 발설지옥에서 사는 업보를 자초하리라.

만약 거짓말을 하는 것이라면 지금 당장 이 자리에서 지옥에 떨어지겠다고 자신 있게 표명한 것입니다. 기존 이론에 젖어 있던 사람들은 영가 스님의 말씀을 이해할 수 없고 믿기도 어렵습니다. 그래서 이런 말씀을 하신 것입니다. "내가 억지로 지어낸 말이 아니라 깨닫고 나서 보이는 그대로 하는 말이다, 참말이다"는 것입니다.

'발설(拔舌)'은 발설지옥(拔舌地獄)을 뜻합니다. 『지장경』「지옥품(地獄品)」에 여러 지옥이 나옵니다. 거짓말을 많이 하면 발설지옥에 떨어지고, 그곳에 떨어지면 지옥의 옥졸들이 죄인의 혀를 뽑아 보습으로 간다고 했습니다.

'진사겁(塵沙劫)'은 먼지나 모래알처럼 그 수량을 헤아릴 수 없을 만큼 긴 세월을 뜻합니다.

돈 각 료 여 래 선
頓覺了如來禪하니
여래선의 높은 경지를 순식간에 깨달으니

몰록 깨달았다. 무엇을? 여래선(如來禪)을 깨달았다고 했습니다. 후대에 오면 소승선(小乘禪)과 대승선(大乘禪)과 최상승선(最上乘禪), 여래선(如來禪)과 조사선(祖師禪), 의리선(議理禪)과 격외선(格外禪) 등 다양한 방식으로 선(禪)을 구분해서 이야기합니다. 지금 여기서 '여래선'이라 칭한 것은 조사선과 상대하여 말하는 여래선이나 선의 여러 종류 중 하나로 거론되는 여래선이 아닙니다. 부처님의 궁극의 경지, 여래가 깨달으신 최고의 경지, 여래가 궁극의 실상을 가감 없이 그대로 드러낸 것을 여래선이라 칭한 것입니다. 그럼, 그 여래선이 무엇인가? 다름 아닌 "무명이 곧 불성이고 환화공신이 곧 법신"인 이치입니다.

육 도 만 행 체 중 원
六度萬行體中圓이
육도만행을 닦아 얻어지는 공덕이 마음 안에 다 있네.

'육도(六度)'란 대승보살의 수행 덕목인 보시·지계·인욕·정진·선정·지혜, 즉 육바라밀입니다. 육바라밀을 실천하는 행이 어디 한두 가지에 그치겠습니까. 보살의 실천행이 끝도 없고 수도 없기에 이를 만행(萬行)이라 합니다. 이 육도만행을 삼아승지겁에 걸쳐 낱낱이 닦아야 한다고 설하는 경전도 많습니다. 하지만 이 이치만 알면, 그렇게 닦아서 성취해야 할 육바라밀이 이미 마음의 본체 가운데 원만히 갖추어져 있다는 것입니다.

달마 스님께서 중국에 오셔서 펼치신 가르침이 '관심일법총섭제행(觀心一法總攝諸行)'입니다. 마음을 관하는 한 가지 법이 모든 수행을 다 포섭하고 있다는 것입니다. 이것이 선종(禪宗)의 특징입니다. 일체의 근본이 마음이므로 마음만 꿰뚫어 알면 불지(佛地)에 다다른다는 것입니다. 수행이란 부처님 자리에 도달하기 위한 방법이고, 육도만행 역시 그 가운데 하나입니다. 따라서 마음을 관하여 실상을 깨닫는 방법에 수행이란 이름으로 행해지는 갖가지 노력과 결실들이 모두 포함된다는 것입니다. 여래선을 깨달은 그 자리에 원만히 갖추어져 있다는 뜻입니다.

부처님은 항상 대기설법(對機說法)을 하셨습니다. 의사가 환자에 맞춰 약을 쓰듯 부처님도 중생의 근기에 맞춰 가르침을 베푸셨습니다. 따라서 중생의 근기가 여러 가지이므로 불법의 차원도 여러 가지입니다. 또한 같은 사람이라도 살아가면서 처하는 환경과 상황, 지식과 견해가 끝없이 변화합니다. 따라서 한 사람에게도 한 가지 불법만이 아니라 열 가지, 스무 가지, 백 가지 불법이 필요할 수 있습니다. 그래서 부처님께서 다양한 차원의 가르침을 펼치셨지만 궁극은 결국 하나로 귀결됩니다. 그 하나가 무엇인가? 바로 영가대사께서 여래선이라 칭하신, 무명이 불성이고 환화공신이 법신인 경지입니다.

몽 리 명 명 유 육 취
夢裏明明有六趣나
꿈속에서는 분명하고 분명하게 육취가 있으나

흔히 미혹한 중생의 상태를 꿈에다 비유하고, 깨달은 상태를 잠에서 깨어난 것에 비유합니다. 꿈속에도 사람이 있고, 산이 있고, 강이 있습니다. 꿈속에서도 밥 먹고, 잠자고, 사람을 만나고, 말을 하고, 일을 합니다. 온갖 것이 현실과 하나도 다름이 없습니다. 하지만 그것이 실제로 일어난 사건입니까? 꿈속에서 있었던 일이 꿈을 깨고 나서도 여전히 이어집니까? 꿈속에서 주운 황금덩어리를 꿈을 깨고 나서 찾는 자가 있다면 어리석은 사람입니다. 꿈속에서 본 황금덩어리는 생각만으로 지어진 것일 뿐 본래 있었던 적도 없습니다.

그래서 '꿈속에서는 분명하고 분명하게 육취가 있다'고 한 것입니다. '육취(六趣)'는 육도(六道)라고도 하며, 지옥·아귀·축생·아수라·인간·천상의 여섯 종류 세계를 말합니다. 이를 조금 여유롭게 해석하자면 다양한 삶의 방식과 형태가 곧 육도입니다. 꼭 죽어서 어느 세계로 가지 않더라도, 자신의 삶이나 주변의 삶들을 찬찬히 살펴보면 참 다양한 삶이 있다는 걸 알 수 있습니다. 지옥처럼 극심한 고통 속에서 하루하루를 보내는 삶도 있고, 짐승처럼 천대받고 부림을 당하는 삶도 있고, 궁색함 속에서 작은 이익을 두고 아귀다

툼을 벌이는 삶도 있고, 권세와 야욕에 들떠 싸움을 벌이는 삶도 있고, 욕망과 양심의 갈림길 앞에서 갈팡질팡하는 삶도 있고, 신들처럼 갖가지 복락을 누리는 여유로운 삶도 있습니다. 이렇게 여러 갈래의 삶을 끝없이 돌고 도는 것, 이것이 윤회(輪廻)입니다.

부처님은 항상 청중의 지적 수준과 처한 상황을 고려해 말씀하셨지, 때와 장소를 불문하고 "이 말만이 진리이다"라고 주장하신 적이 없습니다. 부처님의 후예들 또한 그 시대 사람들이 공유하고 있는 통념에 바탕을 두고 그 시대 사람들의 주요 논제에 맞춰 부처님의 가르침을 끊임없이 재해석하면서 불교 교학은 발전해 왔습니다. 이에 의거해 불교(佛敎)를 이해해야 합니다.

경전은 물론 값진 말씀입니다. 하지만 대기설법임을 고려하지 않고 단어 하나하나를 무조건 신봉해 현재의 삶과 동떨어진 것까지 문제 삼을 필요는 없습니다. 현재 삶에서 문제가 되는 것만 해도 끝이 없는데, 공연히 문제를 만들어 전전긍긍할 필요는 없다는 것입니다. 육도윤회(六道輪廻)도 마찬가지입니다. 현재 일상생활에서 우리에게 문제가 되는 것들을 기준으로 부처님의 가르침을 이해하고 설명하면 됩니다.

우리에게 주어진 중요한 문제는 다양한 삶의 형태 속에서 고뇌의 굴레를 벗어나지 못하고 있는 현실입니다. 이것에 주목해야지, 천당과 지옥이 어디에 있고 죽어서 어떻게 그곳으로 가는지를 논하느라 열정을 허비한다면 이는 시대착오적 태도입니다. 부처님은 현실주의자이자 실용주의자이셨습니다. 현실의 문제를 어떻게 이해하고 소화해 나의 삶에서 풀어갈 것인가, 이것이 가장 중요합니다. 이상을 제시하고 이론을 구축해 공허한 구호를 외치느라 시간을 낭비해서는 안 됩니다.

교 후 공 공 무 대 천
覺後空空無大千이라
꿈을 깨고 나면 텅텅 비어 온 세상이 하나도 없네.

'깨닫다'는 뜻일 때는 '각(覺)'으로 발음하고, '꿈에서 깨다'는 뜻일 때는 '교(覺)'로 발음합니다. 꿈속에서는 그렇게 분명했는데, 꿈에서 깨고 보니 텅텅 비어서 삼천대천세계마저 없더라는 것입니다. 꿈속과 꿈을 깬 뒤의 상황이 다르듯이, 미혹 속에서 헤매던 상황과 깨달은 뒤의 상황이 이렇게 다릅니다.

남가일몽(南柯一夢)이란 말이 있습니다. 술에 취해 잠든 사이 꿈속에서 온 천하를 다 누비며 온갖 영화를 누렸는데, 깨고 보니 자기 집 마당 나무 그늘이더랍니다. 깨닫고 보면 공간적으로는 삼천대천세계마저 없고, 시간적으로는 과거·현재·미래의 광대한 세월마저 없습니다. 예전과 전혀 다른 세상으로 보이는 것입니다. 배경과 같은 시간과 공간마저 없다고 했는데, 사람이 어디에 있고 사람살이가 어디에 있겠습니까? 중생이니 부처니, 성인이니 범부니, 무명이니 법성이니 하는 것도 모조리 꿈속을 헤맬 때 하는 소리입니다.

팔만사천 가지 말씀이 모두 부처님을 비롯한 여러 성현들께서 중생을 제도하기 위해 시설하신 방편이고, 자비심으로 중생의 꿈속으로 들어가 꿈을 깨라고 들려준 꿈속 이야기일 뿐입니다. 중생을 제도하기 위해 편의상 그렇게 말을 붙여서 표현한 것일 뿐이지, 어떤 실체가 있어서 그런 말을 붙인 것이 아닙니다.

제3강

:

무 죄 복 무 손 익
無罪福無損益하니
죄도 없고 복도 없고 손해도 없고 이익도 없으니

적 멸 성 중 막 문 멱
寂滅性中莫問覓하라
적멸한 성품 가운데서 아무것도 찾지 말라.

비 래 진 경 미 증 마
比來塵鏡未曾磨러니
예전에는 때 묻은 거울을 미처 닦지 못했었는데

금 일 분 명 수 부 석
今日分明須剖析이라
오늘에는 분명하게 거울을 쪼개어 버렸네.

수 무 념 수 무 생
誰無念誰無生고
누가 무념이라 하고 누가 무생멸이라 했던가.

약 실 무 생 무 불 생
若實無生無不生이라
만약 진실로 생멸이 없다면 생멸하지 않음도 없네.

환 취 기 관 목 인 문
喚取機關木人問하라
나무로 만든 허수아비 사람에게 물어보아라.

구 불 시 공 조 만 성
求佛施功早晚成가
성불하기 위해서 공덕을 베푼들 언제 이루겠는가.

무 죄 복 무 손 익
無罪福無損益하니
죄도 없고 복도 없고 손해도 없고 이익도 없으니

꿈속에서 횡재를 했을 땐 꿈을 깨고도 한동안 미련이 남습니다. 하지만 좋았건 험했건 꿈은 꿈일 뿐입니다. 꿈이란 걸 확실히 알면 잠자리에서 일어서는 순간 탁 털어 버립니다. 꿈속에서 벌어진 일은 본래 일어난 적이 없기 때문입니다.

깨달음도 마찬가지라는 것입니다. 실상을 알고 보면 인생사에서 펼쳐졌던 모든 일들, 죄니 복이니, 손해니 이익이니 하는 것들이 본래 없었습니다. 중생이 미혹에 가려 캄캄한 눈으로 헤매다 보니 죄다, 복이다, 손해다, 이익이다 했던 것입니다. 한 생각 돌이키면 그런 것은 본래 없었습니다.

『신심명』에서 "꿈이요, 환영이요, 허공에 핀 꽃인데 어찌하여 수고롭게 붙들려고 하는가?〔夢幻空華 何勞把捉(몽환공화 하로파착)〕"하셨고, 『능엄경(楞嚴經)』에서는 "한 생각 돌이키고 세상을 보니 꿈속에서 벌어지는 일과 같더라〔却來觀世間 猶如夢中事(각래관세간 유여몽중사)〕" 했습니다. 깨달아 바른 안목을 갖추면 그렇게 보입니다.

만사를 꿈결처럼 바라볼 수 있다면 세상살이가 얼마나 수월하겠습니까? 손해니 이익이니 따질 것도 없고, 죄니 복이니 할 것도 없다면 세상살이가 얼마나 가볍겠습니까? 하지만 지금 우리는 어떻습니까? 나니 너니 하는 망견에 사로잡혀 눈앞의 일들에 아등바등 매달리고, 이러면 어쩌나 저러면 어쩌나 노심초사하며 살아갑니다. 그렇게 온갖 근심과 고통에 시달리면서 도대체 꿈을 깰 줄을 모릅니다.

그러니 자꾸 성인들의 말씀을 접해야 하는 것입니다. 중생들의 꿈속으로 들어와 "꿈이다, 꿈에서 깨라"라고 일러 주신 분들이 성인입니다. 그 말씀을 자주 듣다 보면 꿈이 점점 엷어지고, 어느 순간 정말로 꿈에서 깨어나게 되는 것입니다.

적 멸 성 중 막 문 멱
寂滅性中莫問覓하라
적멸한 성품 가운데서 아무것도 찾지 말라.

고요한 성품 가운데는 아무것도 없습니다. 그러니 뭐가 죄이고 뭐가 복인지, 뭐가 이익이고 뭐가 손해인지 묻지도 말고 찾아 헤매지도 말라는 것입니다. '적멸성(寂滅性)'은 적멸한 우리의 마음자리, 텅 빈 마음자리를 말합니다. 본성이 적멸하고 공적하다 해서 완전히 없다, 어떤 현상도 일어나지 않는다는 말이 아닙니다. 만약 적멸을 유(有)와 상대되는 무(無)로 이해한다면 그것은 단견(斷見)입니다. 쉼 없이 활발발(活潑潑)하게 작용하며 온갖 현상을 드러내지만 그 꼬투리를 추적해 보면 실체가 없다는 것입니다. 그것이 공적이고 적멸입니다.

만약 죄와 복, 손해와 이익 중 어느 하나를 취하고 어느 하나를 버리려 애쓴다면 미몽(迷夢) 속을 헤매고 있다는 증거입니다. 지금 있는 그대로 실상을 궁구해 보면 그런 것은 본래 없습니다.

비 래 진 경 미 증 마
比來塵鏡未曾磨러니
예전에는 때 묻은 거울을 미처 닦지 못했었는데

여태 마음에 낀 번뇌의 때를 벗겨낸 적이 없었다, 벗겨내지 못했다는 것입니다. '거울〔鏡(경)〕'은 마음을 비유합니다. 거울에 때가 잔뜩 끼면 아무것도 비치지 않습니다. 마찬가지로 마음에 번뇌의 때가 가득하면 세상이 바르게 보이지 않고, 지혜도 드러나지 않습니다. 옛날에는 구리의 면을 곱게 갈아서 거울로 사용했습니다. 그래서 '간다〔磨(마)〕'는 표현을 쓴 것입니다. 불법을 배우는 것, 마음을 닦는 것, 수행을 거울을 가는 것에 비유합니다.

선종 제5조 홍인대사(弘忍大師)께서 의발을 전할 사람을 찾았을 때, 당시 교수사(敎授師)로 있던 신수(神秀) 스님이 회랑에다 이런 게송을 썼습니다.

신시보리수   심여명경대
身是菩提樹   心如明鏡臺
시시근불식   물사야진애
時時勤拂拭   勿使惹塵埃
몸은 깨달음의 나무요
마음은 밝은 거울이라
때때로 갈고 닦아서
때가 끼지 않도록 하라.

금 일 분 명 수 부 석
今日分明須剖析이라
오늘에는 분명하게 거울을 쪼개어 버렸네.

신수 스님의 견해에 따른다면 수행의 완성이란 거울에 낀 때를 완전히 벗겨내는 것, 마음에 낀 번뇌를 완전히 제거하는 것입니다. 하지만 당시 오조대사 회상에서 행자의 신분으로 있던 육조 혜능(慧能)대사는 신수대사의 게송 곁에다 이런 게송을 남겼습니다.

보리본무수   명경역비대
菩提本無樹   明鏡亦非臺
본래무일물   하처야진애
本來無一物   何處惹塵埃
보리라는 나무 본래 없고
밝은 거울 역시 틀이 아니네.
본래 한 물건도 없는데
어디에 때가 끼리오.

이는 신수대사의 견해를 전면 부정한 것입니다. 거울, 즉 마음 자체는 실체가 없다는 것입니다. 그러니 때가 끼니 마니를 논할 필요조차 없다는 것입니다. 영가 스님의 말씀도 육조대사의 견해에 따라 해석해야 옳습니다. 앞의 '때 묻은 거울〔塵鏡(진경)〕'이라는 표현 때문에 '수부석(須剖析)'을 '때를 닦아냈다'로 새기는 경우가 있는데,

그것은 잘못된 해석입니다. "밝은 거울 역시 틀이 아니라"고 한 육조 스님의 견해와 마찬가지로 "거울 자체가 아예 없어졌다"로 해석해야 영가 스님의 뜻에 맞습니다.

영가 스님이 깨닫기 전에는 마음이라는 거울이 있고 거기에 때가 잔뜩 끼었다고 생각했다는 것입니다. 그리고 그 때를 여태 닦지 못하고 있었는데, 오늘은 분명하게 그 거울마저 쪼개 버렸다는 것입니다.

수 무 념 수 무 생
誰無念誰無生고
누가 무념이라 하고 누가 무생멸이라 했던가.

불교의 성전을 흔히 '팔만대장경'이라 칭합니다. 언필칭 팔만사천 근기에 맞추느라 팔만사천법문을 하셨다고 합니다. 그만큼 방대하고 내용도 다용합니다. 그러다 보니 똑같은 부처님 말씀인데도 이 경전에서 하신 말씀과 저 경전에서 하신 말씀을 비교해 보면 서로 상반되는 경우도 있습니다. 또한 부처님의 제자들과 역대 조사 스님들의 말씀 역시 마찬가지입니다. 모두가 부처님의 사상을 정통으로 이어받았다고 인정되는 분들인데도 자세히 연구해 보면 서로의 말씀이 상치되는 경우가 허다합니다.

이것을 두고 일관성이 없다고 비판해야 하는가? 아닙니다. 근기 즉 상황에 맞춰 설법을 하셨던 부처님의 태도를 고려할 때, 역대 성현과 조사들이 이러한 부처님의 근본정신을 계승했다는 점을 감안

할 때, 이는 지극히 당연한 현상입니다.

영가대사께서 부른 깨달음의 노래도 마찬가지입니다. 이 증도가를 읽으면서 앞서 자신이 보았던 경전(經典)의 내용이나 조사 스님들의 어록과 다르다고 느끼는 부분이 있을 것입니다. 그럴 때 어느 하나는 옳고, 어느 하나는 잘못이라 판가름해서는 안 됩니다. 상황이 다르고, 조건이 다를 뿐입니다. 부처님 말씀이건 조사의 말씀이건 그 배경과 취지를 살펴 결을 따라서 이해해야지, 하나의 저울대에 올려 이 말과 저 말의 무게를 재려 해서는 안 됩니다.

중생들은 잘못된 견해를 바탕으로 허다한 망상을 일으켜 번뇌에 얽히게 됩니다. 그래서 현재 우리 마음에서 일어나고 있는 허다한 생각들, 즉 망상과 번뇌를 억누르고 제거하는 것을 흔히 불교 공부라 일컫고 수행이라 일컫습니다. 그렇게 열심히 덜어 내고 쓸어 내 무념(無念)의 상태가 되어야만 제대로 공부가 된 것이라 여깁니다. 이게 일반적인 생각입니다.

온갖 괴로움이 생멸(生滅)의 변화에 비롯되고, 인간이 겪는 고통 중에 가장 큰 고통은 태어나 죽는 고통입니다. 그래서 괴로움에서 벗어나기 위해서는 생사(生死)를 초월(超越)해야 한다고 하고, 생멸을 떠나야 한다고 말합니다. 또한 생사가 마음의 생멸변화에서 비롯된 것이니, 마음에 생멸변화가 없어야 비로소 생사를 벗어날 수 있다고 말합니다. 즉 무생(無生)이라야 생사를 초월한다는 것입니다.

이는 많은 불교인들이 가지고 있는 통념입니다. 대승불교를 공부한 이라면 누구나 이런 이야기를 수긍하고 타당하다 여길 것입니다. 이렇게 이야기한 경전(經典)과 어록(語錄)이 수두룩하고, 현재 불교를 가르치는 분들도 이렇게 설명하는 경우가 많습니다. 저 역시도 상황에 따라서는 그렇게 이야기합니다. 하지만 영가대사는 우리의 통념과 정반대의 이야기를 하십니다.

"수무념(誰無念)고"

누가 무념이 되어야만 궁극의 경지에 이른다고 말하는가!

"수무생(誰無生)고"

누가 생멸이 없어야 궁극의 경지에 오른다고 말하는가!

통념을 정면으로 부정한 것입니다. 그럼, 영가대사는 어떻게 주장하는가? 결론부터 말씀드리자면, 온갖 망상이 뒤죽박죽인 이대로 부처이고, 생멸변화가 여전한 이대로 궁극의 경지라는 것입니다.

약 실 무 생 무 불 생

若實無生無不生이라

만약 진실로 생멸이 없다면 생멸하지 않음도 없네.

'불생이 없다'는 말은 생멸하지 않음도 없다는 뜻입니다. 뒤집어 해석하면 '생멸한다'는 것입니다.

이는 무념(無念)과 무생(無生)에 대한 오해를 꼬집은 것입니다. 일어나는 생각들을 한곳에 고정시켜 마음의 생멸변화가 멈춰야만 궁극의 경지에 도달한다고 생각하는 경우가 있습니다. 영가 스님 말씀은 그게 아니라는 것입니다. 꼭 무생(無生)이란 말을 써야겠다면 생멸(生滅)하는 가운데서 무생멸(無生滅)을 봐야 하고, 꼭 무념(無念)이란 말을 써야겠다면 허다한 생각 속에서 무념을 봐야 한다는 것입니다.

생각을 쓸어 버린 것을 무념이라 여기고, 생멸을 쓸어 버린 것을 무생이라 여긴다면, 이는 불조의 뜻을 잘못 이해한 것입니다. 인간의 삶에서 생멸변화는 피할 수 없는 현실이고, 살아 숨 쉬는 한 생각은 끊임없이 이어지기 마련입니다. 그걸 억지로 무념으로 만들고 무생멸로 만들려고 한다면, 그게 뜻대로 되겠습니까? 무념과 무생을 그런 식으로 이해하면, 아무리 애를 써도 소득이 없고 부작용만 생깁니다.

제가 아는 스님 중에 참 열심히 공부하는 분이 계십니다. 그분이 참선을 하는데 망상이 자꾸 일어나 화두일념(話頭一念)이 안 되더라는 것입니다. 피가 낭자할 정도로 법당 마루에 머리를 쥐어박아도 망상은 끊임없이 일어나더라는 겁니다. 오죽 답답했으면 그랬겠습니까? 자신의 마음을 자기도 어떻게 할 길이 없어 몸부림친 것이지요. 그분을 볼 때마다 늘 생각하고 늘 이야기하는 것이 바로 이 구절입니다.

우리의 마음이 어떻게 형성되고, 어떤 성질을 가지고 있는가? 모름지기 그 구조와 속성을 잘 이해해야 합니다. 그걸 이해하지 못하고 무턱대고 노력만 한다면 애는 썼지만 소득이 없습니다. 소득이 없는 것에 그치는 게 아닙니다. 없던 병까지 생깁니다. 태양 아래에서 그림자를 없앨 수 있습니까? 흘러가는 강물을 붙잡을 수 있습니까? 나타날 수밖에 없는 것을 나타나지 않게 하려 하고, 변화할 수밖에 없는 것을 변화하지 않게 하려니, 그게 됩니까? 지금 이 순간에도 그런 무념(無念)과 무생(無生)을 목표로 설정하고서 수행(修行)이란 이름으로 헛된 노력을 기울이는 사람들이 있지 않을까 염려스럽습니다.

이 문제는 오늘만의 일이 아닙니다. 영가 스님 당시에도 많은 수행자들이 무념과 무생을 오해하고 있었습니다. 그래서 영가 스님이 바로잡고자 이런 말씀을 하신 것입니다. 영가 스님은 부단히 일어나던 생각을 완전히 쓸어 없애고서 깨달은 분도 아니고, 부단히 생멸 변화 하던 것을 생멸이 없게 만들고서 깨달은 분도 아닙니다. 생각 속에서 무념(無念)을 보고, 생멸 속에서 불생불멸(不生不滅)을 보는 것이지, 생각을 지워 무념을 얻고 생멸을 멈춰 불생불멸을 얻는 게 아닙니다.

　본래 무념(無念)이고, 본래 불생불멸(不生不滅)입니다. 세상을 바꿀 게 아니라 보는 눈을 바꾸라는 것입니다. 어떻게 보라는 것인가? 생멸 속에서 불생불멸을 보고, 유념(有念) 속에서 무념(無念)을 보라는 것입니다. 잘못된 견해에 사로잡혀 생각이 있고 생각하는 주체가 있고 생각할 대상이 있다고 여기는 것이지, 본래 무념입니다. 또한 잘못된 견해에 사로잡혀 태어나는 자가 있고 변화하는 자가 있고 죽는 자가 있다고 여기는 것이지, 본래 불생불멸입니다.

　바로 보라는 것입니다. 정신 차리고 바로 보면 뭔가 부족한 듯하고, 뭔가 잘못된 듯하고, 어떻게 바꿔야만 할 것 같은 우리네 삶이 지금 이대로 완전무결(完全無缺)합니다. 부족할 것도 없고, 잘못될 것도 없고, 고칠 것도 없습니다. 불교를 알건 모르건 상관없고, 선인이건 악인이건 상관없습니다. 지금 그 모습 그대로가 진리의 현현입니다. 이것을 일깨우는 것이 불교입니다. 분재하듯이 이리저리 비틀고 꼬아 억지로 모양을 만들어 가는 것이 불교가 아닙니다.

환 취 기 관 목 인 문
喚取機關木人問하라
나무로 만든 허수아비 사람에게 물어 보아라.

'기관목인(機關木人)'이란 나무로 머리·몸통·팔·다리 등을 깎아 서로 연결시켜 놓은 목각 인형, 즉 꼭두각시를 말합니다. 아무 생각도 없고 아무 감정도 없는 사람을 뭐라 합니까? 목석(木石)같다고 합니다. 만약 무념과 무생을 생각을 없애고 생멸변화를 멈추는 것으로 이해한다면 목각 인형처럼 되는 것과 무엇이 다르겠습니까? 그래서 영가 스님이 "목각 인형은 사람 형상을 하고 있지만 아무런 생각도 없고 변화도 없으니, 목각 인형을 불러다 한번 물어보라"는 것입니다. 약간의 야유가 섞인 표현이지요?

이 구절은 해석이 분분합니다. 저와 달리 해석하시는 분들도 많습니다.

구 불 시 공 조 만 성
求佛施功早晩成가
성불하기 위해서 공덕을 베푼들 언제 이루겠는가.

이 구절은 '구불시공조만성(求佛施功早晩成)이로다'로 토를 달면 안 됩니다. '구불시공조만성(求佛施功早晩成)이리요'라고 하던가, '구불시공조만성(求佛施功早晩成)가'라고 토를 달아야 합니다. '시공(施功)', 공을 베푼다는 것은 공을 들인다, 애를 쓴다, 수행을 한다는 뜻입니다. 즉 육바라밀 닦는다든지 기도를 한다든지 경을 본다든지 하는 것들을 말합니다.

부처가 되려고 그렇게 애를 쓴들 언제 그 뜻을 이루겠느냐, 즉 언제 성불하겠느냐는 것입니다. 부처는 공을 들여서 되는 게 아닙니다. 공을 베풀면 물론 지혜도 생기고, 복도 생기고 여러 가지 소득이 생깁니다. 하지만 참 부처는 그런 노력을 통해서 얻어지는 결과가 아닙니다.

'조만성(早晚成)가' 언제 이루어지겠는가, 어느 때 이루어지겠는가, 이루어질 까닭이 없다는 것입니다. 그렇게 해서는 아무리 공을 들여도 부처가 될 수 없다는 것입니다. 영가 스님뿐 아니라 역대 조사 스님께서 항상 이렇게 말씀하셨습니다. 본래불(本來佛), 본래 부처임을 알아야 하는 것입니다. 안목을 바꾸어 본래 부처였음을 알아차려야지, 제 맘대로 '부처는 이런 것이다'고 상정하고서 이리 깎고 저리 다듬으며 애쓰지 말라는 것입니다.

"공을 들인들 언제 부처가 되겠느냐?"는 그렇게 애써서는 참 부처가 될 수 없다, 소용없는 짓이라는 것입니다. 이 구절 역시 저와 달리 해석하시는 분들도 많습니다.

왜, 부처가 되기 위해 공을 들여 봐야 정말 부처가 되는 것과는 상관없다고 하는가? 앞에서 말씀하셨듯이 사람사람이 본래 완전무결하기 때문입니다. 원성(圓成), 이미 원만하게 완성되어져 있기 때문입니다. 그래서 조사 스님들이 입만 떼었다하면 '본래 부처다'고 말씀하신 것입니다.

'공을 베푼다'는 것은 조각을 하고, 장엄을 하고, 치장을 해서 모양새를 갖춰 나가는 것을 두고 하는 말입니다. 32상 80종호를 갖추면 부처고, 32상 80종호를 갖추지 못하면 부처가 아닙니까? 수많은 공덕을 지어서 복과 지혜가 구족해야 부처고, 복과 지혜가 부족하면 부처가 아닙니까? 그렇게 따진다면 특정한 모양새를 갖춰야만 부처고, 특정한 모양새를 갖추지 못하면 부처가 아닌 게 됩니다. 이것은 세속적인 안목이고, 세속적인 평가 기준입니다. 소위 속제(俗諦)입니다.

세속적인 안목에서는 부처를 그렇게 이해할 수 있습니다. 하지만 이는 아전인수(我田引水)식으로 자기 성향에 따라 그럴 듯하게 부처를 계산하고 부처를 묘사한 것입니다. 무념과 무생도 마찬가지입니다. '나는 현재 유념(有念)이고 유생멸(有生滅)이다'는 전제 하에 '부처님은 무념이고 무생멸이다'고 제 맘대로 규정짓고서, 유념을 무념으로 바꾸고 유생멸을 무생멸로 바꾸려 애쓰는 것은 중생들의 잘못된 견해에서 비롯된 독단이라는 것입니다. 그런 부처는 중생이 제멋대로 그린 부처지 참 부처가 아닙니다. 꿈속에서 만난 여인을 꿈을 깬 뒤 다시 만날 수 있습니까? 사방팔방 온 천지를 뒤진다 해도 그 여인은 끝내 만날 수 없습니다. 부처가 되려는 것도 마찬가지라는 것입니다. 자기 멋대로 생각으로 그려낸 부처를 닮으려고 한다면 끝내 그리 될 수 없습니다.

"무명의 참 성품이 그대로 불성이요, 환상처럼 헛된 육신이 곧 법신이다."

참으로 놀라운 폭탄선언입니다. 더 이상 말할 게 없는 결정설(決定說)입니다. 불교 전체를 이해하고, 중도가를 이해하는 열쇠가 바로 이 구절에 있습니다. 이 말씀을 소중히 여긴다면, 모쪼록 무명의 참 성품이 무엇인지, 환화공신의 참 성품이 무엇인지에 주목해야 합니다. 그것이 안 된다면 현재 무명에 휩싸여 있다는 사실을 알고는 있는가, 이 육신이 환상처럼 헛된 것이라는 사실을 알고는 있는가를 자문해 보아야 합니다. 그것도 안 되면 지금 떠오르는 생각들이 정말 내 생각인가, 지금 이 자리에 있는 고깃덩어리가 정말 내 몸인가를 추궁해 보아야 합니다. 첫 단추를 바로 꿰지 못하면 끝까지 어긋납니다. 근본을 살피지 않고 무작정 내달리기만 하는 것은 어리석은 짓입니다.

제4강

방 사 대 막 파 착
放四大莫把捉하고
사대를 놓아 버려 붙들고 있지 말고

적 멸 성 중 수 음 탁
寂滅性中隨飮啄하라
적멸한 성품 가운데서 인연 따라 먹고 마시라.

제 행 무 상 일 체 공
諸行無常一切空이
제행이 무상하여 일체가 공한 것이

즉 시 여 래 대 원 각
卽是如來大圓覺이니라
그것이 곧 여래의 크고 원만한 깨달음이니라.

결 정 설 표 진 승
決定說表眞乘을
분명하고 확실한 가르침과 진실을 나타낸 법을

유 인 불 긍 임 정 징
有人不肯任情徵하라
수긍하지 않는 사람이 있다면 마음껏 물어보라.

직 절 근 원 불 소 인
直截根源佛所印이요
근원을 바로 깨달은 것은 부처님이 인가한 바요

적 엽 심 지 아 불 능
摘葉尋枝我不能이라
잎을 따고 가지를 찾는 일은 나는 능하지 못함이로다.

방 사 대 막 파 착
放四大莫把捉하고
사대를 놓아 버려 붙들고 있지 말고

'사대(四大)'는 이 몸과 세간을 구성하고 있는 기본 요소인 지(地)·수(水)·화(火)·풍(風)을 말합니다. 지·수·화·풍은 본래 무상하고, '나[我(아)]'도 '나의 것[我所(아소)]'도 아닙니다. 이런 사실을 망각하고 우리는 이 육신을 '나'라 여기며 집착합니다. 세상사 온갖 사단이 여기서 비롯되는 것입니다. 허망한 육신을 나로 집착하는 성향은 불법을 공부하는 과정에서도 드러납니다. 이 몸을 어떻게 해서 이 몸이 어떻게 되는 줄 착각하는 사람들이 있습니다.

결가부좌(結跏趺坐)는 인도 사람 체형에 맞는 앉음새이지 다리 짧은 우리나라 사람들에겐 맞지를 않습니다. 그런데도 결가부좌 해야만 참선이 잘 된다 하여 그 짧은 다리를 억지로 뒤틀어서 앉고, 또 그걸 자랑삼아 이야기하기도 합니다. 그렇게 몇 년씩 애쓰다가 나이 들어 관절염이다 뭐다 해서 하루가 멀다 하고 병원이나 쫓아다니는 사람들이 얼마나 많습니까?

그 속내를 찬찬히 들여다보면 이 육신으로 어떻게든 무념이 되려고 하고, 이 육신으로 어떻게든 무생이 되려고 하는 것입니다. 즉 사대로 구성된 이 몸을 여전히 '나'로 집착하고 있는 것입니다. 한 걸음 더 나아가자면, 이 육신이 인연 따라 모였다 인연 따라 흩어지는 무상한 사대라는 사실조차 모르고 있는 것입니다. 그래서 그렇게 엉뚱한 방향으로 공부를 하는 것입니다. 영가대사께서 지금 그것을 지적하는 것입니다. 어떻게 해보려고 붙들고 있는 육신은 '나'도 '나의 것'도 아니고 본래 사대일 뿐이니 집착하지 말라는 말입니다.

　적 멸 성 중 수 음 탁
　寂滅性中隨飮啄하라
　적멸한 성품 가운데서 인연 따라 먹고 마시라.

　적멸한 성품 가운데서 인연 따라 배고프면 밥 먹고 목마르면 물 마시라는 것입니다. 이는 집착이 사라진 평온한 마음의 경지를 표현한 말입니다. 어리석은 사람은 몸을 다스리고, 지혜로운 사람은 마음을 다스린다고 했습니다.

　택시를 잡을 때 손을 흔듭니다. 그게 자동차 보고 흔드는 것입니까, 운전수 보고 흔드는 것입니까? 멀리서 택시를 향해 손을 흔들지만 그게 운전수더러 택시를 몰고 오라는 뜻이지 자동차더러 오라는 것은 아니지요. 너무나 자명하고 쉬운 말씀입니다. 알고 보면 세 살 먹은 어린아이도 알 수 있는 간단명료한 이치입니다. 무엇이 근본(根本)이고, 무엇이 지말(枝末)인지 알면 이렇게 쉽습니다.

　이런 이치를 안다면 꼭 결가부좌를 하지 않아도 괜찮습니다. 신체 구조상 결가부좌가 안 되면 반가부좌를 하면 됩니다. 또 반가부좌가 안 되면 책상다리를 해도 괜찮고, 의자에 앉아 참선해도 괜찮습니다. 근본을 안다면 그런 사람은 걸으면 행선(行禪)이요, 서 있으면 주선(住禪)이요, 앉으면 좌선(坐禪)이요, 누우면 와선(臥禪)입니다. 하지만 근본을 모른다면 힘들게 결가부좌 하고서 밤을 꼴딱 새운다 해도 아무런 소득이 없습니다. 운전사도 없는 택시를 향해 끝없이 손을 흔들어 보세요. 택시가 옵니까?

그러니 모쪼록 근본을 알아야 합니다. 근본이 뭔가? 온갖 사단이 사대육신을 '나'로 잘못하고 집착한 데서 비롯된 것입니다. 그러니, 그 집착을 놓아 버리라는 것입니다. 그러면 곧장 선(禪)입니다. 방사대(放四大), 사대를 놓아 버리라 했다고 해서 이 사대육신을 없애거나 어떻게 하라는 것이 아닙니다. 사대를 '나'로 잘못 알고 집착하던 그 습성을 버리라는 것입니다. 또한 무상한 사대와 오온이었음을 알게 되면 저절로 집착하지 않게 됩니다.

여태 '나'라고 여겼던 육신의 실상을 찬찬히 살펴보면 '나'라고 할 만한 것이 본래 없었습니다. 태어난 적도 없고, 자란 적도 없고, 병들 일도 없고, 죽을 일도 없습니다. 그럴 '나'가 없습니다. 이것이 '적멸성(寂滅性)', 즉 적멸한 성품입니다. 이런 실상을 알고, 이런 근본을 알고, '수음탁(隨飮啄)' 즉 배고프면 밥 먹고 목마르면 물 마시고 졸리면 잠자라는 것입니다. 이렇게 근본을 알고 인연에 순응할 때 비로소 몸과 마음에 조화가 찾아드는 것입니다.

부처님의 오도송인 화엄경과 한 치도 다를 바 없는 말씀입니다. 증도가야말로 참선하는 수행자들에게 바른 안목이 되고, 부처가 되려는 이들에게 바른 길을 안내하는 지침서입니다. 게다가 문장까지 아름다워 선시(禪詩)의 백미(白眉)로 손꼽히니, 선을 사랑하는 사람들이 어찌 애송하지 않을 수 있겠습니까.

제 행 무 상 일 체 공
諸行無常一切空이
제행이 무상하여 일체가 공한 것이

    여태 나로 여겼던 이 육신이 본래 사대(四大)일 뿐이었음을 알고 집착하지 않으면 마음 쓸 일이 없습니다. 오건 가건, 이렇건 저렇건, 이렇게 되건 저렇게 되건, 마음 쓸 일이 없습니다. 그럴 때 비로소 몸과 마음의 조화가 이루어는 것입니다.

    사대로 이루어진 이 몸은 본래 무상한 것입니다. 몸만 무상한가? 마음도 무상합니다. 부처님께서 무상하다고 말씀하셨다 해서 무상한 것이 아니라 본래 무상합니다. 그런데 우리는 지금 어떻게 하고 있습니까? 혹시 병들고 시들면 왜 이리 덧없냐고 한탄하지 않습니까? 나이 들어 기억력이 없어지고 판단력이 흐려지면 남 보기 어쩔까 싶어 불안해하지 않습니까? 그 한탄과 불안이 바로 부조화에서 비롯된 것입니다. 흘러가는 강물을 억지로 붙잡아두려는 것, 거기에서 부조화가 시작되는 것입니다.

    순리(順理), 이치에 따라 살아가면 만사가 조화롭습니다. 따라야 할 이치란 무엇인가? 몸도 무상하고, 마음도 무상하고, 눈앞에 펼쳐진 세상사 모든 것이 무상합니다. 일체가 모두 공합니다. 이것이 이치입니다.

즉 시 여 래 대 원 각
卽是如來大圓覺이니라
그것이 곧 여래의 크고 원만한 깨달음이니라.

조계종(曹溪宗) 소의경전(所依經典)인 『금강경(金剛經)』의 사구게(四句偈)에서 말씀하셨습니다.

범소유상   개시허망
凡所有相   皆是虛妄
약견제상비상   즉견여래
若見諸相非相   卽見如來
무릇 존재하는 형상은 모두 허망한 것이니
모든 형상이 형상 아님을 보면 곧 여래를 보리라.

"모든 현상이 무상하여 일체가 공한 그것이 곧 여래의 대원각이다"라고 한 이 구절이 『금강경』의 사구게와 딱 맞아 떨어집니다. '여래의 대원각'이란 깨달음의 경지를 두고 하는 말입니다. 중생들은 무엇이 존재한다고 보고 있습니다. 나도 있고, 너도 있고, 세상도 있다고 여깁니다. 하지만 찬찬히 살펴보면 눈앞에 펼쳐진 모든 형상들, 우리가 존재라고 여겼던 것들은 전부 허망한 것입니다. 이것이 실상입니다. 그러니 그 허망한 것들을 허망한 것으로 보라는 것입니다. 잘못된 견해와 헛된 집착으로 '있다'고 여겼던 존재들이 본래 있었던 적이 없었음을 알면, 그대로 여래이고, 그대로 완전한 깨달음의 경지라는 것입니다. 참 근사한 말씀입니다.

"모든 현상이 무상하여 일체가 공하다〔諸行無常一切空(제행무상일체공)〕"라고 하고 "존재하는 형상은 모두 허망하다〔凡所有相 皆是虛妄(범소유상 개시허망)〕"라고 했다고 해서, 있던 것을 쓸어버려 없는 것으로 만들라는 이야기가 아닙니다. 무상과 공을 그렇게 이해하면 단견(斷見)이고 또 다른 편견(偏見)일 뿐입니다. 말씀의 낙처(落處), 귀결점을 알아야 합니다. '무엇이 있다'고 여기는 잘못된 견해, '무엇이 어떻다'고 여기는 잘못된 집착을 버리라는 것입니다. 그런 잘못된 견해와 집착을 버리고 실상을 보면 어떤가? 앞에서 말씀하셨듯이, 그대로 부처의 성품이고 그대로 법신입니다. 또 이 구절에서 말씀하시듯이, 그대로 여래이고 그대로 완전한 깨달음의 경지입니다. 이런 말씀을 기억한다 해서 이치를 아는 것은 아닙니다. 그건 남의 살림살이지 내 살림살이가 아닙니다. 스스로 직접 확인하고 깨달아 자신의 살림살이, 자신의 안목이 되었을 때 비로소 그 사람이 그대로 여래이고, 그대로 대원각인 것입니다.

이런 구절을 잘못 이해하면 불교를 허무주의(虛無主義)로 착각하게 됩니다. 모든 것을 부정하고 없애 텅 비어 아무것도 없는 것을 제일의 목표로 삼는 것이 공(空)이라고 오인하게 됩니다. 하지만 그것은 공을 제대로 모르고 하는 소립니다. '있다'고 집착하니까 "공하다, 본래 그런 것은 없다"라고 한 것입니다. 토끼뿔과 거북이털이 언제 있었던 적이 있습니까? 토끼의 뿔을 자르고 거북이의 털을 뽑는 것이 공이 아닙니다. 토끼뿔, 거북이털은 본래 있었던 적이 없다고 알려주는 것이 공입니다.

하지만 우리 중생들 눈에는 토끼뿔, 거북이털이 엄연히 있는 것처럼 여겨집니다. 그래서 그걸 다른 식으로 어떻게 표현하는가? "산은 산이요, 물은 물이다"라고 합니다. '나', '너' 등등이 분명히 있다고 여깁니다. 하지만 찬찬히 관찰해보면 이것과 저것이라고 구분할 만한 이것과 저것의 고정된 특성은 없습니다. 즉 무자성(無自性)입니다. 늘 그 자리에 그런 성질을 가지고 있을 것이라 여겼던 그 '무엇'은 없습니다. 그래서 "산은 산이 아니고, 물은 물이 아니다"라고 하는 것입니다. 그러면 실상은 무엇인가? 인연 따라 생멸하는 모습을 좇아 갖가지 이름을 붙이지만 그대로가 법신이고 여래입니다. 즉 임시로 붙여진 갖가지 이름들이 여래와 법신의 다른 이름일 뿐입니다. 그래서 이것을 두고 다시 "산은 산이고, 물은 물이다"라고 하는 것입니다. 근본 바탕을 알면 갖가지 분별을 억지로 없앨 필요도 없고, 갖가지 차별을 억지로 없앨 필요도 없는 것입니다. 이것이 공이고, 중도(中道)입니다.

그러니 먼저 실상(實相)을 알아야 합니다. 나라고 여기고 있는 이 육신이 무상한 사대의 화합일 뿐임을 모쪼록 분명히 알아야 합니다. 이것이 바른 견해이고, 바른 이해입니다. 육신뿐 아니라 존재라 여기고 있는 모든 것들이 오직 헛된 생각과 관념의 집착일 뿐임을 알아야 합니다. 이렇게 바른 견해가 정립되었을 때, 영가 스님께서 앞에서 말씀하셨듯이 죄도 없고 복도 없고 이로울 것도 없고 손해될 없는 경지를 맛보게 되는 것입니다.

결 정 설 표 진 승
決定說表眞乘을
분명하고 확실한 가르침과 진실을 나타낸 법을

'결정설(決定說)'은 분명하고 확실한 가르침을 말합니다. 지금 자신이 밝히고 있는 이 이야기는 분명하고 확실한 진리라는 것입니다. 자신감이 넘치는 표현이지요. 영가 스님은 어려서 출가해 많은 경전을 공부하시고, 또 천태학파(天台學派)에 들어가 천태지관(天台止觀)을 깊이 익히셨던 분입니다. 천태종(天台宗)의 법을 계승해 천태종을 더욱 발전시킬 인물로 촉망받던 분이었습니다. 그러나 『유마경』을 보시다가 깨달음을 얻고는 천태종의 가르침과 전혀 다른 방향으로 나가게 되었습니다. 그러다 선종(禪宗)의 제6조 혜능대사를 찾아뵙고는 당신의 깨달음을 인가받게 되었지요. 그 후 영가 스님은 자연스럽게 천태종을 떠나 선종(禪宗)의 종취(宗趣)를 널리 천양하게 되었습니다. 그러면서 여러 저술을 남겼는데, 그 가운데 하나가 이 증도가입니다.

증도가를 통해 자신이 깨달은 경지를 자신 있게 피력하시면서 "이것은 결정설이다" 지금 내가 주장하는 것은 확고한 진리다, 더 이상 나아갈 데가 없는 것이라 했습니다. 영가 스님이 앞에서 역설했던 "무명의 참 성품이 곧 불성이고, 환상처럼 헛된 육신이 곧 법신이다"는 이런 이야기는 정말 어디서도 들어볼 수 없는 결정(決定)적인 말씀이고, 더 이상 나아갈 데가 없는 궁극의 말씀입니다.

또한 자신의 이야기를 '표진승(表眞乘)' 즉 진실을 나타낸 법이라 했습니다. 증도가는 현재 여러 본(本)이 전합니다. 그 가운데 '표진 승(表眞乘)'을 '표진승(表眞僧)'이라 한 곳도 있습니다. 근래 은해사에 서 네 분의 주해(註解)를 편집해『증도가사가해(證道歌四家解)』를 발간 한 적이 있는데, 거기에도 '승(僧)'자로 되어 있습니다. 저는 개인적 으로 '승(乘)' 자보다는 '승(僧)' 자가 합당하지 않을까 생각합니다. '표진승(表眞僧)' 진실을 드러내는 스님이라는 것입니다. 나는 결정 적인 말을 하는 사람이고, 진리를 드러내는 스님이라는 말이지요. 이를 뒤집으면, 내가 불확실한 얘기를 하는 것도 아니고 또 내가 거 짓말하는 중도 아니라는 것입니다. 영가 스님의 자신만만하고 당당 함이 넘치는 모습을 엿볼 수 있는 구절입니다.

유 인 불 긍 임 정 징
有人不肯任情徵하라
수긍하지 않는 사람이 있다면 마음껏 물어보라.

진리를 드러내는 승려로서 내가 이렇게 확고한 주장을 하는데, 만약 내 주장을 긍정하지 않는 사람이 있다면 마음대로 시비하고 따 져 보라 이런 말입니다. '임정(任情)'은 마음대로라는 뜻이고, '징 (徵)'은 따져 보라는 뜻이지요. 너희들 맘대로 한번 따져 보아라 이겁 니다. 자신감이 넘치는 말씀입니다.

증도가는 도를 깨닫고 부른 오도송입니다. 따라서 사람의 수준을 감안해서 하신 말씀이 아닙니다. 자신이 깨달은 바를 자기의 견해대 로 마음껏 노래한 것입니다. 듣는 사람이 어떻게 이해하건 뭐라고 왈가왈부하건 상관없습니다. 일방적이죠. 마치 부처님이 『화엄경』을 설한 것과 같습니다. 근기를 고려하지 않고 당신의 깨달음의 경계를 그대로 설하신 것이 『화엄경』입니다. 따라서 부처님이 깨닫고 나서 그 깨달음의 소회를 피력한 『화엄경』이 있다면 영가 스님에겐 증도가가 있습니다.

직 절 근 원 불 소 인
直截根源佛所印이요
근원을 바로 깨달은 것은 부처님이 인가한 바요

'직절근원(直截根源)'은 근원(根源)을 바로 꺾었다, 근본을 바로 꺾었다는 뜻입니다. 나는 부처님이 깨달으신 경지, 부처님의 지견, 부처님의 지혜에 몰록 들어갔다는 말입니다. 불소인(佛所印), 이것은 부처님이 인가(印可)한 바이다, 부처님이 그것을 인가했다는 것입니다. 석가모니 부처님께서 인가했다는 뜻은 아닙니다. 깨달은 사람이 인가했다는 말합니다. 앞에서 말씀드렸듯 육조 스님께서 영가 스님을 인가했습니다. 육조 스님은 깨달은 분이니, 인도 말로 표현하면 '붓다〔佛(불)〕'가 됩니다. 붓다는 깨달은 사람이란 뜻이니까요. 그러니 꼭 석가모니 부처님을 뜻하는 것은 아닙니다. 특히 대승불교나 선불교에서는 부처 불(佛) 자가 깨달은 사람을 뜻하는 보통명사로 쓰는 경우가 많지, 역사적인 석가모니 부처님을 지칭하는 고유명사로 쓰는 경우는 드뭅니다. 여기서도 마찬가지입니다. 곧바로 부처님의 지혜를 얻었다고 깨달은 분이신 육조대사께서 인가했다는 것입니다. 나 역시 부처님의 반열에 올랐다는 것입니다.

적 엽 심 지 아 불 능
摘葉尋枝我不能이라
잎을 따고 가지를 찾는 일은 나는 능하지 못함이로다.

『영가집(永嘉集)』을 읽어 보면 사실 영가 스님은 치밀한 논변에 상당히 능한 분이십니다. 그런데도 이렇게 겸손하게 표현하고 계십니다.

'직절근원(直截根源)'을 달리 표현하면 '종지(宗旨)를 밝혔다'는 것입니다. 선사(先師)이신 탄허(呑虛) 스님께서 자주 하신 말씀이 있습니다.

"불교 공부를 하려면 종지(宗旨)에 밝아야 한다."

무엇보다 부처님 가르침의 근본 취지를 꿰뚫어 이해해야 한다는 말씀입니다. 설사 글자를 많이 알지 못하고, 글을 부드럽게 새기지 못하고, 교리행상이 치밀하지 못하고, 역사적인 사실이나 전거에 조금 어둡더라도 근본에 밝아야 한다고 하셨습니다. 그래야 발전이 있고, 불교를 제대로 아는 것이라 하셨습니다. 저도 이 말씀을 새겨 듣고 항상 지엽적인 것보다는 종지(宗旨)를 우선에 두고 공부를 해 왔습니다. 지금 영가 스님께서 '직절근원'이라 표현하신 것이 곧 탄허 스님께서 말씀하신 '종지에 밝다'는 것입니다. 부처님 지견에 바로 들어간다는 것입니다.

'적엽심지(摘葉尋枝)'는 명상학(名相學)을 두고 하는 말입니다. 이름을 구분해 각각의 개념을 정의하고, 그것을 바탕으로 교리를 치밀하게 설명하는 학문을 명상학이라 합니다. 이런 명상학에서는 자신의 주장을 확고히 하기 위해 역사적인 사실들을 증거로 제시하고, 타인의 주장을 인용할 경우 그 전거를 명확히 밝히는 것을 매우 중요시합니다. 요즘도 논문을 쓸 때면 자기가 인용한 말이 무슨 대장경 몇 페이지 몇째 줄에서 인용했다는 것을 밝혀 증거로 삼지요. 그 증거가 불확실하거나 오류가 있으면 심사에서 부실한 논문으로 판단합니다. 영가 스님 말씀은 "나는 그런 것에는 능하지 못하다"는 것입니다. 이 말씀도 뒤집어 보면 "나는 그런 것에는 관심 없다"는 것입니다. 우리 역시도 마찬가지입니다. 불교 공부를 하면서 한문이나 교리나 역사나 전거 등등은 모를 수도 있습니다. 하지만 불교의 근본 종지, 근본 취지에 대해서는 밝아야 합니다. 영가 스님도 지금 그것을 말씀하시는 것입니다.

"나는 지금 결정적인 말을 하는 것이고, 나는 진실을 드러내는 승려이다. 누가 나를 인정하지 못하겠다면 당신들 마음대로 한번 따져 봐라. 나는 곧바로 근원을 꿰뚫었다고 깨달으신 분에게 인가받은 사람이지, 지엽적인 건 난 몰라. 그러니 궁금한 것 있으면 딴 데 가서 물어봐."

참 멋진 말씀입니다.

제5강

마 니 주 인 불 식
摩尼珠人不識하니
여의주를 사람들이 알지 못하니

여 래 장 리 친 수 득
如來藏裡親收得이라
여래의 창고 속에 친히 감추어 두었도다.

육 반 신 용 공 불 공
六般神用空不空이요
여섯 가지 신통묘용은 공하면서 공하지 아니하고

일 과 원 광 색 비 색
一顆圓光色非色이라
한 덩어리의 둥근 광명은 빛이면서 빛이 아니로다.

정 오 안 득 오 력
淨五眼得五力은
다섯 가지 눈을 갖추고 다섯 가지 힘을 얻는 것은

유 증 내 지 난 가 측
唯證乃知難可測이라

오직 증득해야 알 바요 헤아리기 어려움이라.

경 리 간 형 견 불 난
鏡裡看形見不難이나

거울 속에 있는 형상이야 보기 어렵지 않겠지만

수 중 착 월 쟁 염 득
水中捉月爭拈得가

물속의 달을 잡으려 한들 어찌 건질 수 있겠는가.

마 니 주 인 불 식
摩尼珠人不識하니
여의주를 사람들이 알지 못하니

이 증도가는 한 구에 일곱 자를 원칙으로 했지만 간혹 이렇게 여섯 자로 한 구를 한 경우가 있습니다. 시의 형식에서 멋을 부린 것입니다. "마니주인불식(摩尼珠人不識)"이라한 이 구절도 마찬가지입니다. 이것을 굳이 일곱 자로 만들어본다면 어조사 혜(兮)자 같은 것을 넣으면 됩니다. "마니주혜인불식(摩尼珠兮人不識)" 마니주여, 사람들이 알지 못하는구나. 이렇게 해도 상관없겠지요.

무엇이든 소원대로 이루어주는 마니주, 그런 신비한 구슬과 같은 마음을 우리가 모두 가지고 있으면서도 제대로 이해를 못하고, 제대로 활용도 못하고, 또 가지고 있다는 사실조차 모르고 살아갑니다. 정말 그렇지요? 다들 마음을 가지고 있지만 우리는 어떻습니까? 마음에 대해 만분의 일 정도나 알고 있을까 말까, 마음의 능력을 만분의 일 정도나 활용할까 말까입니다. 불교 공부, 마음공부를 한다는 것은 그 여의주(如意珠)에 대한 이해도를 높이고, 그 활용도를 넓히는 것입니다. 그러니 불교 공부를 많이 하면 많이 할수록 마음을 더욱 깊이 이해하게 되고, 마음을 더욱 폭넓게 쓰게 됩니다. 활용도가 자꾸 높아지는 것입니다. 불법을 배우지 못하면 이 신통방통한 구슬의 능력을 만분의 일을 밖에 쓰지 못하지만 부지런히 공부하면 천분의 일, 백분의 일, 십분의 일로 점점 퍼센트가 높아지는 것입니다. 나아가 부처님이나 조사 스님들처럼 완전히 깨달은 분들은 그 여의주의 성능을

100퍼센트 이해하고, 여의주의 능력을 100퍼센트 활용하신 분들입니다. 이를 뒤집어 말하면, 이 마음을 몇 퍼센트나 알고 있고 몇 퍼센트나 활용하느냐가 그가 불교를 얼마나 알고 있고 불교를 얼마나 공부했느냐를 가늠하는 잣대가 됩니다. 일상에서 이런 신비한 마음을 활용할 줄 모른다면 아무리 교리에 밝고 지식이 많아도 소용없습니다. 그런 사람은 똑똑하고 말 잘하는 사람이란 소리를 들을 수는 있지만 불교를 아는 사람이라고 할 수는 없습니다. 그래서 탄허 스님께서 "모쪼록 종지(宗旨)에 밝아야 한다"라고 누누이 말씀하셨던 것입니다.

여 래 장 리 친 수 득
如來藏裡親收得이라
여래의 창고 속에 친히 감추어 두었도다.

여래장(如來藏)이란 여래가 있는 곳입니다. 이것은 곧 우리의 본성을 말합니다. 진여(眞如)·여래(如來)·자성(自性)·일심(一心)·진리(眞理)가 다 같은 뜻입니다. 우리가 바라는 모든 것을 다 이루어낼 수 있는 마니주가 그 속에 들어있다는 것입니다.

'여래장'이라고 이름을 달리하였지만 앞의 '마니주'와 마찬가지로 우리의 본래 마음, 즉 불성(佛性)을 일컫는 말입니다. 갖가지로 발현하는 마음의 공능에 주목해 '구슬〔珠(주)〕'이라 표현하고, 그런 공능을 가진 마음의 본체에 주목해 '창고〔藏(장)〕'라 표현한 것일 뿐입니다. 일체를 만들어 내고 또 만들어 낼 수 있는 그런 구슬이 여래의 창고 속에 감추어져 있다는 것입니다.

육 반 신 용 공 불 공
六般神用空不空이요
여섯 가지 신통묘용은 공하면서 공하지 아니하고

　여섯 가지 신통묘용(神通妙用)이 공하면서 공하지 않다고 했습니다. 여섯 가지 신통묘용이란 육근(六根)을 두고 하는 말입니다. 눈(眼)(안)은 보는 능력을 가지고 있고, 귀(耳(이))는 듣는 능력을 가지고 있고, 코(鼻(비))는 냄새를 맡는 능력을 가지고 있고, 혀(舌(설))는 맛을 보는 능력을 가지고 있고, 피부(身(신))는 감촉을 느끼는 능력을 가지고 있고, 뜻(意(의))은 기억하고 판단하고 추리하는 능력을 가지고 있습니다. 이렇게 안(眼)·이(耳)·비(鼻)·설(舌)·신(身)·의(意)가 전부 나름의 능력을 발휘합니다. 그것이 신통하고 오묘한 작용입니다.

　뭐가 있어서 육근이 그런 능력들을 발휘하는 것인지 신비하지 않습니까? 그렇게 제각기 소임을 잘 수행하지만 정작 그렇게 하는 놈을 찾아보면 찾을 수가 없습니다. 공(空)합니다. 그렇다고 없는 것인가? 없다고도 할 수 없습니다. 왜냐하면 지금 현전에서 엄연히 여섯 가지 능력이 발휘되고 있기 때문입니다. 이것은 마치 물에 소금을 풀어놓은 것과도 같습니다. 찍어서 먹어 보면 분명 짠맛이 있습니다. 하지만 짠맛은 보이지 않습니다. 그렇다고 짠맛이 없는 것인가? 눈에 포착되지는 않지만 짠맛은 분명히 있는 것입니다.

　우리의 눈·귀·코·혀·피부·뜻에서 발현하고 있는 능력도 마찬가지라는 것입니다. 그렇게 하는 자를 찾으려면 찾을 수 없지만 분명히 그런 능력들이 펼쳐지고 있는 것입니다. 그래서 '공불공(空不空)'

이라 한 것입니다.

　'신통묘용'이라 해서 보통 사람은 할 수 없는 어떤 초인적인 능력을 두고 한 말이 아닙니다. 지금 우리가 보고, 듣고, 냄새 맡고, 맛보고, 촉감을 느끼고, 생각하는 것이 바로 신비하고 오묘한 마음의 작용입니다. 지금 눈앞에서 펼쳐지고 있는 이런 작용들이 바로 신통묘용이란 것을 바로 알아야 합니다.

　간혹 보면 불교 공부를 하다가 초능력을 얻었다고 이야기하는 사람도 있고, 또 그런 것을 배우겠다고 절에 오는 사람도 더러 있는데, 그건 참 위험천만한 발상이고 잘못된 생각입니다. 부처님과 조사 스님들께서 말씀하신 신통묘용은 초인적인 능력을 발휘하고 초능력을 과시하는 그런 것이 아닙니다. 물론 불전을 읽다 보면 여러 성인들이 보통 사람은 할 수 없는 신비한 능력들을 발휘하는 경우가 더러 있지요. 목련존자도 신통제일이라고 칭송받지 않았습니까? 하지만 그런 목련존자 역시도 외도들에게 폭행당해 순교하셨습니다. 만약 우리가 상상하는 식으로 신통을 마음껏 부렸다면 그렇게 돌아가셨을 리 있겠습니까? 불교도들이 정말 소중하게 생각한 신통은 그런 신기한 마술이나 요술을 부리는 것이 아닙니다. 부처님 역시도 제자들에게 그런 초능력은 발휘하지 못하도록 금하셨습니다. 복잡하게 펼쳐지고 있는 세상만사 온갖 현상들의 핵심을 꿰뚫어 보는 능력, 그런 지혜를 바탕으로 갖가지 욕망과 집착을 버리는 능력, 그렇게 해서 뒤죽박죽 헝클어진 망상과 번뇌로부터 훌쩍 벗어나는 능력이 부처님께서 일러 주신 진짜 신통력입니다.

　당나라 때 방온(龐蘊)이라는 유명한 거사가 계셨습니다. 그분이 석두(石頭) 선사를 찾아뵙고 대뜸 이렇게 물었답니다.

"만법과 짝하지 않는다는 사람이 도대체 누굽니까?"

말이 채 끝나기도 전에 석두 스님이 방거사의 입을 틀어막았답니다. 그때 방거사가 깨달은 바가 있었습니다. 그 후 어느 날 석두 스님이 방거사에게 물었습니다.

"자네는 나를 만난 뒤 하루하루를 어떻게 보내는가?"

그러자 방거사가 이런 게송을 지어 석두 스님에게 바쳤습니다.

일용사무별   유오자우해
日用事無別   唯吾自偶諧
두두비취사   처처몰장괴
頭頭非取捨   處處沒張乖
주자수위호   구산절점애
朱紫誰爲號   丘山絶點埃
신통병묘용   운수급반시
神通并妙用   運水及搬柴

날마다 하는 일 특별할 것 없으니

오직 저 자신과 마주칠 뿐이지요.

어느 것도 취하거나 버릴 것 아니고

어느 곳도 잘되거나 잘못된 곳 없습니다.

붉은색 자주색은 누가 붙인 이름일까?

세속이건 청산이건 티끌 한 점 없는데.

그 가운데 신통하고도 오묘한 작용은

물 긷고 나무하는 것이지요.

신통묘용이란 무엇인가? 산에 가서 나무해 올 줄 알고, 우물에 가서 물 길어 올 줄 아는 것이라 했습니다. 요즘 식으로 말하자면, 씻고 싶으면 수도꼭지 틀어서 물을 받고 방이 어두우면 전등 스위치를 켜는 것이 되겠지요. 지금 일상생활에서 하고 있는 그런 행동이 바로 신비하고도 오묘한 작용이란 것입니다. 누가 부르면 대답할 줄 알고, 배가 고프면 먹을 줄 알고, 피곤하면 잠잘 줄 아는 것, 이것이 진짜 신통이고 이것보다 뛰어난 신통은 없다는 것입니다.

지금 눈·귀·코·혀·피부·뜻에서 발현하고 있는 일보다 신비한 작용은 없습니다. "누구야~" 하고 부르면 "네~" 하고 대답합니다. 그렇게 소리를 들어서 알고 "네~" 하고 대답할 줄 아는 자가 어디에 숨어있습니까? 안에 있습니까, 밖에 있습니까, 안과 밖의 중간에 있습니까? 아무리 찾아봐도 찾을 수가 없습니다. 하지만 "누구야~" 하고 부르면 "네~" 하고 대답할 줄 압니다. 이보다 신통하고 신비로운 일이 어디에 있겠습니까.

일 과 원 광 색 비 색
一顆圓光色非色이라
한 덩어리의 둥근 광명은 빛이면서 빛이 아니로다.

이것 역시 여의주, 즉 마음의 작용을 두고 하는 말입니다. 마음이 눈·귀·코·혀·피부·뜻의 육근을 통해서 작용하는 측면을 '육반신

용(六般神用)'으로 표현했다면, 그런 여섯 가지 작용의 바탕이 되는 하나의 근본 마음자리를 '일과원광(一顆圓光)'으로 표현한 것입니다. 그러니 한 덩어리의 원만한 광명이 따로 있고, 여섯 가지 신통한 작용이 따로 있는 것이 아니지요. 근본과 지말, 본체와 작용이라는 구분에 따라 표현을 달리 했을 뿐입니다.

그래서 "한 덩어리 둥근 광명은 빛깔이면서 빛깔이 아니라"라는 이런 말씀을 하신 것입니다. 근본인 마음의 실상은 무엇인가? 마음이 육근을 통해 여섯 가지 작용을 드러내지만 그 여섯 가지 작용이 곧 마음인 것은 아니라는 것입니다. 구슬을 예로 들자면 구슬이 상황에 따라 붉은색으로 보일 때가 있습니다. 그럴 때, 그 붉은색이 분명 구슬에서 나온 것은 맞지만 그렇다고 "저 구슬은 붉은색이다"라고 단정하면 안 된다는 것입니다. 왜냐하면 그 구슬은 상황에 따라 다시 파란색, 노란색 등으로 보일 수 있기 때문입니다.

우리의 마음도 그와 마찬가지라는 것입니다. 사람마다 익혀온 습관과 주변 환경에 따라 그 성격이 각양각색이고, 또 같은 사람이라도 시간과 공간 그리고 사건에 따라 감정과 생각에 변화가 일어납니다. 아주 사소한 일로 기분이 좋아지기도 하고, 아주 사소한 일로 기분이 언짢아지기도 합니다. 그럴 때 흔히 "마음이 기쁘다", "마음이 슬프다"는 등등의 말을 합니다. 영가 스님의 말씀에 따라 이것을 되돌아보자면, 마음이 기쁘거나 슬픈 작용을 일으키기는 하지만 기쁘거나 슬픈 것이 마음의 본모습은 아닙니다. 이처럼 옛 성현들의 말씀은 한 번 듣고 그칠 것이 아니라 현재 우리가 겪고 있는 일들에 적용시켜 깊이 음미해보고 사유해보는 것이 좋습니다. 또 공부하는 사람들끼리

자주 모여 이런 문제를 토론하고 자신의 생각을 토로하는 시간을 가지는 것도 참 좋습니다. 그렇게 할수록 성현들의 말씀에 대한 이해가 깊어지기 때문입니다.

모든 사람 하나하나가 뜻대로 모든 것을 다 이루어 주는 여의주(如意珠)를 가지고 있습니다. 그것이 바로 우리의 마음입니다. 지혜와 자비, 평화와 행복, 공덕과 자유도 모두 우리 마음속에 갖춰져 있습니다. 이처럼 값을 매길 수 없을 정도로 소중한 보물을 가지고 있으면서도 우리는 그런 것이 있다는 것조차 모릅니다. 고려청자를 요강 단지로 쓰는 어리석은 사람처럼 지금 각자 여의주를 사용하고 있으면서도 그 가치를 몰라 제대로 활용하지 못하고 있습니다. 불교 공부란 무엇인가? 바로 그 여의주인 마음의 불가사의한 능력을 이해하고, 그 무한한 능력을 한껏 활용하는 것입니다. 그것이 불교 공부입니다.

정 오 안 득 오 력
淨五眼得五力은
다섯 가지 눈을 갖추고 다섯 가지 힘을 얻는 것은

앞에서 불교 공부란 마음의 불가사의한 공능(功能)을 이해하고, 무한한 능력을 한껏 활용해 자유와 행복을 만끽하면서 사는 것이라 말씀드렸습니다. 그럼, 마음에 갖춰진 불가사의한 능력에 무엇이 있는가? 여러 가지가 있겠지만, 영가 스님은 일단 오안(五眼)과 오력(五力)을 거론했습니다.

오안(五眼)은 육안(肉眼)·천안(天眼)·혜안(慧眼)·법안(法眼)·불안(佛眼)을 말합니다. 육안은 중생들이 가지고 있는 육체의 일부로서의 눈을 말합니다. 즉 사물을 보는 눈을 육안이라 합니다. 그러면 천안은 무엇인가? 육안은 한계가 있습니다. 즉 시간과 공간의 장애를 받습니다. 과거나 미래의 사물은 볼 수 없고, 너무 멀리 떨어져 있거나 장애물이 앞을 가리고 있으면 그 너머의 것을 볼 수 없습니다. 천안이란 그런 시간과 공간의 한계를 뛰어넘어 원하는 것이면 무엇이든 볼 수 있는 눈을 말합니다. 육신통(六神通)에도 천안통(天眼通)이 있지요? 육안 밖에 없는 중생의 입장에서 보면 이는 실로 보통 사람들을 뛰어넘는 초능력이고, 하늘나라 사람들이나 가질 법한 신통방통한 능력입니다. 혜안이란 무엇인가? 존재의 실상을 꿰뚫어 보는 능력입니다. 육안과 천안은 인연 따라 생멸하는 현상을 존재의 생멸로 여깁니다. 그 존재의 실상이 공하다는 사실을 파악하지 못합니다. 혜안이란 그 실상을 꿰뚫어 눈앞에 펼쳐진 현상들을 꿈처럼 환상처럼 물거품처럼 그림자처럼 보는 지혜를 말합니다. 법안이란 무엇인가? 공한 실상을 깨달아 지혜를 갖췄다 해도 중생을 이롭게 할 줄 모른다면 그는 소승(小乘)이고 성문(聲聞)입니다. 공한 가운데 갖가지 방편도(方便道)를 시설해 중생들을 깨달음의 길로 이끌고 그들의 아픔을 덜어 줄 수 있어야 비로소 대승(大乘)이고 보살(菩薩)입니다. 그렇게 중생에게 적절한 방편도를 시설할 줄 아는 능력을 법안이라 합니다. 불안이란 무엇인가? 보살이 끝없이 노력하며 방편도를 시설한다지만 완벽한 것은 아닙니다. 중생의 근기를 파악하는 능력, 근기에 알맞은 방편을 시설하는 능력, 그 방편으로 중생을 잘 이끄는 능력 등에 있어서 아직은 부족함이 많습니다. 하지만 부처님은 완전한 지혜와 자비를 구족하셨기에 모든 것을 알고 모든 것을 뜻대로 성취할 수 있습니다. 이것을 부처님의 눈, 즉 불안이라 합니다.

또한 불안(佛眼) 즉 부처님의 눈을 '부처님으로 볼 줄 아는 눈'으로 해석해도 됩니다. 무학(無學)대사께서 이성계에게 "부처님 눈에는 부처만 보이고, 돼지 눈에는 돼지만 보인다"라고 하셨지요. 주변에서 일어나는 일들을 잘 살펴보십시오. 누가 자주 험담을 늘어놓을 경우, 그가 헐뜯는 사람보다 그런 말을 하는 사람이 더 못날 때가 많지요. 또 칭찬을 자주 하는 사람을 보면, 그가 칭찬하는 사람보다 그렇게 칭찬하는 사람이 더 훌륭한 경우가 많습니다. 마찬가지로 부처가 되어야 세상만물을 부처로 볼 수 있는 것입니다. 우리도 완전히 부처님이 되진 못하더라도 『법화경』이나 『화엄경』을 배우고 선불교의 궁극을 탐구하면서 깊이 사유하다 보면 모든 사람을, 나아가 산천초목에 이르기까지 모든 것을 부처님으로 보는 힘이 조금씩 생기게 됩니다. 100퍼센트 완전한 부처님의 눈을 갖추진 못하더라도 이해하고 노력하고 깨닫는 만큼 조금씩 생기게 됩니다.

눈이 보배라는 말이 있습니다. 사람의 신체 부위 가운데 가장 중요한 기관이 눈이듯이, 우리 인생사에서도 안목(眼目)이 제일 중요합니다. 그가 무엇을 보느냐, 어떻게 세상을 보느냐, 어떤 견해를 가지느냐에 따라 그 사람 인생이 바뀌기 때문입니다. 그러니, 무엇보다 우선적으로 바른 안목을 갖춰야 합니다. 그 안목을 세분하자면 위에서 언급했듯 다섯 가지로 구분할 수 있습니다. 그러니, 무엇보다 먼저 마니주와 같은 마음에 갖춰져 있는 그 오안을 청정하게 하여 활용해야 합니다.

'오력(五力)'은 신력(信力)·정진력(精進力)·염력(念力)·정력(定力)·혜력(慧力)을 말합니다. 이 다섯 가지 힘을 갖춰야 불도를 성취할 수 있습니다. 첫째는 신력, 즉 믿음의 힘입니다. 믿음은 불교 공부의 첫걸음이고, 마지막 성불할 때까지도 가장 중요한 덕목입니다. 불법에 믿음을 일으켰더라도 그 가르침에 따라 살려고 노력하지 않으면 내 살림살이가 되지 않습니다. 믿음이 실천으로 연결되지 않는 까닭에는 여러 가지가 있겠지만, 가장 큰 이유는 그 믿음의 힘이 약하기 때문입니다. 만약 진리라고 스스로 확신했다면 어찌 당장 실천에 옮기지 않을 수 있겠습니까? 또 가르침을 실천할 때도 흔들림 없이 한발 한발 나아가면서 결코 물러서지 않는 힘이 있어야 합니다. 그것이 둘째 정진력, 즉 정진의 힘입니다. 기도를 하건, 염불을 하건, 독송을 하건, 간경을 하건, 사경을 하건, 참선을 하건, 보살행을 하건, 불사를 하건, 포교를 하건 모두 이 정진력이 필요합니다. 치밀하게 뜻을 다잡아 오로지 한길로 흔들림 없이 나아가야 합니다. 그런 힘이 있어야 불법을 성취할 수 있는 것입니다. 셋째는 염력입니다. '염(念)'은 기억, 집중된 생각을 뜻합니다. 또한 정진할 때도 부처님의 가르침과 올바른 이치를 되새겨 일거수일투족에 잊지 않도록 노력해야 합니다. 그런 힘이 없게 되면 불현듯 헛된 생각과 감정에 휩쓸리게 됩니다. 넷째는 정력, 선정의 힘입니다. 순간순간 부처님의 가르침을 놓치지 않고 열심히 노력하다 보면 망상과 감정에 휩쓸리는 일이 잦아들고 고요한 안정감이 찾아들게 됩니다. 세월이 가면서 그 고요함과 편안함이 쌓이고 쌓이면 그 힘이 실체화됩니다.

그래서 주변에서 어떤 일이 일어나건, 또 어떤 일을 겪건, 그 마음이 흔들리지 않게 됩니다. 그것이 선정의 힘입니다. 그런 선정의 힘이 쌓이고 쌓여 궁극에 다다르면 사실 그대로 실상을 보고 아는 지혜, 부처님의 지혜, 완전한 깨달음을 성취하게 되는 것입니다. 이 다섯 가지 힘을 얻어야 불도를 성취하는 것인데, 영가 스님은 마니주와 같은 우리 마음에 이미 그 오력이 갖춰져 있다고 주장하는 것입니다.

유 증 내 지 난 가 측
唯證乃知難可測이라
오직 증득해야 알 바요 헤아리기 어려움이라.

여기서 '증(證)' 자에 대한 해석이 분분합니다. '증'이란 증득하다, 깨닫다는 뜻입니다. 혹자는 이 '증' 자를 궁극의 깨달음으로 해석합니다. 그래서 "마음에 이미 갖춰져 있는 오안을 청정하게 하고 오력을 얻는다는 것은 궁극의 깨달음을 증득해야 즉 부처님처럼 완벽하게 깨달아야 비로소 알 수 있지, 그 외의 사량 분별 등으로 측량할 수 있는 일이 아니다"로 해석합니다.

그런 해석대로라면 부처님의 완전한 깨달음에만 의미를 부여하고 그렇지 못한 사람의 체험은 아무런 의미도 없는 것이 되어버립니다. 또한 완전한 깨달음을 얻기 이전, 그 과정에서 행해지는 온갖 노력과 온갖 체험들 역시 소용없는 짓이 되어 버립니다. 이런 해석은 '증' 자의 의미를 너무 높이 설정해 놓은 것입니다. 누구도 닿을 수 없을 만큼 아득히 높은 곳에다 목표를 설정하는 것입니다. 만일 당사자가 그런 목표에 도달하고 나서 그런 말을 했다면 그래도 되새겨볼 필요가 있습니다. 하지만 만약 그렇지 못하다면 그가 말하는 "~그래야만 된다"라는 당위를 주장하는 것일 뿐이고, "~하면 ~한다"라는 가정(假定)에 그칠 뿐입니다. 그렇게 말은 할 수 있지만 말하는 화자도 그런 말을 듣는 청중도 거기에 해당하는 사람이 없다면, 그 말이 무슨 의미가 있겠습니까? 서로가 그저 공허할 뿐입니다. 그럼에도 불구하고 그런 이야기를 계속한다면 그것은 타인을 무시하고 질책하는 태도입니다.

저는 '증' 자를 그렇게 해석하지 않습니다. 깨달음과 증득을 그렇게 남의 일로만 치부해 버릴 것이 아닙니다. 부처님처럼 위없이 높고 바른 깨달음만 깨달음인가? 아닙니다. 큰 깨달음이 있는가 하면 작은 깨달음도 있는 것입니다. 완전한 깨달음이 아니더라도 귀 기울여 듣고 깊게 이해하고 세밀하게 사유하다 보면 나름대로 깨닫는 바가 있습니다. 완벽하게 깨달아야만 오안을 청정하게 하고 오력을 얻을 수 있는가? 아닙니다. 배우고 익히고 노력해 나름대로 깨달은 만큼 오안이 맑아지고 오력이 생길 수 있습니다.

듣고 배우고 이해하고 사유해서 아는 것을 부정해서는 안 됩니다. 육조 혜능대사도 나무 팔러 장에 갔다가 우연히 『금강경』 한 소절을 듣고 깨달았다지 않습니까? 경전 구절 한 마디에 인생과 세상을 보는 눈이 바뀌었습니다. 그것이 듣고 아는 힘입니다. 육조대사가 경전의 말씀을 듣지 않았다면, 귀에 들렸더라도 그 말씀을 사유해 보지 않았다면, 그러고도 깨칠 수 있었을까요? 육조 스님과 정도의 차이는 있겠지만 우리도 듣고 배우고 익히고 사유하다 보면 나름대로 알아지는 바가 있습니다. 그런 앎이 쌓여서 결국 큰 깨달음도 찾아오는 것입니다. 만약 그런 작은 증득, 작은 깨달음들을 무시하고 오로지 완벽한 깨달음에만 의미를 부여한다면 그건 허공을 딛고 지붕으로 올라서려는 것입니다. 지붕에 오르려면 사다리를 딛어야 합니다. 지금 이 자리에서 경험하는 일들 또 경험할 수 있는 일들에 바탕을 두고 완전한 깨달음을 향해 한발 한발 옮겨 가야지, 과정을 무시하고 완전한 깨달음만 찾는다면 우물가에서 숭늉 찾는 격입니다.

경 리 간 형 견 불 난
鏡裡看形見不難이나
거울 속의 형상이야 보기 어렵지 않겠지만

이는 앞에서 "육반신용공불공(六般神用空不空)이요 일과원광색비색(一顆圓光色非色)이라" 한 구절과 같은 뜻입니다. 앞에서는 우리 마음의 본체와 작용을 마니주(摩尼珠), 즉 여의주에 빗대어 설명하였고, 이 구절에서는 거울에 빗대어 설명하였습니다. 거울에 형상을 비춰보면 잘 보입니다. 얼굴 생김새도 정확히 보이고, 옷매무새도 훤히 잘 보입니다. 보기는 어렵지 않습니다. 마음의 작용도 마찬가지라는 것입니다. 눈·귀·코·혀·피부·뜻의 육근을 통해 활발발하게 활동하고 있습니다. 거울 속에 분명 사람이 보이듯이, 육근을 통해 마음이 작용하고 있습니다. 이것은 누구나 쉽게 확인할 수 있습니다. 하지만 어떻습니까? 거울 속에 정말 사람이 있습니까? 분명히 보이기는 보이는데 잡을 수가 없습니다.

그런데도 중생들은 이를 망각하고서 바깥에 뭐가 있는 줄 압니다. 그래서 뭔가 마음에 든다 싶으면 혹합니다. 그것이 미혹(迷惑)입니다. 하지만 거울 속에 비친 것은 허망한 인연의 그림자일 뿐입니다. 그걸 반조(返照)할 줄 모르고 자꾸 바깥 경계만 좇는 게 중생의 병입니다. 그러면, 공부와 수행이란 무엇인가? 이런 사실을 돌이켜 비춰 보고 밖으로 내닫던 습관을 스스로 다스리는 것입니다. 우리가 번뇌나 망상이라 부르는 것만 인연의 그림자인가? 해탈이니 열반이니 깨달음이니 성품이니 하는 것도 마찬가지입니다. 만약 깨달음과 해탈을 밖에 있는 물건을 주워 내 주머니에 넣는 것처럼 생각한다면 큰 착각입니다. 그런 식으로 견성하고 깨달으려 한다면 아무리 수행해도 견성할 수 없고 깨달을 수 없습니다. 오대산에는 문수보살이 없습니다. 문수보살을 찾는 그것이 살아 있는 문수보살입니다.

수 중 착 월 쟁 염 득
水中捉月爭拈得가
물속의 달을 잡으려 한들 어찌 건질 수 있겠는가.

거울 속의 사람을 만나 보려 한들 어찌 만날 수 있고, 물에 비친 달을 건지려 한들 어찌 잡을 수 있겠습니까? 선명하게 눈에 보이는데, 정작 손을 집어넣어 잡으려 하면 없습니다. 그러면 아예 없는 것인가? 분명히 거기에 없는데 환한 달빛이 찬란합니다.

우리의 마음도 이와 같다는 것입니다. 분명히 육근을 통해 보고 듣고 말하고 생각하고 웃고 움직입니다. 하지만 그렇게 하는 자, 실체를 찾아보면 없습니다. 그러면 아예 없는 것인가? 아닙니다. 실체를 찾을 수 없지만 지금 또 이렇게 보고 듣고 말하고 생각하고 웃고 움직입니다. 이것이 신비한 여의주의 빛깔, 마음의 작용입니다.

경리간형견불난　　　수중착월쟁염득
鏡裏看形見不難이나　水中捉月爭拈得가.

표현이 아름답고, 묘가 넘치는 구절입니다. 말을 아껴 간결하게 표현했으면서도 그 의미가 참 풍부합니다. 『신심명』이 말을 절약해 쓰기로 유명한 글이지만 이 증도가 역시도 그렇습니다. 듣기에 좋은 보이차는 스무 번 서른 번을 우려먹는다고 하더군요. 그와 마찬가지로 이런 글들은 읽고 또 읽고, 읊어 보고 또 읊어 보아야 제 맛이 납니다. 음미할수록 그 의미가 무궁무진합니다. 뻔히 작용하지만 실체를 찾을 수 없는 우리의 마음에 관한 이야기는 경전과 조사 어록에 수없이 나옵니다. 그 가운데 좋은 시 하나를 소개하겠습니다.

통도사 대웅전에는 불상이 모셔져 있지 않습니다. 물론 진신사리탑을 모셨기 때문이기도 하지만 꼭 그것 때문만은 아닙니다. 그 법당 주련에 우리가 흔히 화신송(化身頌)이라 부르는 게송이 쓰여 있는데, 그 게송이 군이 불상을 모시지 않은 까닭을 이해하는 데 도움이 됩니다.

월마은한전성원　　　소면서광조대천
月磨銀漢轉成圓　　　素面舒光照大千
연비산산공착영　　　고륜본불락청천
連譬山山空着影　　　孤輪本不落靑天
은하수에 갈고 갈아 둥글어진 달님
새하얀 그 얼굴 온 세상을 비추네.
원숭이들 손을 이어 달그림자 건졌지만
오롯한 달님 푸른 하늘에서 떨어진 적 없었네.

'월마은한전성원(月磨銀漢轉成圓)'은 초하루에서 보름으로 가면서 달이 점점 커지고 밝아지는 것을 숫돌에 구리거울을 갈듯이 달이 하늘을 빙글빙글 돌면서 은하수에 갈고 갈려서 밝아진 것이라고 표현한 것입니다.

'소면서광조대천(素面舒光照大千)'은 숫돌에 잘 갈린 구리거울처럼 하얀 보름달이 빛을 뿜어 온 삼천대천세계를 환하게 비춘다는 것입니다.

'연비산산공착영(連譬山山空着影)'은 원숭이들이 서로 어깨를 걸고 부질없이 우물에 비친 달을 건지려 했다는 것입니다. 성성(猩猩)이라는 원숭이가 있습니다. 팔이 긴 종류의 원숭이입니다. 그 성성이를 '산산(山山)'이라고도 합니다.

'고륜본불락청천(孤輪本不落靑天)'이라. 오롯한 달님은 저 푸른 하늘에서 본래 떨어진 적이 없다는 것입니다.

부처님의 전생 이야기를 엮은 『본생담(本生譚)』에 이 게송을 이해하는 데 도움이 되는 이야기가 있습니다. 아득한 옛날 가섭불(迦葉佛) 시대에 있었던 일입니다. 당시 부처님이 어느 숲에서 수행자로 있었는데, 사람들이 부처님에게 과일과 꽃 음식 등의 공양물을 올리는 것을 보고는 원숭이들도 공양물을 올리기로 했답니다. 원숭이들이 원래 사람 흉내를 잘 내잖아요. 그래서 500마리의 원숭이들이 모여 이 세상에서 가장 귀하고 특별한 공양거리가 무얼까 회의를 했답니다. 그 숲에 깊은 우물 하나가 있었는데, 마침 보름이었나 봅니다. 우물에 비친 보름달을 보고 한 원숭이가 제안했답니다.

"저것을 건져다 공양하는 것이 최상의 공양이 아니겠는가?"

물에 비친 달을 세상에 둘도 없는 귀한 보물이라 여긴 원숭이들은 그것을 건지기로 결정했습니다. 그래서 우물가 나무로 올라가 가장 힘센 원숭이가 나뭇가지를 잡고, 차례차례로 팔을 연결해 우물로 내려갔답니다. 그렇게 해서 500번째 원숭이가 겨우 우물물에 닿아 환하게 빛나는 달을 건지려고 손을 넣는 순간, 물이 출렁거리면서 달이 깨지고 사라지더랍니다. 그런데 조금 기다리니까 물이 잔잔해지면서 다시 둥근 달이 나타나는 겁니다. 그래서 또 건지려고 손을 넣으면 사라지고, 또 기다렸다 손을 넣으면 사라지고 하더랍니다. 그렇게 반복하며 시간이 흐르다 보니 나뭇가지를 잡았던 맨 위의 원숭이가 그만 힘이 빠져 손을 놓고 말았답니다. 그래서 그 500마리의 원숭이가 몽땅 물에 빠져 죽었다는 이야기가 있습니다. 원숭이들은 그렇게 어리석었지만 그래도 부처님께 공양을 올리려 했던 공덕으로 아득한 세월이 흐른 뒤에 모두 부처님의 제자가 되어 500아라한이 되었다고 합니다.

강에도 연못에도 우물에도 달이 환하게 비칩니다. 그 달빛이 얼마나 아름답고 멋있습니까? 그리고 손만 뻗으면 닿을 듯이 버젓이 눈앞에 있지요. 하지만 그것은 진짜 달이 아닙니다. 우리의 본래 마음도 마찬가지라는 것입니다. 지금 눈앞에 펼쳐지고 있는 모든 일들이 마음의 작용입니다. 보고, 듣고, 손으로 만지고, 발로 걷고, 부르면 대답하고, 기쁜 일이 있으면 웃고, 슬픈 일이 있으면 울고, 맘에 들면 흐뭇해하고, 맘에 들지 않으면 화내는 등 온갖 작용을 활발발하게 펼치고 있습니다. 그것이 모두 마음의 살림살이입니다. 하지만 그렇게 하는 자의 실체를 찾아보면 찾을 수가 없습니다. 마음이니, 한 물건이니, 진여니, 자성이니, 법성이니, 불성이니, 여래장이니, 여의주니, 열반이니, 보리니, 원각이니, 무영수(無影樹)니, 무공적(無孔笛)이니, 별별 이름을 다 붙여 보지만 형체가 있는 것도 아니고 정해진 성질이 있는 것도 아니라서 만질 수 없고 볼 수 없고 뭐라 딱히 규정지을 수도 없습니다.

이것이 우리의 참모습이고, 생명의 실상이고, 마음의 실상입니다. 이러한 실상을 깨우쳐 주신 분이 바로 부처님이고, 이러한 실상을 깨닫는 것이 바로 불교입니다. 대승불교도 마찬가지고, 소승불교도 마찬가지고, 선불교도 마찬가지입니다. 방법만 조금씩 달리했을 뿐 모두 생명의 실상, 만물의 실상을 깨달아 욕심과 집착을 버리고 다툼 없이 근심 없이 번민 없이 살아가라는 것입니다.

상 독 보 상 독 행
常獨步常獨行나

나는 항상 홀로 다니고 항상 홀로 걷지만

달 자 동 유 열 반 로
達者同遊涅槃路라

통달한 사람끼리는 열반의 길에서 함께 노닌다.

조 고 신 청 풍 자 고
調古神淸風自高나

곡조가 예스럽고 기운이 맑아 그 기풍 절로 높지만

모 췌 골 강 인 불 고
貌悴骨剛人不顧라

얼굴은 초췌하고 뼈가 앙상해 사람들은 돌아보지 않네.

궁 석 자 구 칭 빈
窮釋子口稱貧이나

궁색한 부처님의 제자들은 입으로는 가난하다고 하지만

실 시 신 빈 도 불 빈
實是身貧道不貧이라
실은 이 몸이 가난하지 도가 가난한 것은 아닐세.

빈 즉 신 상 피 루 갈
貧則身常被縷褐이요
가난한 면으로는 몸에 항상 누더기를 입었고

도 즉 심 장 무 가 진
道則心藏無價珍이라
도의 입장으로는 마음에 무가보를 지니고 있네.

상 독 보 상 독 행
常獨步常獨行나
나는 항상 홀로 다니고 항상 홀로 걷지만

항상 홀로 다니고 항상 홀로 걷는다고 했습니다. 얼핏 보면 '당신과 벗할 사람이 없다'는 뜻으로 이해할 수도 있습니다. 물론 그렇기도 합니다. 큰 깨달음을 성취하신 분이 벗 삼을 만한 사람이 그리 많겠습니까? 배고프면 밥 먹고 목마르면 물 마시고 졸리면 자는 것이야 보통 사람과 똑같아 보이겠지만 그 사고의 세계는 전혀 다릅니다. 그러니 정말 홀로 사는 그런 삶일 것입니다.

또 이 대목을 '어떤 세상사와도 벗하지 않는다' 즉 '어떤 세상사에도 전혀 관심을 두지 않는다'는 뜻으로 해석하기도 합니다. 보통 사람들은 어떻습니까? 벗할 사람도 많고, 벗할 일도 많습니다. 관심 가는 사람도 많고, 관심 가는 일도 많습니다. 그래서 미련을 끊지 못해 이리 기웃 저리 기웃하지요. 물론 세상을 살아가자면 주변 사람들과 어울릴 줄도 알아야 하고, 해야 할 일들에 관심도 가져야 하고, 좋은 일에 동참할 줄도 알아야 합니다. 영가 스님이 "항상 홀로 다니고 항상 홀로 걷는다"라고 하신 것은 그런 일까지 등지고 홀로 외톨이로 살아가겠다는 뜻이 아닙니다. 나만큼은 욕망과 집착에 이끌린 사람들과 어울리지 않고 허망한 세상사에 관심을 두지 않겠다는 뜻입니다. 세상 사람 모두가 걷는 길이라 해도 그 길이 진실이 아니면 혼자라도 나는 나의 길을 가겠다는 것입니다. 혼자서라도 걷겠다고 한 그 길이 무엇인가? 바로 열반의 길, 깨달음의 길, 진리의

길입니다. 욕망과 집착으로 점철된 세속사에 초연했던 영가 스님의
풍모를 엿볼 수 있는 구절입니다.

  달 자 동 유 열 반 로
  達者同遊涅槃路라
  통달한 사람끼리 열반의 길에서 함께 노닌다.

  속된 세상사에 초연하게 살다 보면 남들 보기에 외톨이처럼 보일
수도 있습니다. 하지만 통달한 사람끼리 열반의 길에서 함께 노닌다
고 하였습니다. 예부터 유유상종(類類相從)이라 했습니다. 관심사가
같고 가치관이 같은 사람들끼리 어울리기 마련입니다. 영가 스님도
열반의 길, 출세간의 길, 깨달음의 길, 진리의 길을 걷는 사람들과
어울려 함께 노닌다는 것입니다.

  조 고 신 청 풍 자 고
  調古神淸風自高나
  곡조가 예스럽고 기운이 맑아 그 기풍 절로 높지만

  이 구절은 열반의 길을 걷는 사람들, 즉 도인들의 삶을 묘사한 것
이기도 하고, 영가 스님 자신의 삶을 묘사한 것이기도 합니다.
  '조고(調古)'는 그 곡조(曲調)가 예스럽다는 것입니다. 그 삶에 고
아했던 옛 성현들의 풍모가 서려 있다, 옛 성현들처럼 격조가 넘친
다, 옛 전통을 계승하고 있다는 의미입니다. '신청(神淸)'은 정신이

맑고 깨끗하다는 것이죠. 그래서 '풍자고(風自高)'라, 풍모(風貌)가 저절로 고아(高雅)하다는 것입니다. 즉 도풍(道風)·법풍(法風)·가풍(家風)이 절로 드높다는 것입니다.

영가 스님은 자신의 삶에 대해서 자신감이 넘쳤던 분입니다. 육조 스님을 처음 찾아뵈었을 때도 당당했고, 육조 스님과 문답할 때도 당당했고, 하룻밤 자고 훌쩍 떠날 때도 당당했습니다. 천불이 출세한다 해도 눈도 끔쩍하지 않을 만큼 당당했기에 이런 표현도 스스럼없이 하지 않았나 싶습니다.

모 췌 골 강 인 불 고
貌悴骨剛人不顧라
얼굴은 초췌하고 뼈가 앙상해 사람들은 돌아보지 않네.

부처님 가르침을 확연히 깨달아 고아한 풍모에 자신감이 넘치지만 세상 사람들은 그런 자신에게 관심조차 없다는 것입니다. 세상 사람들에게 영가 스님은 초라한 행색에 뼈만 앙상한 볼품없는 승려일 뿐입니다. 왜 그런가? 그들은 열반과 깨달음, 진실과 실상에는 관심 없고 무상한 빛깔과 소리에만 눈과 귀가 팔려 쫓아다니기 때문입니다. 그런 그들 눈에는 영가 스님의 고아한 풍모와 깨달음의 노래가 볼품없는 행색과 쓸데없는 소리일 뿐입니다.

또 긴 세월 얼마나 고심했으면 이렇겠습니까. 부처님도 완전한 깨달음을 얻으시기까지 갖은 신고를 다 겪으셨습니다. 파키스탄에서 출토된 고행상(苦行像)을 보면 뼈와 힘줄, 혈관까지 드러날 정도로 피골이 상접한 모습입니다. 이 구절을 읽다 보면 영가 스님도 깨달음의 문제에 얼마나 골몰했기에 이런 모습을 하셨을까 하는 생각을 하게 됩니다.

궁 석 자 구 칭 빈
窮釋子口稱貧이나
궁색한 부처님의 제자들은 입으로는 가난하다고 하지만

'석자(釋子)'는 석가모니의 제자를 말합니다. 석자는 꼭 출가수행자만 가리키는 것은 아닙니다. 출가수행자뿐 아니라 사부대중이 다 해당됩니다. 왜냐하면 부처님의 제자, 부처님의 아들이 되는 것은 신분이나 외형의 문제가 아니라 가치관의 문제이기 때문입니다. 정말 불교를 좋아하고, 부처님의 깨달음을 추구하며 청정하게 살아가고, 그런 삶의 가치관이 확고부동하게 자리 잡았다면, 그 사람이 곧 부처님의 아들입니다. 특히나 스님들은 온 생애를 바쳐 부처님의 가르침을 믿고 실천하겠다고 출가한 사람들입니다. 그래서 스님들은 석가모니의 자손이란 뜻에서 세속에서 쓰던 성씨(姓氏)를 쓰지 않고 석씨(釋氏)라 칭합니다.

이 전통은 약 4세기경 중국 동진(東晉)의 도안법사(道安法師)에서 시작되었습니다. 출가 사문들은 석가모니의 가르침으로부터 다시 태어났으니, 성도 석씨라 칭해야 한다는 것입니다. 그래서 그 후로 동양권에서는 법명 앞에 굳이 성을 쓸 때면 석(釋) 자를 씁니다. 저 역시도 석무비(釋無比)라 칭합니다.

실 시 신 빈 도 불 빈
實是身貧道不貧이라
실은 이 몸이 가난하지 도가 가난한 것은 아닐세.

특히나 출가수행자들은 이 말씀을 귀감으로 삼아야 합니다. 저도 이 구절을 읽을 때마다 스스로 부끄러워 반성하게 됩니다. 요즘 주변을 돌아보면 많은 이들이 이 말씀과 정반대로 살아가고 있습니다. 몸은 부자인데 도가 가난합니다. 어린 시절을 돌아보면 50년대 후반이나 60년대 초, 막 새마을 운동 일어날 무렵에는 다들 얼마나 가난하게 살았습니까. 그때와 비교해 보면 지금은 국가가 몇 백 배나 부유해졌고, 국민 역시도 비교할 수도 없을 만큼 의식주가 넉넉해졌습니다. 하지만 사람들이 실질적으로 느끼는 삶의 질은 그다지 나아졌다고 볼 수 없습니다. 공동체 의식이 훼손되어 이웃과 가정마저 파괴되고, 인간의 기본적 윤리마저 망각한 파렴치한 범죄들이 판을 치고, 상대적인 박탈감과 소외감 속에서 우울해하고 불안해하는 사람들은 나날이 늘어만 가고 있습니다. 물질은 더없이 풍요로워졌을지 모르나 윤리와 도덕은 나락으로 떨어졌고, 확고한 가치관과 신념을 가지고 살아가는 사람들은 찾아보기 힘들 만큼 줄어들었습니다. 실로 지금 우리 사회는 도(道)가 상실된 세상을 살아가고 있습니다.

세속 사회만 그런가? 사정은 우리 절집이라고 별반 나을 것도 없습니다. 세상이 부유해지다 보니 절집도 저절로 부자가 되어 스님들이 수용하는 물품들 역시 넉넉한 상황입니다. 하지만 정말 냉정하게 한번 돌아보아야 합니다. 60년대 가난하던 그 시절의 절집과 지금의 절집을 비교했을 때, 과연 어느 쪽이 부처님의 가르침에 근접한 삶일까요? 정작 굶주리고 헐벗던 그 시절에는 스님들의 구도열이 하늘을 찌를 듯이 치열했고, 또 안팎으로 존경받은 훌륭한 도인과 강백들도 많으셨습니다. 하지만 지금은 어떻습니까? 생활환경이 비교할 수 없을 만큼 개선되었음에도 불구하고 부처님의 가르침에 확신을 가지고 오롯이 정진하는 사람들의 숫자는 그리 많지 않습니다. 몸은 가난해도 도가 부자여야 하는데, 도리어 그 반대로 몸이 부자이고 도는 가난합니다.

과연 어떻게 사는 것이 바람직한 삶일까요? 우리 삶에서 진정 가치 있는 것은 무엇일까요? 만약 정말로 물질이 최고의 가치를 가지고 욕망의 충족을 위해 사는 것이 바람직한 삶이라면 우리는 과거보다 훨씬 행복해졌어야 마땅합니다. 과연 그렇습니까? 이는 우리 사회 전체가 깊이 반성해 보아야 할 문제입니다.

더구나 승가는 세속의 욕망을 버리고 청정한 삶, 올바른 삶, 진리에 순응하는 삶을 살고자 하는 사람들이 모인 곳입니다. 출가를 하고도 부와 명예를 좇는다면 그건 이율배반적인 행동입니다. 둘 중 하나는 결코 허용될 수 없다 그겁니다. 출가를 했다면 부와 명예에 초연해야 하고, 부와 명예를 추구한다면 출가해서는 안 됩니다. 그것이 승가입니다. 우리는 부처님으로부터 열반의 길, 해탈의 길, 행복의 길, 평안의 길, 자유의 길, 즉 도(道)를 배우고 터득하기 위해 불법을 공부하는 것이지, 배불리 먹고 좋은 옷 입으려고 불법을 공부하는 것이 아닙니다. 불법을 공부한 사람이라면 성취한 도가 없는 것을 부끄러워해야지 돈이 없는 것을 부끄러워해서는 안 됩니다. 이것은 불교를 공부하는 사람들이라면 누구나 기본적으로 갖춰야 할 마음자세입니다. 이런 마음자세를 갖춘다면 설령 경제적으로는 조금 부족하더라도 마음만큼은 넉넉하고, 경제적 어려움으로 인해 겪는 열등감과 좌절도 다소 해소되리라 생각합니다.

빈 즉 신 상 피 루 갈
貧則身常被縷褐이요
가난한 면으로는 몸에 항상 누더기를 입었고

앞에서 '몸은 가난하지만 도는 가난하지 않다'고 했습니다. 그러면 어느 정도로 가난하게 사는가? 몸에 항상 누더기를 걸치고 살아간다고 했습니다. 그렇다고 해서 꼭 누더기를 입고, 궁색하게 살아야만 한다는 것이 아닙니다. 또 일부러 누더기를 만들어 입고 가난한 흉내를 내라는 것도 아닙니다. 가난을 감수할 마음자세가 되어야 한다는 것입니다.

우리 어릴 때만 해도 나일론이 나오기 전이라 승복이 전부 광목이었습니다. 그래서 광목으로 지은 옷을 사시사철 입었습니다. 그런데 광목이 참 잘 떨어집니다. 그래서 여기저기 참 많이도 기워 입었습니다. 또 양말도 기워 신었습니다. 튼튼한 전구를 애지중지 가지고 다니다 양말을 기울 때면 사용하고는 하였습니다. 또 노장 스님들을 보면 나무를 발처럼 깎은 목형을 가지고 계셨습니다. 그래서 그 목형에다 양말을 씌워 놓고 양말을 깁고는 하셨습니다. 그렇게 알뜰살뜰 검소하게 살았습니다.

그러다 갑자기 나일론이 나왔습니다. 질기고, 잘 구겨지지도 않고, 번쩍번쩍 윤까지 나는 나일론이 그렇게 좋아 보이던 시절이 있었습니다. 그러다 나일론도 사라지고 보다 질 좋은 화학섬유 제품과 모직물들이 쏟아져 나오게 되었습니다. 그런 섬유들은 질이 좋아 잘 떨어지지도 않고 게다가 경제적인 여유까지 생기자 옷을 덧대고 양말을 기워서 신던 풍습은 사라지게 되었습니다. 그런데 간간이 일부러 누더기를 만들어 입는 사람들이 생겨났습니다. 고참 흉내를 내고 싶었던 것인지, 청빈한 수행자 흉내를 내고 싶었던 것인지, 아님 너덜너덜한 게 멋스럽게 보여서 그랬던 것인지, 멀쩡한 옷을 일부러 너덜너덜하게 만들거나 떨어지지도 않은 옷에 천을 대 누덕누덕 기우거나 멀쩡한 천을 조각조각 잘라 요리조리 붙여서 입는 사람도 있었습니다. 참 볼썽사나운 짓입니다. 가난을 흉내 내거나 가난을 멋으로 여겨서야 되겠습니까? 그런 짓은 청빈이 아니라 낭비고, 사치고, 가식입니다. 그래도 요즈음 그런 사람들이 잘 안 보여서 다행입니다.

도 즉 심 장 무 가 진
道則心藏無價珍이라
도의 입장으로는 마음에 무가보를 지니고 있네.

마음에 값을 매길 수 없을 만큼 귀한 보배를 감추고 있다고 했습니다. 진리의 길을 걷는 사람이라면, 불법을 공부하는 사람이라면, 이처럼 삶의 가치관이 확고하게 정립되어야 합니다. 진리에 대한 소신, 불법에 대한 소신이 확고한 사람은 외양적인 모습이나 의식주 문제에 크게 연연하지 않습니다.

요즘 주변을 둘러보면 너무 의식주에만 신경을 쓰는 폐단이 있습니다. 세속에서 사는 사람들이 그런다면야 당연한 것이겠지만 명색이 출가한 스님이란 분들이 의식주 문제에 골몰해서야 되겠습니까? 입만 열었다 하면 먹고 입고 쓰는 이야기라면 세속 사람들과 뭐가 다르다 하겠습니까? 또 개중에는 불사랍시고 절을 호텔처럼 화려하고 고급스럽게 짓는 사람도 있습니다. 게다가 그걸 부끄럽게 생각기는커녕 남들에게 자랑까지 하는 경우도 있습니다. 일부 스님들의 이런 폐단은 본분을 망각한 처사가 아닐까 생각합니다.

스님들이 자랑해야 할 것은 도덕(道德)과 지혜(智慧)이지, 화려한 건물과 여유로운 의식주가 아닙니다. 스님들이 부끄러워해야 할 것은 게으름과 무지(無知)이지, 가난과 외로움이 아닙니다. 이런 이야기마저 이젠 조심스러운 처지가 되었으니, 아마도 세월 탓인가 싶습니다.

원효 스님께서 지으신 『발심수행장』에 이런 구절이 있습니다.

이심중애   시명사문
離心中愛   是名沙門
불연세속   시명출가
不戀世俗   是名出家

마음 가운데 애착을 떠나는 것을 사문이라 하고
세속을 그리워하지 않는 그것을 출가라 한다.

부모 형제의 지중한 인연을 끊고 출가하는 까닭은 오직 하나, 청정한 삶을 살기 위해서입니다. 청정한 삶을 성취하기 위해서는 무엇보다 애착(愛着)을 벗어나야만 합니다. 행색은 출가자의 모습을 갖췄더라도 만약 마음속에 애착이 여전하다면, 모습은 사문이지만 실제 부처님의 가르침을 따르는 사문은 아닙니다. 산속 절집에서 산다 해도 만약 세속사에 연연한다면 사는 공간만 바뀐 것이지 실제 출가는 아닙니다.

　주변을 돌아보면, 출가인의 본문을 망각하고 세상사를 좇아 살아가는 사람들이 간혹 있습니다. 출가자가 세상의 부귀와 영화를 좇아 사람을 만나러 다니고 일을 꾸민다는 것은 참으로 경계할 일입니다. 한발 더 나아가자면 글씨를 쓴다든가, 그림을 그린다든가, 차를 한다든가, 도자기를 만드는 행위들도 조심해야 합니다. 물론 취미로야 간간이 그럴 수도 있습니다. 하지만 그것을 업(業)으로 삼아 종일 그런 일에만 매달린다면 어찌 출가자라 하겠습니까. 만약 출가자가 그런 일에 매진하는 것을 당당하고 떳떳한 일로 생각한다면 그건 크게 착각하고 있는 것입니다. 세속인이 그런다면야 칭찬할만한 일이지만 출가자가 그러는 것은 합당하지 않습니다. 출가자는 모름지기 부처님처럼 살려고 노력하고, 역대 조사들의 삶을 닮아가려고 노력해야 합니다. 오로지 욕망과 탐착을 끊어 고뇌와 번민에서 벗어난 삶을 살려고 노력하고, 터득한 지혜와 공덕을 이웃과 함께 나누는 일에 매진해야 합니다.

제7강

무 가 진 용 무 진
無價珍用無盡하니
그 무가보를 아무리 써도 다 쓸 수 없으니

이 물 응 기 종 불 린
利物應機終不悋이라
사람들을 이롭게 하고 근기를 따라 베푸는 일에 끝내 아
끼지 않네.

삼 신 사 지 체 중 원
三身四智體中圓이요
삼신과 사지가 내 마음 가운데 원만히 갖춰져 있고

팔 해 육 통 심 지 인
八解六通心地印이라
팔해탈과 육신통도 본래 마음 땅에 모두 있었네.

상 사 일 결 일 체 요
上士一決一切了하고
상근기는 하나를 해결해 일체를 다 마치지만

중 하 다 문 다 불 신
中下多聞多不信이라
중근기와 하근기는 그렇게 많이 들어도 믿지를 않네.

단 자 회 중 해 구 의
但自懷中解垢衣언정
다만 스스로 마음 가운데서 때 묻은 옷을 벗어 버릴지
언정

수 능 향 외 과 정 진
誰能向外誇精進가
누가 능히 밖을 향해서 자신의 정진을 자랑할 것인가.

무 가 진 용 무 진
無價珍用無盡하니
그 무가보를 아무리 써도 다 쓸 수 없으니

　진정한 인생의 가치를 알고 살아가는 사람입니다. 삶에서 무엇이 가장 소중한가? 무엇이든 소원대로 이루어지게 하는 마니주, 바로 온갖 신비한 작용을 간단없이 일으키고 있는 이 마음입니다. 마음이라는 이 신비한 구슬의 가치를 아는 자가 바로 깨달은 사람이고, 그 구슬을 활용해 자신도 행복하고 타인도 행복하게 살도록 이끄는 자가 보살입니다.

　다 써 버리면 떨어질까 걱정이십니까? 세속의 보물과 재물은 쓰면 쓴 만큼 줄어듭니다. 하늘나라 천신들이 누리는 한량없는 복락도 인연이 다하면 사라져 티끌 하나 남지 않는다 하였습니다. 하지만 값을 따질 수 없을 만큼 귀한 이 보배는 아무리 사용해도 끝이 없습니다. 마음이라는 이 신비한 구슬은 도리어 쓰면 쓸수록 더욱 찬란하게 빛납니다.

이 물 응 기 종 불 린
利物應機終不悋이라
사람들을 이롭게 하고 근기를 따라 베푸는 일에 끝내 아끼지 않네.

　그래서 그 보배를 얻은 자, 인생의 참된 가치를 깨달은 자, 보람된 삶에 대한 확고한 신념이 정립된 자들은 근기에 맞춰 중생을 이롭게 하면서 끝내 아까워하지 않습니다. '이물(利物)'에서 '물(物)'은 만물을 뜻합니다. 특히 중생(衆生) 즉 사람을 지칭하는 말입니다. '응기(應機)'를 '응시(應時)'라고 한 책도 있습니다. 시절인연에 응한다, 시절인연에 따른다는 뜻이니 '응기'와 크게 다르지 않습니다. 이롭게 할 때도 마구잡이로 하는 것이 아니지요. 그것은 지혜롭지 못한 것입니다. 도와주려는 목적만큼은 흔들림이 없지만 항상 상황을 잘 살펴 상황에 맞게 처신해야 합니다. 아무리 좋은 말과 좋은 행동도 사람과 때와 장소를 봐 가면서 해야지, 그렇지 못하면 도와주려던 그 목적을 완수할 수 없습니다.

'내 것'이라 여기면 아끼는 마음이 생깁니다. 그래서 아집, 소유욕이 강한 사람일수록 인색합니다. 아까워서 남에게 많이 주지도 못하고, 주면서도 주저하고, 주고 나서도 아까워 눈길을 떼지 못합니다. 그렇게 아까워하는 대상에는 돈이나 물건만 있는 것이 아닙니다. 지혜와 진리도 마찬가지입니다. 나름대로 터득한 지혜와 진리를 '내 것'으로 여기게 되면 마치 남들이 가지지 못한 것을 자기만 가진 것처럼 득의양양하게 되고, 물어도 잘 가르쳐 주지도 않고, 상대가 얼마나 공경하는가를 봐 가면서 가르쳐 주게 되고, 자신이 가르쳐 준 대로 하니 마니, 실망 했니 뭐니 하면서 투덜거리게 됩니다. 그런 것을 인법(悋法) 즉 법을 아낀다, 법에 인색하다고 합니다.

그렇게 법을 아낀다면 그 사람은 사실 지혜와 진리를 온전히 터득하지 못한 것입니다. '나'와 '내 것'이란 본래 없다는 것이 법이고, 그 법을 한 치의 왜곡도 없이 수긍하는 것이 지혜와 진리입니다. 그러니 제대로 지혜와 진리를 얻었다면 아까워할 리가 없습니다. 마음의 실상을 확고히 깨쳤다면, 참된 삶에 대한 확신이 공고히 다져졌다면, 상대의 처지와 상황을 잘 고려해 끝없이 이해시키고 설명해 주고 권하게 되어 있습니다. 어찌 끝날 날이 있겠습니까. 쓰면 쓸수록 더 빛나는 것입니다. 참된 법, 참된 지혜를 얻었다면 베풀며 함께 할수록 실상에 대한 깨달음이 더욱 분명해지고, 참된 삶에 대한 확신이 더욱 공고해지는 것입니다.

『초발심자경문(初發心自警文)』에 이런 말씀이 있습니다.

삼일수심천재보   백년탐물일조진
三日修心千載寶   百年貪物一朝塵
사흘 동안 닦은 마음은 천년의 보배요
백 년 동안 쌓은 재물은 하루아침 먼지로다.

저는 이 한 구절이 출가의 동기가 되었습니다. 수행자들이 출가해 처음 공부하는 책이 『초발심자경문(初發心自警文)』입니다. 이 책은 지눌(知訥) 스님의 계초심학인문(誡初心學人文), 원효(元曉)대사의 발심수행장(發心修行章), 야운(野雲) 스님의 자경문(自警文), 세 가지를 합한 책입니다. 이 구절은 그 가운데 자경문에 있는 말씀입니다. 『초발심자경문』 중에서 한 구절만 선택하라면 당연히 저는 이 구절을 택합니다.

사흘간 마음을 닦은 것은 천년의 보배가 되고, 백 년 동안 물질을 탐해 봐야 결국 하루아침의 먼지가 되고 만다고 했습니다. 왜 그런가? 물질은 유한한 것입니다. 하지만 마음의 작용은 시공간을 초월해 항상 펼쳐지고 있습니다. 또한 이것은 가치관의 문제입니다. 우리가 이 몸뚱이를 가지고 세상을 살아가자면 당연히 의식주를 해결한 물품과 재물이 필요합니다. 그런 것까지 무시한다면 생존 자체를 부정하는 짓입니다. 하지만 그것이 삶의 전부인 것처럼 여겨서는 안 됩니다. 재물이 행복을 가져다주리라 믿지만 스스로 만족할 만큼 재물을 모았다는 사람은 드뭅니다. 설령 뜻대로 재물을 모았다고 해도 모래성처럼 한순간에 무너지는 것이 또 부입니다. 그러니 부에 최고의 가치를 두게 되면 만족과 행복보다는 좌절과 실망이 깃들기가 쉽습니다.

삼 신 사 지 체 중 원
三身四智體中圓이요
삼신과 사지가 내 마음 가운데 원만히 갖춰져 있고

법신(法身)·보신(報身)·화신(化身)을 '삼신(三身)'이라 합니다. 부처님의 몸을 세 가지로 구분해 삼신이라 합니다. 물론 석가모니 부처님의 삼신과 차이야 있겠지만 우리 보통 사람들도 다 법신·보신·화신을 갖추고 있습니다. 법신(法身)은 진리 자체로서의 몸, 즉 마음자리를 뜻합니다. 마음자리는 부처나 중생이나 차이가 없습니다. 즉 법신에 있어서는 우리나 부처님이나 같습니다. 하지만 보신과 화신에 있어서는 다릅니다.

보신이란 과보로 받는 몸이라는 뜻입니다. 법신자리, 마음의 근본자리는 다름없지만 어떤 공덕을 쌓았느냐에 따라 그 영향력에 큰 차이를 보입니다. 그 사람이 어떻게 살았는가, 지혜와 자비를 실천하면서 살았느냐 그렇지 못한가, 복을 쌓았지 악덕을 쌓았는지에 따라 그가 가족에 미치는 영향, 이웃에 미치는 영향, 사회에 미치는 영향이 전혀 다릅니다.

달을 비유로 들어 설명해 보겠습니다. 하늘에 떠 있는 달은 항상 똑같은 달입니다. 하지만 초사흘에 보이는 초승달은 그 빛이 미미하고, 열닷새에 보이는 보름달은 환합니다. 또 똑같은 보름달이라도 구름에 가렸을 때와 구름이 걷혔을 때는 확연히 다릅니다. 원래 달은 변함이 없지만 세상을 비추는 빛은 그렇게 엄청난 차이가 있습니다. 사람도 마찬가지라는 것입니다. 부처님이나 중생이나 근본 마음자리는 똑같습니다. 하지만 지혜와 공덕을 얼마나 쌓았느냐에 따라 사회에 미치는 영향력이 그렇게 다른 것입니다. 그것을 보신이라 합니다.

화신(化身)이란 화현한 몸이라는 뜻인데, 곧 역할이란 뜻입니다. 예를 들자면 같은 사람이라도 학교에서는 선생님이 되고, 집에 오면 아이들에게는 아버지가 되고 아내에게는 남편이 됩니다. 또 친구들에게는 친구가 되고, 아버지에게는 아들이 되고, 아들에게는 아버지가 되고, 손자에게는 할아버지가 됩니다. 이렇게 상황 따라서 다른 역할을 하고 다른 명칭으로 불립니다. 비유를 들어 이것을 "천강유수천강월(千江有水千江月)"이라 표현합니다. 강마다 물이 있고, 그 물마다 달그림자가 비친다는 것입니다. 대개 요즘 사람들은 하는 역할이 열 가지 이상은 됩니다. 그러니 부처님만 화신이 있는 것이 아니라 우리도 화신을 갖추고 있습니다. 물론 정도의 차이는 있습니다.

'사지(四智)'란 여래가 갖춘 대원경지(大圓鏡智)·평등성지(平等性智)·묘관찰지(妙觀察智)·성소작지(成所作智)의 네 가지 지혜를 말합니다. 부처님만 이런 네 가지 지혜를 갖춘 것은 아닙니다. 우리도 성인의 가르침을 부지런히 배우고 깊이 이해하고 세밀히 사유하고 면밀히 실천하다 보면 부처님만큼 완전하지는 않지만 네 가지 지혜를 부분적으로나마 성취하게 됩니다. 작으면 작은대로 크면 큰대로, 부족하면 부족한대로 완전하면 완전한대로 나름의 그릇만큼 지혜를 성취하게 됩니다. 그런 지혜가 쌓이고 쌓여 부처님의 네 가지 지혜를 성취하게 되는 것입니다.

  대원경지란 크고 둥근 거울과 같은 지혜란 뜻입니다. 티끌 한 점 없는 커다란 거울에 온 삼라만상이 하나도 빠짐없이 고스란히 비치듯이 세상 만물, 세상만사의 이치를 분명하게 아는 지혜를 대원경지라 합니다. 유식에서는 제8식을 전환해 대원경지를 이룬다고 말합니다.

  평등성지란 일체 모든 법과 만물의 성품이 평등 일여함을 깨달아 나와 남을 구별하고 높고 낮음을 차별하던 마음을 버리는 지혜입니다. 그런 평등한 마음에서 자비심을 일으켜 다시 만물을 이롭게 하는 지혜가 바로 평등성지입니다. 유식에서는 제7식을 전환해 평등성지를 이룬다고 말합니다.

  묘관찰지란 평등한 성품의 바탕 위에서 펼쳐지는 온갖 법의 차별상을 잘 관찰해서 사람들에게 설명해 주고 이해시켜 의혹을 끊어 주는 데 사용하는 지혜입니다. 똑같은 상황이라도 어떻게 이해하고 어떻게 설명하느냐에 따라 문제가 쉽게 풀리기도 하고, 문제가 더욱 복잡해지기도 합니다. 그럴 때 상호에게 유익하도록 상황을 잘 정리해 구체적인 해결 방안을 제시해줄 줄 아는 것이 바로 묘관찰지입니다. 유식에서는 제6식을 전환해 이런 묘관찰지를 이룬다고 말합니다.

성소작지란 만물을 이롭게 하기 위해 생각과 말과 행동으로 갖가지 업을 짓고, 그 뜻하는 바를 전부 성취해 만물에게 이익과 행복을 가져다주는 지혜를 말합니다. 유식에서는 전5식을 전환해 성소작지를 이룬다고 말합니다.

우리가 지혜라고 부르는 것을 세분하면 이렇게 네 가지로 구분할 수 있습니다. 영가 스님께서는 그런 부처님의 세 가지 몸과 네 가지 지혜가 본체〔體(체)〕 가운데 원만히 갖추어져 있다고 했습니다. 영가 스님께서는 '체(體)'라고 하셨지만 경전에 따라 도인들에 따라 그 표현이 각각 조금씩 다릅니다. 이것은 근본(根本)이라고 할 수 있고, 마음이라고 할 수 있고, 자성(自性)·진여(眞如)·법신(法身)이라 칭할 수도 있습니다. 그 가운데 영가 스님은 '체' 자를 주로 사용하신 것입니다. 이 증도가 안에서만도 일곱 번인가 나옵니다.

육조 스님은『육조단경』에서 성품 성(性) 자를 자주 쓰셨고, 마조 스님을 비롯한 많은 선사들은 마음 심(心)를 자주 쓰셨고, 임제 스님의 경우는 사람 인(人) 자를 자주 사용하셨습니다. 무위진인(無位眞人)이란 말 들어보셨지요? 이런 단어들이 뜻하는 바가 모두 같습니다. 그러니 영가 스님의 이 말씀도 "삼신과 사지가 마음 가운데 원만히 갖춰져 있다"라고 해도 틀리지 않습니다. 사람마다 특유의 어법이 있고, 즐겨 사용하는 단어나 표현이 있지요. 영가 스님이 몸 체(體) 자를 즐겨 쓰셨다는 것도 우리가 눈여겨볼 점입니다.

팔 해 육 통 심 지 인
八解六通心地印이라
팔해탈과 육신통도 본래 마음 땅에 모두 있었네.

삼신과 사지만 마음에 갖춰져 있는가? 아니라는 것입니다. 팔해탈과 육신통 역시 마음자리의 도장이라 했습니다. 여기서 '심(心)' 자는 앞의 '체(體)' 자와 같은 뜻입니다. 시에서는 같은 단어가 자주 반복되면 격이 떨어집니다. 그래서 '심' 자로 바꿔 쓴 것뿐입니다. '팔해(八解)'는 팔해탈(八解脫)의 줄임말이고, '육통(六通)'은 육신통(六神通)의 줄임말입니다.

팔해탈이란 오욕(五欲)의 탐착심에서 벗어나게 하는 여덟 가지 선정, 여덟 가지 관법을 일컫는 말입니다. 이 여덟 가지 방법으로 말미암아 삼계의 번뇌를 끊고 아라한과를 증득하므로 팔해탈(八解脫)이라 하고, 오욕의 경계를 등지고 탐착하던 마음을 버리기 때문에 팔배사(八背捨)라고도 합니다.

오욕에 휩싸이면 탐착의 대상이 되는 '무엇에 대한 생각[色想(색상)]'에서 헤어나질 못합니다. 따라서 그 탐착하는 마음을 제거하기 위해 부정관(不淨觀)을 닦습니다. 부정관을 닦으면 그것이 욕심내고 집착할 만큼 아름다운 것이 아니었음을 깨닫게 되고, 헤어나지 못하던 그것에 대한 생각에서 벗어나게 됩니다. 이것을 첫 번째 해탈이라 합니다. 아끼고 집착할 만한 가치가 있는 것이 아님을 알아차렸다 해서 탐착하던 습관이 한순간에 사라지는 것은 아닙니다. 따라서 색상(色想)이 없지만 탐착의 습관을 다스리기 위해 계속해서 부정관을 닦습니다. 이것을 두 번째 해탈이라 합니다. 부정관을 지나치게 닦다 보면 혐오감이라는 부작용이 생깁니다. 이를 다스리기 위해 더러운 모습에 대한 관심을 접고 대상의 청정한 모습에 집중합니다. 그렇게 혐오감에서 벗어나 청정한 모습에 주목하면서도 탐착하는 마음이 다시는 일어나지 않는 상태를 세 번째 해탈이라 합니다. 탐착이건 혐오감이건 모두 '무언가 존재한다'는 관념에 바탕을 두고 있습니다. 따라서 이런 관념에서 벗어나기 위해 공무변처(空無邊處)에 들어가는 것을 네 번째 해탈이라 하고, 공무변처를 초월해 식무변처(識無邊處)에 들어가는 것을 다섯 번째 해탈이라 하고, 식무변처를 초월해 무소유처(無所有處)에 들어가는 것을 여섯 번째 해탈이라 하고, 무소유처를 초월해 비상비비상처(非想非非想處)에 들어가는 것을 일곱 번째 해탈이라 하고, 비상비비상처를 초월해 상수멸진정(想受滅盡定)에 들어가는 것을 여덟 번째 해탈이라 합니다. 표현과 구분에 약간의 차이는 있지만 구차제정(九次第定)과 내용이 같고, 중국 천태종(天台宗)에서는 이 관법을 수용해 적극적으로 수련하였습니다.

육신통(六神通)은 잘 아시는 대로 신족통(神足通)·천안통(天眼通)·천이통(天耳通)·타심통(他心通)·숙명통(宿命通)·누진통(漏盡通)을 말합니다. 육신통에 대해서는 다들 잘 알고 계신 바라 부연 설명을 하지 않겠습니다. 팔해탈과 육신통 역시 어디 밖에서 얻는 것이 아니라 우리 마음속에 다 있다는 것입니다.

상 사 일 결 일 체 요
上士一決一切了하고
상근기는 하나를 해결해 일체를 다 마치지만

우리 불교에서는 '근기(根機)'라는 말을 자주 사용합니다. 근기는
크게 상근기(上根機)·중근기(中根機)·하근기(下根機) 세 가지로 나눕니
다. 여기에서 영가 스님이 '상사(上士)'라 칭하신 것은 상근기를 뜻합
니다. 근기라는 말 대신에 선비 사(士) 자를 써서 상사(上士)·중사(中
士)·하사(下士)라고도 합니다.

상근기는 한 번 해결함에 일체를 다 마친다고 했습니다. 한 번에
결단하여 모든 것을 다 끝낸다는 것입니다. 앞에서 삼신(三身)과 사
지(四智), 팔해탈(八解脫)과 육신통(六神通)이 마음 가운데 원만히 갖춰
져 있다고 하지 않았습니까? 그러니 본체인 마음만 얻으면 일체 모
든 공덕들이 한꺼번에 터득되는 것입니다. 이렇게 단번에 결단하여
모든 문제를 끝내는 사람, 그런 사람이 상근기라는 것입니다.

중 하 다 문 다 불 신
中下多聞多不信이라
중근기와 하근기는 그렇게 많이 들어도 믿지를 않네.

노자(老子)의 『도덕경(道德經)』에 이런 말씀이 있습니다.

상사문도 근이행지   중사문도 약존약망

上士聞道 勤而行之   中士聞道 若存若亡

하사문도 대소지   불소 부족이위도

下士聞道 大笑之   不笑 不足以爲道

훌륭한 선비는 도를 들으면 열심히 실천하고

보통 선비는 도를 들으면 반신반의하고

못난 선비는 도를 들으면 크게 비웃나니

못난 선비가 비웃지 않는다면 도라 하기에 부족하다.

불교에서도 마찬가지입니다. 부처님의 가르침을 듣고는 곧바로 들은 대로 열심히 실천에 옮긴다면 그런 사람은 상근기입니다. 학식이 많고 적고, 나이가 많고 적고를 따질 것 없습니다. 가르침을 듣고는 그 자리에 이치가 수긍이 가고 마음이 끌려서 열심히 행할 줄 아는 사람은 상근기입니다. 중근기는 어떤가? 부처님 가르침을 들으면 그런 것 같기도 했다가 그렇지 않은 것 같기도 합니다. 그래서 그 가르침을 때로 마음에 새겼다가도 그만 잊어버리고 살아갑니다. 이렇게 진리 앞에서 머뭇거리는 사람을 중근기라 합니다. 하근기는 어떤가? 부처님 가르침을 들으면 말도 되지 않는 소리 한다며, 뭘 모르고 하는 소리라며 비웃습니다. 그래서 노자의 말씀과 마찬가지로 어리석은 사람들에게 비웃음거리가 되지 못한다면 진실한 부처님 가르침이라 할 수 없습니다. 어리석은 사람에게까지 부처님의 가르침이 쉽게 이해되기를 바랄 건 아니라는 겁니다. 사실 쉽게 이해될 수 없습니다. 그래서 영가 스님께 "본래 우리 마음 가운데 모든 공덕이 다 갖춰져 있지만 중근기와 하근기들은 아무리 가르쳐 줘도 잘 믿지를 않는다"라고 말씀하시는 것입니다.

단 자 회 중 해 구 의
但自懷中解垢衣언정
다만 스스로 마음 가운데서 때 묻은 옷을 벗어 버릴지언정

불교 공부란 무엇인가? 불교를 배워 성불을 하고, 견성을 하고, 해탈을 하고, 열반을 증득한다는 것은 무엇인가? 영가 스님은 이에 대해 "다만 스스로 마음 가운데 있는 때 묻은 옷을 벗어던지는 것이다"라고 답했습니다.

'구의(垢衣)' 즉 때 묻은 옷, 때가 꼬질꼬질한 더러운 옷이라고 한 것은 무명(無明)이나 번뇌(煩惱)를 비유한 말입니다. 그렇다고 옷에 낀 때처럼 무명이니 번뇌니 하는 것들이 실제로 있다고 여겨서는 안 됩니다. 이해를 돕기 위해 편의상 이런 비유로 표현한 것이지, 무명이나 번뇌가 실제로 존재하는 것은 아닙니다. 옷에 낀 때란 미망과 착각을 두고 하는 말입니다. 미망과 착각을 무명이라 하고 번뇌라 합니다. 번뇌가 흙처럼 덩어리져 있거나 무명이 오랜 시간에 걸쳐 닦아 낼 거울의 때처럼 있는 게 아닙니다. 사실을 사실 그대로 알지 못하고 제멋대로 왜곡하는 착각, 허망한 그림자의 장단을 논하는 미망, 그런 착각과 미망을 바탕으로 욕심내고 화내고 다투고 번민하는 한바탕 까닭 없는 소란, 그것이 무명이고 번뇌입니다.

비유컨대 수억만 년 동안 캄캄한 어둠 속에 있던 동굴이 있다고

칩시다. 누구도 들어간 적이 없던 그 동굴은 수억만 년 세월 동안 어두웠습니다. 하지만 한 자루 촛불을 밝히는 순간 그 어둠은 사라집니다. 수억만 년 동안 어두웠다고 해서 그 어둠이 천천히 없어지는 것이 아닙니다. 어두웠던 세월에 비례하여 밝아지는 시간이 필요한 건 아닙니다. 왜 그런가? 어둠이라는 것이 실체가 없기 때문입니다.

무명이니 번뇌니 하는 것 역시 마찬가지임을 알아야 합니다. 갈고 닦고 손질해서 하나하나 없어지는 것이 아닙니다. 육조 스님과 신수 스님이 남종(南宗)과 북종(北宗)으로 법맥을 달리하게 된 것도 결국 이 문제에 대한 견해 차이에서 비롯된 것입니다. 신수대사는 "때때로 갈고 닦아서 때가 끼지 않도록 하라〔時時勤拂拭 勿使惹塵埃(시시근불식 물사야진애)〕"라고 했습니다. 이 말씀은 무명과 번뇌를 구리거울에 낀 때처럼 오랜 세월 갈고 닦아야 할 것으로 본 것입니다. 즉 실재하는 것으로 여긴 것입니다. 하지만 육조대사는 "본래 한 물건도 없는데 어디에 때가 끼겠는가〔本來無一物 何處惹塵埃(본래무일물 하처야진애)〕"라고 했습니다. 무명이고 뭐고 실재하는 것이 하나도 없다는 것입니다. 영가 스님은 육조대사의 법맥을 이으신 분입니다. 따라서 이런 구절도 육조 스님의 말씀에 바탕을 두고 이해해야 합니다. 때 묻은 옷에다 비유했다고 해서 번뇌나 무명을 실재하는 것처럼 떠올리는 건 큰 착각입니다. 되짚어 말하자면 바로 그런 착각이 번뇌라면 번뇌고 무명이라면 무명입니다. 그런 잘못된 생각만 없으면 그대로 깨달음입니다.

수 능 향 외 과 정 진
誰能向外誇精進가
누가 능히 밖을 향해서 자신의 정진을 자랑할 것인가.

불교 공부를 한다는 건 때가 꼬질꼬질하게 낀 옷을 벗어던지는 것과 같습니다. 그것은 누구도 대신할 수 없는 일입니다. 또한 불교 공부를 한다는 건 더러워진 옷을 열심히 빨래하는 것과 같습니다. 스스로 부끄러움을 덜기 위해서 하는 행위이지 자랑거리가 아닙니다. 더러운 자기 옷 남 보기 부끄러워 자기가 빠는 건 지극히 당연한 일이지요. 그러니 열심히 공부하고 열심히 수행하는 것은 남들에게 자랑할 일이 아니라는 것입니다.

또한 그 사람이 얼마나 열심히 정진했는가는 굳이 남들에게 자랑하지 않아도 저절로 압니다. 예를 들어서 봄이 오면 꽃이 핍니다. 꽃이 피었다면 이미 봄은 온 것입니다. 굳이 "봄이다, 봄이다"라고 동네방네 소리치지 않아도 이미 봄은 와 있는 것입니다. "내가 언 땅을 녹이고, 싹을 틔우고, 꽃을 피웠다"라고 봄이 자랑하는 것 봤습니까? 자기 할 일 잘하면 굳이 말하지 않아도 주위에서 다 압니다. 가정에서도 마찬가지입니다. 집안을 잘 다스리고, 잘 관리하고, 살림을 잘 하면, 자신의 희생과 노력을 자랑하지 않아도 가족들이 저절로 느끼고 알게 돼 있습니다. 그걸 주변 사람들에게 자랑하거나 좀 알아 달라고 강요한다면 그게 꼴불견입니다. 불교에서는 그런 것을 소위 "상(相) 낸다"라고 표현합니다.

"누가 남들에게 자신의 정진을 자랑할 수 있겠는가?" 참 좋은 말씀입니다. 수행하고 정진하는 일에 있어서는 더 말할 나위도 없습니다. 주머니에 송곳을 넣어 두면 어떻게 됩니까? 뾰족한 끝이 저절로 밖으로 삐져나옵니다. 굳이 꺼내 보이지 않아도 그 주머니에 송곳 들어 있다는 걸 남들이 다 압니다. 불법 공부라는 것이 그런 겁니다.

그러니 꼴불견 소리, 상 낸다는 소리 듣지 않도록 조심해야 합니다. 빨래터에서 빨래하던 사람이 지나가는 사람들 붙들고 "여러분 제 옷이 더러워서 제가 지금 이렇게 열심히 빨래를 하고 있습니다" 라고 자랑한다면 그 사람이 제정신이겠습니까? 그게 어디 자랑거리 입니까?

불교를 공부하고 수행하는 것을 남들에게 보일 자랑거리로 여기는 사람은 흉내를 내고 있는 것이지, 실제로 공부하는 사람은 아닙니다. 웃지 못 할 이야기를 하나 하겠습니다. 예전에 어떤 토굴에 사는 스님이 평소에는 늘 게으름을 떨다가 저 아래 산어귀에서 사람들 올라오는 소리가 들리면 얼른 방에 들어가서 떡하니 좌선하는 모습을 취하고는 했답니다. 사람들이 마당에 올라와 방 안까지 들여다 보아도 모른 척 하고 근엄하게 앉아 있고는 했답니다. 수행이 무슨 쇼도 아니고, 참 어처구니가 없는 이야기지요.

"다만 스스로 마음 속 때 묻은 옷을 벗어버릴지언정 누가 능히 밖을 향해서 자기의 정진을 자랑하겠는가"라는 이 말씀 속에는 영가 스님의 개인 사정도 담겨 있습니다. 천태지관을 깊이 익혔던 영가 스님은 당시 천태종에서 법을 계승해 종파를 크게 일으킬 인물로 주목받던 분이었습니다. 그런데 결국 육조 스님의 법을 잇고 선종 사람이 되었습니다. 그러다보니 주변에서 많은 공격과 비난들이 있었습니다. 개중에는 "도대체 네가 무엇을 성취하고 무엇을 깨달았기에 우리 천태종을 부정하고 그리 도도하게 구느냐?"는 힐난도 있었겠지요. 그래서 이런 말씀을 하신 겁니다.

제8강

종 타 방 임 타 비
從他謗任他非하라
다른 사람들이 비방하고 헐뜯게 맡겨 두어라.

파 화 소 천 도 자 피
把火燒天徒自疲로다
마치 불로써 하늘을 태우는 일이라 스스로 피로할 뿐
이로다.

아 문 흡 사 음 감 로
我聞恰似飮甘露하야
나는 비방하는 말을 들으니 흡사 감로수를 마시는 것
과 같아서

소 융 돈 입 부 사 의
銷融頓入不思議로다
깡그리 녹아서 모두 사라지니 참으로 불가사의하도다.

관 악 언 시 공 덕
觀惡言是功德이니
악한 말을 가만히 살펴보니 이것이야말로 공덕이라 .

차 즉 성 오 선 지 식
此則成吾善知識이라
이렇게 되면 악한 말을 하는 이가 곧 나의 선지식이로다.

불 인 산 방 기 원 친
不因訕謗起怨親이면
비방으로 인해서 원수와 친한 마음을 일으키는 일이
아니면

하 표 무 생 자 인 력
何表無生慈忍力가
생사를 초월한 자비와 인욕의 힘을 어찌 나타낼 수 있
으랴.

종 타 방 임 타 비
從他謗任他非하라
다른 사람들이 비방하고 헐뜯게 맡겨 두어라.

남들이 비방하건 말건 그대로 내버려 두고, 남들이 비난하건 말건 그대로 내버려 두라는 것입니다. 영가대사의 깨달음을 이해하지 못하는 사람들 눈에 영가 스님은 배신자일 뿐입니다. 그러니 천태종에서 선종으로 갔다는 표면적인 것만 가지고 얼마나 비방이 많았겠습니까? 시시한 사람이었다면 비방도 따르지 않았겠죠. 워낙 뛰어나고 주목받던 분이니까 비방도 많았던 것입니다. 게다가 기록에 따르면 영가 스님은 출가해서도 어머님과 더불어 과년한 누님을 모시고 살았답니다. 모눈을 뜨고 지켜보던 이들에겐 그것도 좋은 시빗거리였던 것입니다.

출가란 기본적으로 세속의 연을 끊는 것입니다. 부모와 형제의 인연이 아무리 지중하다지만 그것을 끊지 못하고 연연한다는 건 출가자의 본분에 어긋나는 것입니다. 그러니 "당신 혼자만 효자냐? 출가한 사람들끼리 모여 사는 절집에 부모 형제를 데려와 살면 어쩌느냐"는 비난을 받지 않았겠습니까? 이런저런 일들을 빌미 삼아 쏟아붓는 터무니없는 비난을 영가 스님도 아마 감내하기 쉽지 않았을 것입니다. 그래서 그런 속상함을 스스로 소화해 내느라 이런 말씀도 하시지 않았을까 싶습니다.

이는 영가 스님만의 일은 아닙니다. 경우가 다르고 정도의 차이야 있겠지만 세상을 살다 보면 누구나 겪는 일입니다. 다들 한 번쯤은 까닭 없는 비난과 터무니없는 험담을 들어보셨을 것입니다. 그럴 때, 불자라면 그런 문제들을 어떻게 풀어 가야 할까요? 어떻게 대처하는 것이 가장 현명한 처신일까요? 감정에 휩쓸려 다툼과 아픔을 초래하지 않으려면 영가 스님의 말씀을 눈여겨 살필 필요가 있습니다.

영가 스님께서는 어떻게 대처하셨는가? 남들이 비방하면 화를 내거나 다투지 말고 그냥 비방하도록 내버려두고, 남들이 잘못이라고 하면 굳이 변명하고 따질 것 없이 그가 잘못이라고 하건 말건 내버려 두라는 것입니다. '방(謗)'자는 까닭 없이 무조건 비방하는 것을 말합니다. '비(非)'자는 옳지 않고 그르다, 틀렸다, 잘못이라고 지적하다는 뜻입니다. 왜 그렇게 대처하는가?

파 화 소 천 도 자 피
把火燒天徒自疲로다
마치 불로써 하늘을 태우는 일이라 스스로 피로할 뿐이로다.

횃불로 아무리 하늘을 태우려고 한들 하늘이 탑니까? 그런 일은 끝내 있을 수 없습니다. 또 횃불을 들고 하늘을 태우려 덤벼드는 사람이 있다면, 그 사람이 제정신이겠습니까? 그러는 사람이 어리석은 것이고, 그러는 사람만 피곤할 뿐입니다. 영가 스님 자신에게는 그런 비방과 비난이 하등 문제가 되질 않는다는 것입니다.

이런 말씀을 하시긴 했지만 얼마나 심한 곤욕을 치렀기에 이런 말씀까지 하셨을까 싶습니다. 혹자는 '깨달음을 얻은 성자인데 뭐가 부족해서 비방을 당할까' 하고 생각하실 것입니다. 또 '아니 땐 굴

뚝에 연기 날 리 없지. 세상 사람들에게 비방 받을 정도면 성자라 하기엔 부족하지 않은가' 하고 생각하는 분도 계실 겁니다. 하지만 아닙니다. 비방과 비난은 비방하고 비난하는 사람들의 몫입니다. 꼭 까닭이 있어서 비방하고 비난하는 것이 아닙니다.

부처님도 수없이 비방을 들으셨습니다. 부처님은 세상에 둘도 없는 성자이시니 누구에게도 비난받지 않았을 것이라 생각하는 분들이 있는데, 천만의 말씀입니다. 모욕과 비방을 수없이 당하셨습니다. 당시 인도에는 수행자들이 많았고 많은 이들에게 칭송받던 성자들도 많았습니다. 그런데 갑자기 부처님으로 칭송받는 젊은 성자가 출연한 것입니다. 평생 종교에 투신해 나이 칠팔십이 되어도 성자 소리를 듣기 힘든데, 부처님은 삼십 대 후반에 이미 마가다의 왕 빔비사라가 귀의한 성자로 추앙을 받았습니다. 또한 사리불존자와 목련존자를 비롯한 다른 종교의 수행자들이 잇달아 부처님께 귀의하고 출가하였습니다. 대중들의 관심을 빼앗기고, 제자들까지 빼앗기자 다른 종교의 지도자들은 흥분했습니다. 시기와 질투에 사로잡힌 그들의 눈엔 부처님은 그저 세상물정 모르는 새파란 젊은이었을 뿐입니다. 그래서 거리에서 삿대질과 욕을 퍼붓고, 숲과 정사까지 찾아와 비난하는 일도 있었습니다. 그런 터무니없는 비방에 제자들이 동요해 감정적으로 대처하려 하자 부처님께서 이런 말씀을 하십니다.

"남을 헐뜯고 비방하는 것은 바람을 안고 흙먼지를 뿌리는 것과 같다."

참 현명하신 말씀입니다. 바람이 불어오는 쪽을 향해 흙먼지를 뿌리면 어떻게 됩니까? 뿌린 사람 얼굴만 더러워지는 것입니다. 또 이런 말씀도 하셨습니다.

"남을 모욕하는 것은 피를 머금었다가 상대에게 뿌리는 것과 같다."

상대에게 모욕을 주려고 상대의 얼굴을 향해 피를 뿌리지만 그 피는 뜻대로 상대의 얼굴에 묻을 수도 있고, 옷에 튈 수도 있고, 아예 닿지 않을 수도 있습니다. 하지만 어떻습니까? 피를 머금었던 그 사람의 입에는 이미 피가 한가득입니다. 부처님께서 그것을 일깨워 주신 것입니다. 남을 욕하면 내 입이 먼저 더러워지는 법입니다.

아 문 흡 사 음 감 로
我聞恰似飮甘露하야
나는 비방하는 말을 들으니 흡사 감로수를 마시는 것과 같아서

살다보면 비방을 당하고, 음해를 당하고, 욕설을 듣고, 공연히 시기 질투하는 일들을 당하게 됩니다. 저 역시도 마찬가지입니다. 그럴 때 여차하면 못마땅하고 섭섭하고 속상한 마음이 들기 쉽습니다. 하지만 한 생각 돌이키면 "저것이야말로 정말 나에게 득이 되는 일이구나" 싶어 고마운 마음이 들게 됩니다. 어찌 뜻에 맞는 사람만 만나고 뜻에 맞는 일만 겪으며 살 수 있겠습니다. 곰곰이 생각해 보면, 그런 일들이 다 수행의 깊이를 더하고 마음의 폭을 넓히는 좋은 계기들입니다. 모든 사람이 한결같이 칭찬하고 그 뜻에 고분고분 따르기만 한다면 그 사람의 수행에 무슨 도움이 되겠습니까? 자칫하면 교만하고 독선적인 사람이 되기 십상이지요. 그러니 남들에게 항

상 좋은 소리만 듣고 좋은 대접만 받는 것도 그리 반길만한 일은 아닙니다. 이런 말이 있습니다.

충언역이이어행   양약고구이어병
忠言逆耳利於行   良藥苦口利於病
진심 어린 말은 귀에 거슬리나 행실에는 이롭고
좋은 약은 입에 쓰나 병에는 이롭다

또『명심보감』에 이런 말씀이 있습니다.

도오선자 시오적   도오악자 시오사
道吾善者 是吾賊   道吾惡者 是吾師
나를 잘났다고 말해 주는 사람은 바로 나의 적이고
나를 못났다고 말해 주는 사람이 바로 나의 스승이다.

그러니 험담과 비방을 보약으로 여겨야 합니다.

소 융 돈 입 부 사 의
銷融頓入不思議로다
깡그리 녹아서 모두 사라지니 참으로 불가사의하도다.

영가 스님은 그런 소리를 듣는 게 감로수를 마시는 것과 같아서, 그 비방과 욕설들이 녹고 녹아 단박에 불가사의한 해탈의 경계로 들어간다 하였습니다. 한세상 살자면 자신을 비방하고 모함하고 헐뜯고 욕하는 소리를 듣지 않을 수 없습니다. 이런 소리 듣지 않고 사는 사람은 아마 아무도 없을 것입니다. 불교를 공부했다면 다른 건 다 제쳐 두고라도 이 문제 하나만큼은 꼭 해결하고 넘어가야 합니다. 자신에 대한 비방, 비판, 음해, 모함, 시기, 질투를 소화해 원망과 원한의 티를 한 점도 남기지 않는 능력을 갖춰야 합니다. 영가 스님처럼 저절로 감로수가 되어 불가사의한 해탈경계로 녹아들게 하지는 못하더라도 아예 삼키려 들지 않거나 식은 밥처럼 먹고 체해서는 안 됩니다. 거슬리는 말들이 단박에 술술 넘어가지 않으면 아등바등 애를 써서라도 소화시켜야 합니다.

그렇게 노력해서 비난과 욕설에도 마음이 평온하다면 이건 보통 소득이 아닙니다. 불공을 하고 기도를 해서 돌아오는 공덕과는 비교도 할 수 없을 만큼 값진 소득입니다. 그럴 수 있다면 그것만으로도 불교를 믿고 불교를 배우고 불교를 공부해 최상의 소득을 얻은 게 아닐까 생각합니다.

관 악 언 시 공 덕
觀惡言是功德이니
악한 말을 가만히 살펴보니 이것이야말로 공덕이라

나쁜 말이 나에게는 공덕이라는 뜻입니다. 나쁜 말, 즉 비방이나 욕을 들으면 우리는 즉각 반응을 합니다. 직접 들었건 전해 들었건 그런 말을 듣는 순간 발끈 성질부터 내는 경향이 많습니다. '왜 저런 말을 하게 되었을까?' 하고 잠시 생각해 볼 여유조차 없습니다. 그런 말을 깊이 생각해 보고 잘 소화하면 그것이야말로 자신에게 큰 공덕이 됩니다.

악담이 나에게 불쾌한 일이 되는가 공덕이 되는가, 악담을 하는 이가 나에게 원수가 되는가는 한 생각 어떻게 하느냐에 달렸습니다. 그 한 생각 제대로 하기가 참 간단한 일이면서도 참 어려운 일입니다. 우리가 악담과 비방을 공덕으로 받아들여 소화하지 못한다면 사실 불교 공부한 소득이 없습니다.

영가 스님은 비방하는 소리를 들어도 감로수를 마시는 것과 같아 그런 험담과 비난이 해탈경계로 녹아들어 간다고 했습니다. 나를 비방하고 욕하는 소리를 잘 소화한다면 그 비방과 욕설이 정말 좋은 수행거리가 되고, 큰 깨달음이 되고, 내 인격을 완성하는 데 더없이 좋은 소재가 될 것입니다.

이보다 좋은 수행은 없습니다. 밤잠을 자지 않고 일주일씩 용맹정진을 하고, 삼천 배를 몇십 년씩 하고, 백일기도 천일기도를 하는 것보다도 욕설과 비방을 제대로 소화해 내는 것이 더 공덕이 큽니다. 그런 욕설과 비방을 공덕으로 전환시킬 수 있다면, 그것이야말로 어떤 용맹정진보다 더 위대한 용맹정진입니다.

차 즉 성 오 선 지 식
此則成吾善知識이라
이렇게 되면 악한 말을 하는 이가 곧 나의 선지식이로다.

'선지식'이란 무엇인가? 올바른 삶을 살도록 나를 인도하고, 나를 깨우치고, 나에게 지혜의 눈을 열어 주고, 끝내는 부처의 경지에 닿게 하는 사람입니다. 한 생각 바르게 가지면 비방하고 욕하는 사람이 바로 나를 부처님으로 만들어 주는 스승이란 것입니다. 나를 욕하고 비방하는 말을 잘 소화할 줄 안다면, 그런 말을 하는 사람이 나에게 더없이 훌륭한 스승이 됩니다.

영가 스님은 많은 사람들에게 손가락질 당하고 힘든 일도 많이 겪었던 분입니다. 하지만 오히려 그것이 당신에게는 아주 큰 수행이 되고, 큰 공부가 되었다는 것입니다. 우리도 마찬가지입니다. 세상을 산다는 것이 곧 수행입니다. 뜻하지 않은 일들을 수없이 겪어야만 하는 게 결혼생활, 직장생활, 가정생활, 자녀교육입니다. 힘들고 어려운 일들을 겪으면서 지혜가 하나하나 쌓이고 인성도 조금씩 성숙해가는 것입니다.

또 모든 일이 뜻대로 술술 풀리면 불교 공부고 수행이고 할 생각도 안 합니다. 주변을 둘러보면, 자녀들의 진학 문제로 고민하다가 불교와 인연을 맺은 분들이 꽤 많습니다. 답답한 마음에 무턱대고 절에 찾아와 절이라도 하고, 감량대로 빌어도 보고, 기도도 해 보고 하다가 차츰차츰 불교교양대학도 알게 되고, 법회도 알게 되고, 불교의 드넓은 세계도 알게 되지요. 집안의 문제, 사업상의 문제도 마찬가지입니다. 그 인연으로 부처님의 바른 가르침에 눈을 뜨게 되고, 올바른 삶이라는 것이 바로 이런 것이구나 하고 깨닫게 되는 것입니다. 그러니 살면서 겪는 어렵고 힘든 문제들이 바로 고맙고 소중한 선지식인 것입니다.

불 인 산 방 기 원 친
不因訕謗起怨親이면
비방으로 인해서 원수와 친한 마음을 일으키는 일이 아니면

그렇습니다. 비방하는 일로 인해서 원수와 친구가 나누어지게 됩니다. 비방하고 비방에 동참하는 사람은 원수로 여기고, 비방을 부정하고 비방하는 이들을 꾸짖는 사람은 친구라 생각지 않습니까? 내 편, 네 편이 바로 나눠지지 않나요? 보통 사람은 그런 일을 당하면 곧장 내 편 아니면 네 편으로 선을 긋습니다. 기분이 좋고 기분 좋은 소리 들을 때는 '나', '너' 따로 구분할 것 없이 생각하다가도, 귀에 거슬리고 눈에 거슬리는 일을 겪으면 당장에 '나'와 '너'가 갈립니다.

상황이 좋을 때는 군자가 따로 없고 부처가 따로 없고 도인이 따로 없습니다. 하지만 험한 일을 겪어 보면 어떻습니까? 본색이 바로 들어납니다. 그가 수행을 한 사람인지 아닌지, 공부를 얼마나 성취했는지가 바로 드러납니다. 옛날 말에 "물속에 들어가 봐야 그 사람 키가 큰지 작은지 단번에 알 수 있다"라고 했습니다. 그러니 그런 일들을 겪어 봐야 그가 진짜 공부를 했는지 안 했는지, 진짜 깨달았는지 못했는지, 진짜 도인인지 아닌지를 알 수 있습니다.

하 표 무 생 자 인 력
何表無生慈忍力가
생사를 초월한 자비와 인욕의 힘을 어찌 나타낼 수 있으랴.

앞에서 "나는 비방하고 헐뜯는 소리를 들어도 감로수를 마시는 것처럼 여기고, 그런 말들을 잘 소화시켜 단박에 불가사의한 해탈의 세계로 들어간다"라고 했습니다. 누가 이럴·수 있는가? 생멸이 본래 없고 생사가 본래 없음을 깨달은 사람이라야 이럴 수 있습니다. 그런 사람은 비방과 욕설을 들어도 분노하지 않고, 원수라 여기지도 않고, 원한을 품지도 않습니다. 도리어 자비(慈悲)와 인욕(忍辱)의 힘을 갖춥니다. 그러니 그런 일이 아니라면 공부한 효력을 표현할 기회가 어디 있겠냐는 것입니다.

불교 공부를 한 효력을 뭘 가지고 드러내겠습니까? 단식(斷食)으로 보여 주겠습니까? 절하는 것으로 보여 주겠습니까? 아니면, 경제적인 부(富)로 보여 주겠습니까? 그가 수행을 잘 한 사람인지 아닌지는, 그가 얼마나 지혜롭고 얼마나 자비로운가를 보면 알 수 있습니다. 왜냐하면 불교 수행의 결과물이 지혜(智慧)와 자비(慈悲)이기 때문입니다. 보통 사람이 비방과 욕설을 들으면 상대방을 미워하고 분노를 터뜨리지, 자비심을 품고 참아 내질 못합니다. 그러고 싶어도 안 됩니다. 하지만 도인은 아무리 험한 일도 감내하고 그런 사람에게마저 자비심을 잃지 않습니다. 그것이 바로 수행의 힘을 표현하는 것입니다.

그렇습니다. 병이 없다면 신통한 의술이 있다 한들 그것을 어디에다 쓰고, 어둠이 없다면 좋은 등불을 가지고 있다 한들 그것을 어디에다 쓰고, 사람에게 삶의 고통이 없다면 고통으로부터 벗어나는 해탈의 법이 있다 한들 어디에다 쓰겠습니까? 수행과 깨달음을 통해 얻는 자비와 인욕의 힘도 마찬가지입니다. 눈과 귀에 거슬리고 뜻에 어긋나는 세상사를 겪지 않는다면 아무리 큰 자비심이 있다 한들 어디에다 쓰겠습니까?

또한 불교를 공부하면 이런 지혜와 자비와 인욕의 힘, 즉 법력이 저절로 갖춰지게 되어 있습니다. "나야 뭐 수행도 한 것이 없고, 공부도 한 것이 없어서 아무런 법력도 없다"고 말씀하시는 분도 있을 것입니다. 하지만 한 시간을 공부하면 한 시간 공부한 만큼 법력이 생기고, 1년을 공부하면 1년을 공부한 만큼 법력이 생기는 것이 불교 공부입니다. 그 나름의 수행력이 당연히 생기게 되어 있습니다. 부처님께서 인과는 정확하다고 하셨습니다. 그 힘이 아직은 미약해 크게 드러나지 않는 것일 수는 있어도 절대 헛공부란 없습니다. 좋은 일이건 나쁜 일이건, 공짜가 없다는 게 불교의 이치입니다.

명훈가피력(冥薰加被力)이라 했습니다. 나도 모르는 결에 영향을 받아 변화하고, 어디엔가 그 영향력을 끼치고 있는 것입니다. 스스로 긍정하건 하지 않건 다들 공부한 만큼 법력을 표출하고 있는 것입니다. 물론 겸손한 것은 좋지만, 혹시나 "내가 무슨 법력이 있나, 내가 무슨 인욕의 힘이 있나, 내가 무슨 정진력이 있나" 하며 자신의 정진과 수행을 비하해서는 안 될 일입니다.

제9강

종 역 통 설 역 통
宗亦通說亦通하여
근본종지도 통달하고 설법도 또한 통달하여

정 혜 원 명 불 체 공
定慧圓明不滯空이로다
선정과 지혜가 원만하고 밝아서 공에 막히지 않도다.

비 단 아 금 독 달 요
非但我今獨達了라
비단 나만 지금 홀로 통달해서 마친 것이 아니요

항 사 제 불 체 개 동
恒沙諸佛體皆同이로다
항하의 모래 수와 같은 모든 깨달은 이들의 마음이 다 같도다.

사 자 후 무 외 설
師子吼無畏說이여

사자후와 같은 두려움 없는 설법이여

百獸聞之皆腦裂하고
백 가지 짐승들은 그 소리를 듣고 모두 뇌가 찢어지고

香象奔波失却威하며
코끼리는 분주하게 위엄을 잃고 달아나며

天龍寂聽生欣悅이로다.
천신들과 용들은 가만히 듣고 법회선열에 충만하네.

종 역 통 설 역 통
宗亦通說亦通하여
근본종지도 통달하고 설법도 또한 통달하여

'종(宗)'은 종지(宗旨), 근본취지(根本趣旨) 즉 진리를 뜻합니다. '설(說)'은 설명, 설법, 이야기를 뜻합니다. '종지를 통달했다'는 것은 부처님 가르침의 근본취지, 또는 세상과 인생의 근원, 즉 진리를 확실히 밝혀서 알았다는 것입니다. 알기만 하고 표현할 줄 모르면, 그것은 부족한 것입니다. 그 깨달은 진리를 능수능란하게 설명할 줄 아는 것, 표현할 줄도 아는 것, 그것을 '설법을 통달했다'고 합니다.

우리 불자들을 살펴보면 대체적으로 불교에 대해 나름대로 정리가 되어 있는 분들이 많습니다. 하지만 어떻게 된 것인지 표현을 잘 못합니다. 10년을 불교와 인연을 맺은 사람도, 정작 자기 형제나 자매 또는 이웃에게 불교에 대해 제대로 전하지 못하는 경우가 참 많습니다. 타 종교를 믿는 사람들은 청산유수로 말을 쏟아붓는데, 불교인들은 뭘 물어도 꿀 먹은 벙어리마냥 대답을 못합니다. 자기 나름의 소신은 분명히 있습니다. 하지만 설명하라면 못합니다. 그건 '종'은 통했는데 '설'은 통하지 못한 것입니다. 물론 영가 스님처럼 궁극의 종지를 통달하고 폭포수처럼 유창하게 설법할 수 있으면 좋겠지요. 하지만 궁극의 종지가 아니더라도 나름 이해하고 깨달은 바가 있으면 그것을 조리 있게 남들에게 설명할 수 있어야 합니다.

정 혜 원 명 불 체 공
定慧圓明不滯空이로다
선정과 지혜가 원만하고 밝아서 공에 막히지 않도다.

체(滯)는 정체(停滯)하다는 뜻입니다. 공에 막히지 않는다는 것은 공을 제대로 깨닫고 그 깊은 뜻을 제대로 수용해 '공하다'는 말에 떨어지지 않는다는 것입니다. '공'의 의도를 파악하지 못하고 '공하다'는 말에만 머물면 그건 '있다(有(유))'의 반대인 '없다'의 의미일 뿐입니다. 앞서 말씀드렸듯, 영가 스님의 말씀은 중도(中道)의 원칙에서 벗어난 것이 없습니다. '있음(有(유))'과 '없음(無(무))'을 함께 수용하고 필요에 따라서 자유자재로 쓸 수 있는 것! 그것이 중도이고, 있음과 없음의 조화입니다. 모든 면에서 그래야 합니다. 선정만 있어도 안 되고, 또 지혜만 있어도 안 됩니다. 선정과 지혜가 균등하게 조화를 이루어야 합니다. 그것이 부처님의 중도입니다.

비 단 아 금 독 달 요
非但我今獨達了라
비단 나만 지금 홀로 통달해서 마친 것이 아니요

영가 스님의 이런 깨달음이 자신만의 독특한 경험이 아니라는 것입니다. 다른 누구도 깨닫지 못했던 것을 자기만 깨달은 것이 아니라는 것이지요. 깨닫고 보니 그 이치는 보편적인 것이었고, 그 보편적 이치를 깨달은 분들 역시 헤아릴 수 없을 만큼 많았더라는 것입니다. 그래서 다음 구절에서 이렇게 말씀하십니다.

　항 사 제 불 체 개 동
　恒沙諸佛體皆同이로다
　항하의 모래 수와 같은 모든 깨달은 이들의 마음이 다 같도다.

　'항사제불(恒沙諸佛)'을 '하사제불(河沙諸佛)'이라 한 책도 있습니다. '항(恒)'은 항하(恒河), 즉 갠지스 강을 뜻합니다. 항사(恒沙)와 하사(河沙)는 '갠지스의 모래'와 '강의 모래'라는 뜻이니, 의미는 큰 차이 없습니다.

　항하의 모래 수와 같은 수많은 깨달은 분들의 그 본체가 다 같다고 했습니다. 갠지스의 모래는 밀가루처럼 곱습니다. 그러니 한 주먹만 쥐어도 그 알갱이 숫자가 얼마나 많겠습니까? 부처님, 깨달은 분들의 숫자가 그처럼 많다는 것입니다. 또한 그분들이 깨달은 바가 지금 내가 깨달은 경지와 똑같다는 것입니다. 이 구절을 달리 해석하자면 "나도 수많은 부처님 중 하나다", "나도 부처님이다"라는 의미입니다. 자신의 깨달음에 대해 확신하는 것입니다.

　『열반경』에 이런 이야기가 나옵니다. 광역도아(廣額屠兒), 이마가 넓찍한 백정이 문득 깨달음을 이루고는 칼을 척 던지면서 "나도 현겁 천 명의 부처님 가운데 하나다"라고 큰 소리로 외쳤다는 것입니다. 참, 통쾌하지요. 살생의 업을 부지기수로 저지른 백정이 어떻게 단번에 "나도 부처님이다"라며 큰 소리를 칠 수 있었을까요? 저도 동서고금의 철학 서적이나 성인들의 책을 남들 못지않게 읽어 보았지만 오직 불교에서만 이런 소리를 합니다. 이처럼 불교에서는 안목 (眼目)과 깨달음을 무엇보다 중요시합니다.

육조대사께 깨달음을 인정받고 나서 영가 스님이 "나만 이런 이치를 통달한 것이 아니라, 다른 부처님도 나와 똑같은 이치를 통달했다"라고 표현했으니, 얼마나 근사합니까? 이쯤 되어야 장부가 세상에 태어나 공부한 보람이 있지 않을까 싶어 부러워지는 대목이기도 합니다.

사 자 후 무 외 설
師子吼無畏說이여
사자후와 같은 두려움 없는 설법이여

앞서 "나만 이렇게 깨달은 것이 아니라 수많은 부처님들도 나처럼 깨달았다"라고 선언했습니다. 이게 사자후입니다. 음성이 크다고 사자후가 아닙니다. 밀림의 왕인 사자가 두려워할 것이 있습니까? 이처럼 정말 두려울 것이 없는 말씀, 확신에 찬 말씀, 이것이 사자의 포효입니다.

백 수 문 지 개 뇌 열
百獸聞之皆腦裂하고
백 가지 짐승들은 그 소리를 듣고 모두 뇌가 찢어지고

여기서 '온갖 짐승들〔百獸(백수)〕'은 이교도나 외도들을 두고 하는 말입니다. 서두에서 "무명의 참 성품이 곧 불성이고, 환상처럼 헛된 육신이 곧 법신이다"라고 했습니다. 일찍이 누가 감히 이런 말씀을 했습니까? 전혀 방편을 쓰지 않고 실상과 불법의 궁극을 그대로 표현한 이런 말씀이 또한 사자의 포효처럼 두려움 없는 말씀입니다.

무언가 '실체가 있다'고 전제하고 생각과 논리를 전개하는 사람들은 무명과 번뇌를 제거해야 할 대상으로 설명합니다. 그리고 무명과 번뇌를 완전히 제거했을 때 저 깊은 곳에 도사리고 있던 해탈이나 열반이나 불성이 드러나는 것으로 이해하고 있습니다. 영가 스님이 보시기에 그런 사고의 틀과 안목을 벗어나지 못한 자들은 외도나 소승이라는 것입니다. 그런 사람들은 나의 이야기를 들으면 골이 깨진다는 것입니다.

향 상 분 파 실 각 위
香象奔波失却威하며
코끼리는 분주하게 위엄을 잃고 달아나며

『법화경(法華經)』「방편품(方便品)」에 5,000명의 성문(聲聞)이 부처님의 법문을 듣다가 자리에서 물러났다는 이야기가 있습니다. 여기에서 코끼리로 비유한 자들은 바로 그런 대승(大乘)의 가르침을 감당하지 못해 자리를 떠나 버린 소승(小乘)들을 일컫는 것입니다. 모든 깊고도 오묘한 실상의 가르침을 그들은 감당하지 못했던 것입니다.

앞뒤를 내용을 뒤섞어 말하자면, 부처님께서 "사람이 그대로 부처님이다. 갖가지 모순과 결함을 가지고 있는 이대로 부처님이다.

손 한 번 들어도 부처님이요, '나무불(南無佛)'하고 한 번만 염해도 부처님이요, 절 한 번만 해도 부처님이다"라는 사자후를 하시자 오랜 세월 부처님의 가르침에 따라 공부했다는 사람들도 5,000명이나 설법을 듣다 말고 자리를 박차고 나갔다는 것입니다. 그 사람들 소견으로는 도저히 받아들일 수 없었던 것입니다.

천 룡 적 청 생 흔 열
天龍寂聽生欣悅이로다.
천신들과 용들은 가만히 듣고 법회선열에 충만하네.

이런 대승의 실상법문을 들으면 성문(聲聞)과 연각(緣覺)은 꽁지가 빠지게 달아나느라 위엄까지 잃지만, 저 하늘나라의 천신이나 용왕들은 이런 말씀을 듣고 고요히 마음속에 새기면서 기쁨에 넘친다는 것입니다. 똑같은 법문이지만 근기에 따라 반응이 이렇게 다른 것입니다. 그러니 "무명이 곧 불성이요, 육신이 곧 법신이다"하신 영가 스님의 말씀에 무슨 저런 헛소리가 있냐며 귀를 닫아 버린다면 곧 이승(二乘)의 근기이고, 그 말씀을 깊이 새기고 사유해 기쁨이 샘솟는다면 보살(菩薩)의 근기입니다.

『법화경』에서도 "불소호념(佛所護念)"이라 하셨습니다. 부처님께서 정말 아끼고 보호하고 애착하는 가르침이라 했습니다. 최고 수준에 있는 보살들을 가르치기 위해 남겨 두고 비장해 두었던 가르침을 이제 죽음을 앞두고서 마지막으로 설하신 것이 바로 『법화경』이라 하셨습니다. 그러니 최고 수준에 다다른 사람들이라야 이런 말씀이 가슴에 와 닿고 저절로 공감되어 득법의 희열과 선정의 열락에 젖게 된다는 것입니다. 이것을 뒤집어 말한다면, 만약 영가 스님의 말씀 이나 법화경의 말씀이 절절이 가슴에 와 닿고 공감된다면 그런 사람 은 이미 최고 수준에 다다른 근기들이라는 것입니다.

제10강
⋮

유 강 해 섭 산 천
遊江海涉山川하야

강과 바다를 건너온 산천을 두루 다니면서

심 사 방 도 위 참 선
尋師訪道爲參禪이러니

스승을 찾고 도를 물어 참선에 열중하다가

자 종 인 득 조 계 로
自從認得曹溪路로

조계의 길에서 인가를 받음으로부터

요 지 생 사 불 상 관
了知生死不相關이로다

생사가 나와 관계없다는 사실을 깨달아 알았도다.

행 역 선 좌 역 선
行亦禪坐亦禪이니

걸어 다녀도 참선이요 앉아 있어도 참선이니

어 묵 동 정 체 안 연
語默動靜體安然이라

말하건 침묵하건 움직이건 고요하건 마음은 부동이라.

종 우 봉 도 상 탄 탄
縱遇鋒刀常坦坦이요

비록 창과 칼을 만난다 하더라도 항상 태연하며

가 요 독 약 야 한 한
假饒毒藥也閑閑이라

가령 독약을 먹더라도 또한 동요 없이 편안하도다.

유 강 해 섭 산 천
遊江海涉山川하야
강과 바다를 건너온 산천을 두루 다니면서

영가 스님뿐 아니라 요즘 우리 불자들도 승속을 막론하고 어디 좋은 법회(法會)가 있다는 소문이 들리면 바쁜 와중에서 짬을 내서 참여하고, 좋은 기도처(祈禱處)가 있다고 하면 천 리를 멀다 하고 찾아가고, 사찰순례에 성지순례도 많이들 다니십니다. 물론 좋은 일입니다. 짐승들이 굴에 웅크리고 있듯 자기의 소견과 경험만 고수하면 견문이 넓어질 수 없고 자기 발전도 없습니다. 다양한 사람을 만나 보고 다양한 경험들을 해 봐야 새로운 세계가 열리는 것이지요. 요즘은 옛날보다 교통이 편리해 여러 곳을 다니기가 옛날 사람들보다 훨씬 쉽습니다. 하지만 그렇게 산천을 두루 다니며 여러 인물을 섭렵할 때도 그 목적을 망실하지 않도록 항상 주의해야 합니다. 산천유람 자체가 목적이 아니기 때문입니다.

심 사 방 도 위 참 선
尋師訪道爲參禪이러니
스승을 찾고 도를 물어 참선에 열중하다가

영가 스님이 온 산천을 유람한 목적은 스승을 찾고 도를 물어 참선하기 위해서였다는 것입니다. 당송 시대 중국 스님들의 생활상을 살펴 보면 대체적으로 처음 출가해 약 5년에서 10년 동안은 율문(律

文)을 익혔습니다. 그러고 나서 경학(經學)을 공부하였고, 그다음부터 각자 취향 따라 율학(律學)을 전문으로 하거나 참선(參禪)을 전문으로 하거나 화엄학(華嚴學)을 전문으로 하거나 천태학(天台學)을 전문으로 하거나 염불(念佛)을 전문으로 했다고 합니다. 그렇게 각자 매진하는 바를 달리하면서 거주하는 사찰도 율종사찰·선종사찰·천태종사찰·화엄종사찰 등으로 나뉘고 스님들의 복식도 각 종파에 따라 달라졌다고 합니다. 그래서 사서(史書)를 읽다 보면 '갱의(更衣)'라는 표현이 나옵니다. '옷을 갈아입다'는 곧 종파를 바꿨다는 의미입니다.

스승을 찾고, 불도를 묻고, 참선하기 위한 목적으로 행각하는 것은 권할 만한 일입니다. 이런 목적으로 다니는 행각(行脚)은 인도에서도 중국에서도 한국에서도 늘 있었던 일이고, 또 반드시 필요한 일이기도 합니다. 영가 스님 역시도 육조대사를 만나기 전까지 수많은 스승을 찾아다니며 여러 학문을 섭렵했다는 것입니다.

강원(講院)에서 흔히 쓰는 말 중에 "통방학인(通方學人) 남행강사(南行講師)"라는 말이 있습니다. 통방학인(通方學人)이란 여러 지방의 강원을 두루 편력하며 경학(經學)을 공부했다는 말입니다. 훌륭하신 스님들도 많이 친견하고, 견문도 넓고, 학인으로 보낸 세월도 오래다 보니 강원에서 학인 중에 통방학인이 가장 무섭다는 말들을 흔히 합니다. 남행강사(南行講師)란 한 스님을 스승으로 정하고 평생을 공부해 그 스님의 법을 이어받은 것이 아니라, 선재동자가 남방을 순례하며 53선지식을 참방했듯이 여러 스승을 찾아다니며 공부를 해서 의리를 통달한 강사를 말합니다. 새나 짐승이 둥지를 틀듯, 사람도 나름 이해하고 깨달아 편안함이 생기면 보통 자신의 소견에 눌러앉기가 쉽습니다. 그런 편안함을 깨고 새로운 세계로 나선다는 것은 보통 용기가 아닙니다.

자 종 인 득 조 계 로
自從認得曹溪路로
조계의 길에서 인가를 받음으로부터

영가 스님이 조계산으로 찾아가 육조대사로부터 인가를 받았다는 사실을 확인하는 구절입니다. 또한 '조계의 길'이란 부처님께서 마하가섭에게 전하신 정법의 바른 맥이 이어지는 곳, 즉 선종(禪宗)을 지칭하는 의미도 담고 있습니다. 조계산 육조 혜능대사가 어떤 분이신가? 부처님으로부터 가섭존자에게로, 가섭존자에게서 아난존자로, 아난존자에게서 상나화수존자로, 상나화수존자에게서 우바국다존자로, 이렇게 서천에서 28대를 이어온 법을 달마대사께서 동토에 전하셨고, 달마대사에게서 혜가대사·승찬대사·도신대사·홍인대사로 이어온 법맥을 계승한 분이 바로 조계 혜능대사이십니다. 그분에게서 인가를 받았다고 표현한 것은, 자신이 불교의 정통을 계승했다고 당당히 선언하는 것입니다.

요 지 생 사 불 상 관
了知生死不相關이로다
생사가 나와 관계없다는 사실을 깨달아 알았도다.

스승과 도를 찾아 수없이 산천을 편력했는데 조계 혜능대사로부터 인가를 받고부터는 어떻게 되었는가? 생사가 나와는 관계없다는 사실을 분명히 알았다고 했습니다. 불교를 공부하고 수행하는 목적이 무엇인가? 생사해탈(生死解脫), 나고 죽는 괴로움으로부터 벗어나는 것입니다. 이것이 불교의 목적입니다. 생사(生死)는 생로병사(生老病死)의 줄임말이고, 생로병사는 또한 중생들이 겪는 팔만사천 가지 고통을 간략하게 네 가지로 정리한 것입니다. 따라서 생사해탈을 다른 말로 표현하면, 온갖 괴로움으로부터 벗어난다는 것입니다. 이것이 불교 공부의 목적입니다.

부처님이 출가하신 동기는 사문유관(四門遊觀)입니다. 그 경험을 통해 생로병사의 괴로움을 목격하고, 그 괴로움에서 벗어날 길을 찾기 위해 출가를 감행하셨던 것입니다. 이후 모든 부처님 제자들이 출가하여 부처님의 가르침을 따른 목적도 부처님과 동일합니다. 영가 스님 역시 마찬가지입니다. 이 대목에서 영가 스님께서 "살건 죽건 관계없다"라고 말씀하신 것은 곧 온갖 괴로움과 관계없다는 것이고, 온갖 괴로움으로부터 벗어났다는 뜻이고, 불교를 공부한 목적 즉 출가의 목적을 완수했다는 뜻입니다. 또한 스스로 해탈했다는 사실을 분명히 알았다는 것입니다.

행 역 선 좌 역 선
行亦禪坐亦禪이니
걸어 다녀도 참선이요 앉아 있어도 참선이니

불교에서는 일상의 위의를 크게 행(行)·주(住)·좌(坐)·와(臥) 네 가지로 나눕니다. 이것을 사위의(四威儀)라 합니다. 여기서 '행'과 '좌'를 거론했지만 그 의미는 주(住)와 와(臥)까지 포함하는 것입니다. 여기저기 다녀도 선이고, 한곳에 머물러도 선이고, 앉아 있어도 선이고, 누워 있어도 선이고, 곧 일상생활 전체가 참선 아닌 것이 없다는 말입니다.

어 묵 동 정 체 안 연
語默動靜體安然이라
말하건 침묵하건 움직이건 고요하건 마음은 부동이라.

앞서도 말씀드렸듯이 영가 스님께서는 체(體)자를 즐겨 사용하셨습니다. 본체(本體), 즉 근본 바탕이란 뜻으로 해석해도 좋고, 또는 몸과 마음이라 해석해도 좋습니다. 또한 체안연(體安然)을 "내 삶이 편안해졌다"로 해석해도 좋습니다. 영가 스님의 삶 전체가 이 '체(體)'자 하나에 다 포함됩니다. 앉아 있건 누워 있건 밥을 먹건 잠을 자건 뭘 하건 간에 항상 몸과 마음이 편안하다는 것입니다.

종 우 봉 도 상 탄 탄
縱遇鋒刀常坦坦이요
비록 창과 칼을 만난다 하더라도 항상 태연하며

인생살이란 게 얼마나 기구하고 험난합니까. 수없이 난관에 봉착하는 것이 삶입니다. 그럴 때, 피할 수도 없고 돌아갈 수도 없는 좁은 길에서 강도를 만난 것처럼 다들 어찌할 바를 몰라 두려워하고 번민하고 슬퍼하고 괴로워합니다. 이것이 삶의 고통입니다.

불교 공부를 한다는 것은 무엇인가? 그런 한계상황 속에서 겪는 삶의 고통들을 이겨낼 힘을 얻는 것입니다. 교리를 배우건, 기도를 하건, 절을 하건, 사경을 하건, 염불을 하건, 독경을 하건, 참선을 하건, 나름대로 열심히 배우고 실천하다 보면 많건 적건 간에 저절로 힘이 생깁니다. 두려움과 번민이 조금씩 잦아들면서 감내하고 수용하는 힘이 생기게 됩니다. 이런 힘을 법력(法力), 즉 불교 공부를 통해서 얻는 힘이라 합니다.

지금 영가 스님의 법력은 우리 보통 사람들과는 비교도 힘들 만큼 대단합니다. 영가 스님은 좁은 길에서 칼과 창을 들이대는 강도와 맞닥뜨린 것처럼 곤란한 상황에서도 탄탄대로 걷는 것처럼 몸과 마음이 항상 편안하다고 했습니다. 한계상황 중에서도 죽음에 봉착했을 때 겪는 공포와 고통이 가장 심합니다. 작은 이익과 명예 앞에서도 잃어버리면 어쩌나 조마조마한 게 사람인데, 죽음 앞에서마저 그마음이 평온하다는 건 보통 사람에겐 실로 있을 수 없는 일입니다.

우리도 영가 스님만큼은 아니라도 나름대로 열심히 수행해 법력을 얻어야 합니다. 그 법력으로 영가 스님만큼은 아니라도 일상생활 속에서 나름대로 평안함을 맛보아야 합니다. 이런 사람을 만나건 저런 사람을 만나건, 이런 일을 겪건 저런 일을 겪건, 감내하고 수용하면서 평온한 기쁨이 조금씩 샘솟아야 합니다. 우리 불교인들이 다들 겸손해서 "나는 아무것도 모르고 수양도 되지 않았다"고 말들 하지만, 불교를 열심히 공부하신 분들이라면 이미 자기도 모르는 사이에 법의 향기가 스미고 법의 힘이 생겼으리라고 저는 믿습니다.

가 요 독 약 야 한 한
假饒毒藥也閑閑이라
가령 독약을 먹더라도 또한 동요 없이 편안하도다.

영가 스님이 공연히 큰소리치자고 이런 말씀을 하신 게 아닙니다. 옛 조사들의 행적을 살펴 보면 실제로 그랬던 분들이 많습니다. 달마 스님도 여섯 번이나 독약을 마셨다는 이야기가 있고, 또 승조법사(僧肇法師)도 그랬습니다.

승조법사는 구마라집(鳩摩羅什)의 제자인데, 그분이 워낙 출중하다 보니 요진(姚秦)의 임금이 그를 환속시켜 재상으로 삼으려 했습니다. 그래서 여러 차례 명을 내렸지만 승조법사가 모두 거부합니다. 옛날엔 좋은 뜻에서건 나쁜 뜻에서건 왕명을 어긴다는 것은 곧 죽음을 의미했습니다. 그렇게 승조법사가 형장의 이슬로 사라지면서 마지막으로 남긴 게송이 한 수 있습니다.

사대원무주   오온본래공
四大元無主   五蘊本來空
장두임백인   유여참춘풍
將頭臨白刃   猶如斬春風
사대는 원래 주인이 없고

오온도 본래 공한 것

머리를 칼날 앞에 들이대니

봄바람을 베는 것과 같구나.

우리가 '나', '내 생명', '내 육신'이라 부르고 있는 것을 분석해 보면 지(地)·수(水)·화(火)·풍(風)의 사대(四大)와 색(色)·수(受)·상(想)·행(行)·식(識)의 오온일 뿐입니다. 세밀히 관찰해 보면 사실 그 가운데 '나'라고 할 만한 것은 없고, 그것은 무상하고 텅 비어 공한 것입니다. 우리가 늘 염송하는 『반야심경』에서 하시는 말씀과 동일합니다. 그런 말이야 승조법사뿐 아니라 우리도 알고 있겠지만 그 이해의 깊이가 다른 것입니다. 승조법사 같은 분들은 그런 도리를 백 퍼센트 체득해 이미 자기 살림살이가 되신 분들이죠. 그래서 죽음 앞에서마저 아무런 동요가 없었던 것입니다. 나, 내 몸, 내 생명이라는 잘못된 견해와 집착이 완전히 떨어졌기 때문에 칼로 봄바람을 베는 것처럼 여길 수 있었던 것입니다.

그러니 실제 생활 속 갖가지 어려움에 봉착했을 때 자신이 그런 상황을 얼마나 잘 수용하고 소화해 내는가를 돌아보아야 합니다. 좋은 시절에는 누구나 성인이고 군자입니다. 힘든 상황 속에서 마음이 태연자약하고 동요가 없어야 그런 사람이 진짜 불교를 공부한 사람입니다. 혹 '여전히 비난에 발끈하고 죽음이 두려우니, 나는 불교를 배운 보람이 없구나' 하고 생각하실 수도 있습니다. 물론 우리도 영가 스님처럼 비방과 비난을 감로수로 여기고, 그런 말을 하는 사람을 선지식으로 여기고, 설령 죽음에 봉착한다 해도 아무런 동요가 없다면 얼마나 좋겠습니까. 하지만 당장에 그렇지 못하다 해서 실망할 것은 아닙니다. 사실 영가 스님처럼 된다는 것은 매우 힘든 일이기 때문입니다.

너무 높은 목표와 현재의 자신을 비교하다 보면 물러서는 마음이 생깁니다. 그보다는 어제의 자신과 비교해 보는 것이 훨씬 바람직할 것입니다. 성인의 가르침을 자주 접하고 사유하고 실천하려고 노력하다 보면 저절로 그 가르침이 젖어들어 자신의 살림살이가 되게 되어 있습니다. 노력하기 전인 어제의 자신과 노력하고 난 후 오늘의 자신을 비교해 보면 아주 미세하다 할지라도 분명 나아진 부분이 있습니다. 그런 면에 주목하면 불교 공부를 한 효과와 보람을 스스로 발견하게 되고, 더욱 열심히 정진하려는 마음도 새롭게 솟아날 것입니다. 또한 어제보다 한 치도 나아진 바가 없다 하더라도 물러서서는 안 됩니다. 우리가 할 수 있는 최선은 꾸준히 노력하는 길밖에 없기 때문입니다.

제11강

아 사 득 견 연 등 불
我師得見燃燈佛하사
우리 스승 석가모니도 연등부처님을 친견하고

다 겁 증 위 인 욕 선
多劫曾爲忍辱仙이로다
수많은 세월 동안 인욕선인이 되었었네.

기 회 생 기 회 사
幾回生幾回死아
몇 번이나 태어나고 몇 번이나 죽었던가.

생 사 유 유 무 정 지
生死悠悠無定止라
태어나 죽고 또 태어나는 일이 멈추지 않네.

자 종 돈 오 요 무 생
自從頓悟了無生으로
진리를 몰록 깨달아 생사가 없는 이치를 요달하였으니

어 제 영 욕 하 우 희
於諸榮辱何憂喜아
온갖 영광과 오욕에 무슨 근심이 있고 무슨 기쁨이 있
겠는가.

입 심 산 주 란 야
入深山住蘭若하니
깊은 산에 들어가 적정한 곳에서 살고 있으니

잠 음 유 수 장 송 하
岑崟幽邃長松下로다
산은 높고 골짜기는 깊어 낙락장송 숲 속이로다.

아 사 득 견 연 등 불

我師得見燃燈佛하사

다 겁 증 위 인 욕 선

多劫曾爲忍辱仙이로다

우리 스승 석가모니도 연등부처님을 친견하고

수많은 세월 동안 인욕선인이 되었었네.

『금강경』에 이런 말씀이 나옵니다.

"수보리야 내가 옛날에 가리왕(歌利王)에게 온몸이 베이고 잘린 적이 있었다. 나는 그때에도 아상(我相)이 없었고, 인상(人相)이 없었고, 중생상(衆生相)이 없었고, 수자상(壽者相)도 없었다. 왜냐하면 내가 지난날 온몸이 마디마디 잘릴 때 만약 아상·인상·중생상·수자상이 있었다면 틀림없이 분노와 원한을 품었을 것이다.

수보리야, 내가 또 기억해 보니 과거 오백 세 동안 인욕선인이 되었었는데 그때에도 아상이 없었고, 인상이 없었고, 중생상이 없었고, 수자상도 없었다."

부처님의 전생을 엮은 『본생담(本生譚)』을 보면 인욕선인 이야기가 자세히 나옵니다. 가리왕은 사냥을 즐기던 잔인한 성격의 왕입니다. 어느 날 그가 궁녀들을 데리고 산중으로 사냥을 나갔는데, 낮잠이 든 사이에 궁녀들이 그 산에 있던 인욕선인을 찾아가 예배하고 법문을 들었답니다. 잠에서 깬 가리왕은 질투심을 이기지 못해 인욕선인을 추궁하고는 귀와 코를 베고 팔과 다리를 잘라 버렸다고 합니다.

가리왕 이야기를 설화(說話)로 보는 분들도 있지만 역사적 사실과

연관 지어 해석하는 분도 있습니다. 그 가운데 하나가 유리왕(琉璃王)이 석가족을 멸망시킨 사건을 재구성하여 유리왕을 가리왕으로, 부처님을 인욕선인으로 표현했다는 것입니다. 부처님이 태어나신 카필라국은 작은 도시국가이고, 이웃 나라인 코살라국은 당시 4대 강국 중 하나였습니다. 그러니 언제든 마음만 먹으면 코살라국이 카필라국을 정벌할 수 있었습니다. 하지만 코살라국의 국왕 파사익왕이 부처님을 지극히 존경했기에 파사익왕 당시에는 그런 일이 벌어지지 않았습니다. 하지만 파사익왕이 죽고 그의 아들 유리가 왕이 되자 드디어 정치적 야욕을 드러내게 됩니다. 소식을 들은 부처님은 미리 유리왕이 출정하는 길목의 바싹 마른 나무 아래에 앉아 계십니다. 출정하다가 부처님을 발견한 유리왕은 행군을 멈추고 부처님께 다가가 인사를 드립니다. 유리왕이 "근처에 무성한 숲이 있는데, 왜 그 그늘에서 쉬시지 않고 이렇게 앙상한 나무 밑에 계십니까?" 하고 묻습니다. 그때 부처님께서 석가족 형제자매와 친족들을 잃을까 걱정되어 타들어가던 심정을 앙상한 나무에 빗대어 표현합니다. 유리왕은 절친했던 부왕과의 관계와 성자로 받드는 천하의 눈길을 무시할 수 없어 회군을 결정합니다.

하지만 유리왕은 다시 정벌을 결심하였고, 두 번째 출정에서도 미리 길목의 앙상한 나무 아래에 앉아 기다리시는 부처님을 보고 또 회군합니다. 그리고 세 번째, 유리왕이 잠시 미뤄 두었던 정벌을 다시 감행하자 그때는 부처님도 자신이 어쩔 수 없는 일임을 알고 자리를 피합니다. 결국 무자비한 살육이 벌어졌고 카필라국은 멸망하고 맙니다.

그 전쟁의 처참함을 전하는 가슴 아픈 이야기들이 경전 곳곳에 나옵니다. 당시 카필라의 국왕이 마하남이었습니다. 성이 함락되어 마하남이 항복하고도 유리왕은 살육을 멈추지 않습니다. 그러자 마하남이 "내가 저 연못 속에 들어갔다 나올 때까지 만이라도 백성들이 도망을 갈 수 있게 해 달라"고 마지막으로 부탁합니다. 물속에서 숨을 참아 봐야 얼마나 되겠나 싶어 유리왕이 이를 허락합니다. 그래서 유리왕이 살상을 멈추라고 명령을 내리고, 물속으로 들어간 마하남이 나오기를 기다렸는데 아무리 기다려도 나오지를 않는 것입니다. 그래서 물속으로 들어가 확인해 보았더니, 바닥의 큰 돌덩어리에 자신의 머리카락을 묶고 죽어 있더랍니다.

친족과 가족이 비참하게 살해당하는 그 처참한 현장을 지켜볼 수밖에 없었던 부처님 심정이 어떠했겠습니까? 날카로운 칼로 온몸이 갈가리 찢기는 것이나 마찬가지였을 것입니다.

우리의 스승이신 부처님 역시도 유리왕에게 그런 고통을 당하고도 분노와 원한을 품지 않고 그 아픔을 감내하셨다는 것입니다. 하지만 이것이 어디 쉽게 되겠습니까? 부처님도 오백 생 동안 인욕을 닦으셨다고 했으니, 인욕이 얼마나 어렵고 힘든 것인지 새삼 느낄수 있을 것입니다. 다른 것 다 제쳐 두고라도 인욕 하나만 자기 살림살이가 되었다면, 그보다 훌륭한 사람이 어디 있겠나 싶습니다. 그만큼 어려운 것이 인욕입니다.

기 회 생 기 회 사
幾回生幾回死아

몇 번이나 태어나고 몇 번이나 죽었던가.

　불교에서는 윤회(輪廻)를 말합니다. 우리 불자들은 인생을 일회적인 것이라 생각지 않고, 끝없이 반복되는 것이라 믿고 있습니다. 비록 우리 눈으로 확인할 수는 없지만 성현의 말씀에 따라 이렇게 믿고 있습니다. 밤이 지나고 아침이 오면 새로운 하루가 시작되듯이, 우리도 죽음이라는 망각의 강을 지나 새로운 생애를 살게 된다는 것입니다. 이런 성현의 가르침에 따라 미루어 짐작해 본다면 지나온 생애가 얼마나 많았겠습니까?

　　　생 사 유 유 무 정 지
　　生死悠悠無定止라
　　태어나 죽고 또 태어나는 일이 멈추지 않네.

　흐르는 강물을 붙잡을 수 없듯 우리는 흘러가는 인생의 여정을 잠시도 멈출 수 없고, 시간의 강물에서 홀로 빠져나올 수도 없습니다. 인간의 힘으로는 어쩔 수 없습니다. 자동차는 세울 수도 내릴 수 있지만, 인생의 흐름은 도대체 세울 수도 멈출 수도 없습니다. 그것이 우리의 삶입니다.
　깊고 깊은 산중의 바위처럼 수천만 년 늘 그 모습 그대로이면 좋겠지만 그건 사람에겐 불가능한 일입니다. 아무리 멈추려 해도 멈춰지질 않는 게 인생입니다. 잠을 자건, 일에 몰두하건 유유히 흘러가는 게 인생이고, 좋은 일도 나쁜 일도 유유히 흘러가는 게 인생입니다. 다들 내 인생 내가 산다고 여기지만 실로 자기 마음대로 살아지지 않는 것이 또한 인생입니다. 시간이라는 거대한 흐름 속에서 우리는 다 함께 흘러가고 있는 것입니다.

자 종 돈 오 요 무 생
自從頓悟了無生으로
진리를 몰록 깨달아 생사가 없는 이치를 요달하였으니

유유히 흐르는 시간의 굴레 속에서 끝없이 삶과 죽음을 반복하다가 다행히도 불법을 만나 생사가 없는 도리를 단박에 깨달았다는 것입니다. 생주이멸(生住異滅), 성주괴공(成住壞空), 생로병사(生老病死), 흥망성쇠(興亡盛衰)를 반복하는 시간의 굴레는 곧 기쁨과 슬픔을 끝없이 반복하는 고통의 굴레를 의미합니다. 이것이 윤회입니다.

그런데 본래 생사가 없는 도리를 깨달았다는 것입니다. 본래 생주이멸이 없고, 본래 흥망성쇠가 없다는 사실을 단박에 깨달았다는 것입니다. 본래 생사가 없고, 본래 흥망성쇠가 없다면 무엇을 슬퍼하고 무엇을 기뻐하겠습니까? 파도처럼 일렁이던 감정과 갈대처럼 흔들리던 번민이 도통 까닭 없는 망상의 그림자였던 것입니다. 영가 스님께서 육조대사를 뵙고 이런 실상을 단박에 깨달았다는 것입니다.

어 제 영 욕 하 우 희
於諸榮辱何憂喜아
온갖 영광과 오욕에 무슨 근심이 있고 무슨 기쁨이 있겠는가.

근심도 없고 기쁨도 없다, 근심이니 기쁨이니 하는 것들을 초월했다는 것입니다. 많은 이들이 인생사에서 중요하게 여기는 영광이니 오욕이니 하는 것들도 가만히 살펴보면 모두 삶과 죽음에서 비롯된 것입니다. 본래 나고 죽는 일이 없는데 기쁨과 슬픔이 어찌 있을 수 있겠습니까? 형체가 없는데 그림자가 어디에 있고, 소리가 없는데 메아리가 어디에 있겠습니까? 이것이 윤회로부터의 해탈입니다.

이 세상에서 가장 빠른 것이 세월이라 했습니다. 이래 살다 가나 저래 살다 가나 인생살이 흘러가기는 매 일반이지만 이치를 알고 사는 인생과 이치를 모르고 사는 인생은 하늘과 땅처럼 크게 차이가 납니다. 이치를 모르면 흥망성쇠의 물결을 따라서 한번 웃었다가 한번 우는 일을 끝없이 반복할 수밖에 없습니다. 그런 사람은 불안하고 초조한 인생을 살다갈 뿐입니다. 하지만 이치를 알면 흥망성쇠의 물결을 따라 울고 웃을 일이 없습니다. 그런 사람이라야 비로소 호쾌하고 자유로운 삶, 청정하고 평화로운 삶을 살게 되는 것입니다. 부처님을 비롯한 수많은 선지식들께서 자신의 전 생애를 바쳐 우주와 인생의 참다운 이치를 깨달으시고 이렇게 친절하게 뒷사람들에 남겨 주셨습니다. 이런 소중한 가르침을 어찌 소홀히 할 수 있겠습니까. 부지런히 배우고 사유하여 깊이 이해하고 터득하도록 노력해야 할 것입니다.

입 심 산 주 란 야
入深山住蘭若하니
깊은 산에 들어가 적정한 곳에서 살고 있으니

'난야(蘭若)'는 아란야(阿蘭若)의 줄임말로 적정처(寂靜處)라 번역합니다. 번거로움이 없고 시끄러움이 없는 곳을 아란야라 합니다. 깊은 산중에 조용히 혼자 수행할 토굴을 지어 그곳에서 산다는 것입니다. 영가 스님은 큰절에서 대중들과 오랜 세월 함께 산 것 같진 않습니다. 물론 한때는 그렇게 살았겠지만, 어머니와 누님을 모시고 살기에는 형편이 여의치 않았을 것이라 짐작됩니다. 당시 총림에서는 공양주를 비롯한 후원 살림까지도 스님과 행자들이 맡았기 때문에 굳이 여자의 손길이 필요하지 않았을 것입니다. 그래서 아마도 외진 곳에 작은 암자 하나를 짓고 수행에 매진하지 않았을까 싶습니다. 아마도 여기서 표현한 대로, 높은 산 깊은 골 낙락장송 아래에 조그마한 집 한 채 짓고 살았을 것입니다.

잠 음 유 수 장 송 하
岑崟幽邃長松下로다
산은 높고 골짜기는 깊어 낙락장송 숲 속이로다.

'잠음(岑崟)'은 아주 높은 산, 험준한 봉우리를 뜻합니다. '유수(幽邃)'는 깊은 골짜기를 뜻합니다. 영가 스님의 아란야가 어디에 있는가? 높은 산 깊은 골짜기 낙락장송 아래에 있다는 것입니다.

선시(禪詩)를 읽다 보면 옛 스님들이 자신의 생각을 직접적으로 기술하지 않고, 자기의 생활상이나 주변의 풍경들에 빗대어 표현하는 경우가 왕왕 있습니다. 일상의 풍경 속에 당신의 살림살이를 담는 것이지요. 절집에서는 '살림살이'라는 단어를 자주 사용합니다. 절

집에서는 공부를 살림살이라고 합니다. 난관을 극복하면서 사업을
잘 경영하고 소득과 분배를 적절히 하면서 가정을 잘 경영하는 것을
세속의 살림살이라 하고, 마음의 이치를 밝혀 역순(逆順)의 경계에
맞닥뜨렸을 때 마음을 잘 다스려 적절히 대응하는 것을 절집의 살림
살이라 합니다. 영가 스님도 지금 이 구절에서 자신의 일상생활과
주변의 풍경의 묘사를 통해서 당신의 정신세계, 즉 살림살이를 표현
하고 있는 것입니다.

제12강

⋮

우 유 정 좌 야 승 가
優遊靜坐野僧家하니
한가롭고 편안하게 야승의 움막에 조용히 앉아

격 적 한 거 실 소 쇄
闃寂閑居實蕭灑라
호젓하고 쓸쓸하게 한가로이 사니 맑고 깨끗하기 이를
데 없다.

각 즉 요 불 시 공
覺卽了不施功이라
깨달으면 곧 다 끝나고 더 이상의 노력을 베풀지 않는다.

일 체 유 위 법 부 동
一切有爲法不同이로다
일체 유위의 법은 모두가 다 차별되고 다르니라.

주 상 보 시 생 천 복
住相布施生天福이나

상에 집착하여 베푸는 것은 천상에 태어나는 복은 되지만

^{유 여 앙 전 사 허 공}
猶如仰箭射虛空이라
마치 하늘을 향해 화살을 쏘는 것과 같다네.

^{세 력 진 전 환 추}
勢力盡箭還墜라
올라가는 힘이 다하면 화살은 도리어 떨어지니

^{초 득 래 생 불 여 의}
招得來生不如意로다
오는 세상에 뜻과 같지 못함을 초래하게 되리라.

우 유 정 좌 야 승 가
優遊靜坐野僧家하니
한가롭고 편안하게 야승의 움막에 조용히 앉아

'우유(優遊)'는 답답할 것도 없고, 부족할 것도 없고, 쫓기는 것도 없고, 옹색할 것도 없는 상황에서 아무 걸릴 것 없이 편안하게 노니는 것을 말합니다. '야승가(野僧家)'란 야승의 집이란 뜻입니다. '야승'은 촌에 사는 승려, 특별한 능력이 없는 볼품없는 승려, 주목받지 못하는 승려, 소외된 승려, 못난 승려라는 뜻입니다. 이런 표현 속에는 겸양의 뜻도 담겨 있지만 어엿한 사찰의 어른으로 대접받을 수 없었던 당시 영가 스님의 처지를 나타내는 말이기도 합니다. 영가 스님은 아마도 어머니와 누님을 모셔야 하는 당신의 상황 때문에 깊은 골짜기에 허름한 집 하나를 마련해 가족과 함께 살면서 수도하지 않으셨을까 추측됩니다. 그 집이 사찰은커녕 암자 모습이라도 제대로 갖췄다면 이런 말씀을 하지 않았을 겁니다. 그렇게 곤궁한 처지였지만 그 정신세계만큼은 이와 같이 넉넉했다는 것입니다.

격 적 한 거 실 소 쇄
闃寂閑居實蕭灑라
호젓하고 쓸쓸하게 한가로이 사니 맑고 깨끗하기 이를 데 없다.

'소쇄(蕭灑)'는 물을 뿌려서 깨끗이 청소한 것을 말합니다. 티 없이 맑고 깨끗한 상쾌한 환경에서 고요하고 고요하게 편안히 지낸다는 것입니다. 이 구절을 읽다 보면 군더더기 없이 깨끗하고 간결하게 살다 가신 영가 스님의 삶이 풍경화처럼 한 눈에 그려집니다.

각 즉 요 불 시 공
覺卽了不施功이라
깨달으면 곧 다 끝나고 더 이상의 노력을 베풀지 않는다.

궁극의 입장에서 보면 불교란 이치를 알면 그것뿐이지, 그 외에 달리 다른 노력은 필요치 않습니다. 그럼, 깨닫고 나서는 어떻게 하는가? 성품에 맡겨 소요자재하고 인연을 따라 자기 분수에 맞춰 살면 되는 것입니다. 굳이 애쓸 일이 없습니다. 꼭 이래야 된다, 꼭 저래야 된다고 하는 것들은 방편입니다. 도무지 돌이킬 줄 모르는 근기들을 깨우치기 위해 좋은 의도로 교묘히 시설한 방편일 뿐입니다. 실상에서 보면 사실 꼭 그럴 필요도 없습니다.

이치를 알면 그뿐입니다. 진리(眞理)란 참다운 이치입니다. 세상사에 대한 참다운 이치, 인생에 대한 참다운 이치, 그것을 깨달으면 그뿐입니다. 이것이 삶이구나, 이것이 인생이구나, 이것이 걸어가야 할 길 즉 도(道)구나 하고 깨닫는 것입니다. 법(法)이란 글자는 물 수(水) 변에 갈 거(去)로 구성되어 있습니다. 물은 그냥 내버려 두어도 자기 갈 길을 알아서 찾아갑니다. 아래로 아래로 낮은 곳을 향해 갑니다. 물이 흘러가듯 자연스러운 것, 조작이 없는 것, 그것이 법입니다. 그런 이치를 깨달아 무리 없이 순리대로 살아가는 것, 이것이 불교입니다.

일 체 유 위 법 부 동
一切有爲法不同이로다
일체 유위의 법은 모두가 다 차별되고 다르니라.

앞에서 불시공(不施功), 공을 베풀지 않는다, 공을 들이지 않는다, 육바라밀을 위시한 갖가지 수행을 필요로 하지 않는다고 했습니다. 왜 그런가? 그런 것들은 모두 유위(有爲) 즉 조작하는 것, 만드는 것이기 때문입니다. 부처님께서 일러 주신 열반과 해탈은 무위(無爲)이지 유위가 아닙니다. 만들어진 것은 무상하고 결국은 파괴됩니다. 그런 유위법을 진리라 여겨 집착한다면 그건 부처님의 가르침과 아득히 멀어지는 것입니다.

물론 깨닫지 못했을 때는 우리처럼 이렇게 『증도가』도 배우고, 『금강경』·『천수경』도 독송하고, 절도 하고, 염불도 하고, 주력도 하고, 참선도 하고, 육바라밀도 닦고, 용맹정진도 해야겠지요. 하지만 꼭 그런 방법을 써서 정진해야만 깨닫는 것은 아닙니다. 또 그렇게 노력하면 반드시 깨닫는다는 보장도 없습니다. 실상을 알고 보면 그것과 깨닫는 것과는 전혀 상관이 없습니다. 과거 깨달은 분들의 사례를 보아도 그렇습니다. 우리가 잘 아는 육조 혜능대사 같은 분은 나무 팔러 장에 갔다가 『금강경』 한 구절 듣고 바로 깨달았지 않았습니까? 알면 되는 것이지, 반드시 공력을 들여야 된다는 조건은 없다는 것입니다.

또한 깨달음을 얻고 나서도 마찬가지입니다. 깨달은 분들 중에 혹자는 지혜도 날카롭고 언변도 유창해 포교를 잘 하고, 복이 있어

널리 영향력을 행사하고 살림살이도 넉넉하며 수하에 수천 명의 대
중을 거느리기도 합니다. 또 혹자는 지혜도 아둔하고 언변도 시원찮
아 포교를 못하고, 복이 없어 옆집에 사는 사람조차도 그의 이름을
모르고 살림살이도 궁핍하며 대중은커녕 제자 한 명도 없이 외롭게
살아갑니다. 그렇게 다릅니다. 하지만 그렇다 해서 깨달음의 경지
가 다른가? 그건 아닙니다. 그 자리는 누구에게나 평등(平等)한 자리
이기 때문입니다.

하나만 알고 둘을 몰라서는 안 됩니다. 사람마다 생긴 것이 다르
고, 능력이 다르고, 살아가는 방식이 다르다 해서 그 본래심(本來心),
근본마음이 다른 것은 아닙니다. 본래 마음자리는 누구나 같습니다.
남자나 여자나 젊은이나 늙은이나 똑같습니다. 또 역으로 본래 마음
자리가 똑같다 해서 모든 사람이 똑같은 것은 아닙니다. 남자는 남
자고 여자는 여자고 젊은이는 젊은이고 늙은이는 늙은이입니다. 그
러니 근본 마음자리는 평등하여 차이가 없지만 현상으로 드러나는
유위의 세계는 그 법이 천양지차로 다르다는 것을 알아야 합니다.
그러니 같은 면도 알아야 하고, 다른 면도 알아야 합니다. 어느 하
나에 편중되면 곤란합니다. 만법을 다르다고만 주장해도 어리석은
사람이고, 덮어놓고 같다고만 주장해도 어리석은 사람입니다.

방편도 마찬가지입니다. 아는 사람에겐 개똥을 쥐어줘도 약이지
만 모르는 사람에겐 산삼을 쥐어 줘도 독입니다. 갖가지 수행과 공
력이 실상을 깨닫기 위한 방편인 줄 알고 유위인 줄 알면 전혀 문제
될 것이 없습니다. 하지만 수행과 공력 자체를 절대적 진리라 여기
거나 무위법이라 여기면 그 사람은 끝내 참다운 진리를 알지 못하

고, 무위의 열반과 해탈을 맛볼 수 없는 것입니다.

주 상 보 시 생 천 복
住相布施生天福이나
상에 집착하여 베푸는 것은 천상에 태어나는 복은 되지만

상에 머물러서 보시를 하는 것은 천상에 태어나는 복이 됩니다. 내가 가진 소중한 것을 부족한 남에게 나눠 준다는 것, 얼마나 훌륭한 행동입니까. 받는 사람도 고마워하고, 주변 사람들도 칭찬하니, 얼마나 기분이 좋습니까. 또한 세상이 이치라는 게 베푼 만큼 돌려받게 되어 있습니다. 그러니 그런 사람은 현생에서도 복락을 누리고, 내생에도 천생에 태어나 한없는 복락을 누리게 됩니다. 하지만 불교에서는 이런 것을 소승교(小乘敎)에도 미치지 못하는 인천교(人天敎)로 분류합니다. 왜 그런가? 인과는 생멸의 법칙을 벗어날 수 없기 때문입니다. 즉 영원하지 않다는 것입니다. 아무리 큰 복이라도 언젠가는 다하는 날이 있고, 천상의 신들조차 수명이 다하면 지옥으로 떨어진다고 했습니다. 그러니 그런 유위의 복락을 추구하는 사람은 끝내 고통의 수레바퀴를 벗어날 수 없는 것입니다.

그래서 『금강경』에서는 끊임없이 상에 머물지 말고 보시하라〔無住相布施(무주상보시)〕고 말씀하십니다. 불자들이 절에 한 달만 다니면 다들 무주상보시가 뭔지를 알고, 무주상보시가 좋다는 것을 압니다. 하지만 실재로 상에 머물지 않고 베풀기란 쉬운 일이 아닙니다. 중생의 속성이 상 내기를 좋아하게 되어 있기 때문입니다. 상 내는 버

릇은 억지로 억누르거나 없앨 수 있는 것이 아닙니다. 바른 이치를 깨달았을 때, 비로소 자연스럽게 없어지는 것입니다. 그러니 모쪼록 바른 이치를 알아야 합니다.

유 여 앙 전 사 허 공
猶如仰箭射虛空이라
마치 하늘을 향해 화살을 쏘는 것과 같다네.

위를 향해 화살을 쏘면 어떻게 됩니까? 활시위를 당기는 사람의 힘만큼 하늘로 올라갑니다. 하지만 아무리 높이 올라간 화살이라 해도 힘이 다 떨어지면 결국 땅으로 떨어지게 되어 있습니다. 보시를 비롯한 유위의 공덕도 마찬가지라는 것입니다. 닦는 사람의 노력만큼 복락을 얻는 건 분명한 사실입니다. 하지만 그런 공덕을 짓는 자가 '나'이고, 내가 지은 공덕의 양이 '얼마'이고, 그 공덕으로 복락을 누리는 자 또한 '나'라는 생각에서 빠져나오지 못하는 한, 공덕의 생멸을 따라 그가 누리던 행복 또한 사라지게 되어 있습니다. 그것은 여전히 기쁨과 슬픔의 굴레, 고통과 번민의 굴레, 즉 윤회의 굴레를 벗어나지 못하는 것입니다.

세 력 진 전 환 추
勢力盡箭還墜라
올라가는 힘이 다하면 화살은 도리어 떨어지니

인과의 법칙은 정확한 것입니다. 복은 누린 만큼 없어지는 것입니다. 공덕을 많이 쌓아 더없는 복락을 누리고 있다 해도, 더 이상 공덕을 쌓지 않으면 언젠가는 바닥이 드러납니다. 또한 사람이라는 게 복락이 없을 때는 공덕을 열심히 짓지만 복락이 많으면 공덕을 잘 짓지 않습니다. 저 천상의 신들도 마찬가지랍니다. 당장 너무나 편안하고 행복하니까 굳이 공덕을 지어야 할 필요성을 느끼지 못하는 것입니다. 그래서 긴 세월 복을 쓰기만 하고 쌓지 않은 까닭에 신들은 죽으면 곧바로 지옥으로 떨어진다고 한 것입니다.

이는 우리 주변에서도 흔히 목격되는 일들입니다. 우리 사회에서 정치인이나 경제인으로 누구보다 성공했다가 한순간에 몰락한 사람들이 얼마나 많습니까? 올라갈 때는 천신만고 끝에 올라가지만 내려올 때는 한순간입니다. 그리고 내려와서도 형무소에 간다든지, 가족과 친지까지 연루되어 곤욕을 치른다든지, 여기저기 숨어 다니고 피해 다니는 등 평범한 보통 사람들보다 훨씬 못한 삶을 삽니다. 유루의 복락에는 이처럼 한계가 있다는 것입니다.

초 득 래 생 불 여 의
招得來生不如意로다
오는 세상에 뜻과 같지 못함을 초래하게 되리라.

그러니 무주상보시를 하라는 것입니다. 사랑하는 마음, 연민하는 마음, 그런 순수한 마음으로 도와주라는 것입니다. 조건을 걸고 베푼다면, 대가를 바라고 베푼다면, 그건 거래이지 올바른 보시라 할 수 없습니다. "내가 이만큼 베풀었으니 저 사람이 나중에 저만큼 돌려주겠지, 내가 이만큼 공덕을 지었으니 나중에 저만큼 복을 받겠지"하면 그건 상에 머무는 보시입니다. 그러니 도울 수 있는 만큼, 후회하지 않을 만큼만 그냥 도와주세요. 베풀고 나서 후회하면 그것은 상내는 것보다 더 안 좋습니다. '아깝다'는 싶은 생각이 드는 순간, 그나마 지었던 유위의 공덕마저 날아가 버립니다.

화살이 올라갔다가 세력이 다해서 떨어지면 어떻게 됩니까? 땅에 깊숙이 박혀버립니다. 처음 쏘았던 자리보다 더 아래로 떨어지는 것입니다. 복락에 집착해 유위의 공덕을 짓는 것도 마찬가지라는 것입니다. 원하던 행복을 맛보는 것도 잠시, 곧 원치 않던 상황으로 곤두박질치게 되어 있습니다. 그래서 선가(禪家)에서는 "유루의 복덕은 삼생의 원수다"라는 말을 곧잘 합니다. 왜 그런가? 복을 짓느라 일생을 허비하고, 다음엔 복을 받느라 또 일생 허비하고, 또 다음엔 복이 다해 화살처럼 지옥에 떨어지게 되니 결국 삼생에 걸쳐 원수가 된다는 것입니다. 그래서 이런 이치를 꿰뚫어 본 조사 스님들은 복을 반기고 누리기는커녕 도리어 경계하고 삼갔습니다.

또한 유루의 복은 없다고 부러워할 것도, 많다고 자랑할 것도 아닙니다. 유루의 복이 많으면 공부할 마음을 내기가 쉽지 않습니다. 사실 부유하고 벼슬 높은 사람치고 제대로 불교 공부 하는 사람을 못 봤습니다. 자칭 불자라지만 이름만 불자지, 깊이 공부하는 사람은 없습니다. 자기 복 늘리고 관리하느라 바쁜데 불교 공부에 관심 가질 겨를이나 있겠습니까? 불교 공부에 맛 들인다는 게 쉬운 일이 아닙니다. 물론 세상을 살아가자면 유루복도 있어야 합니다. 의식주(衣食住)는 해결할 수 있어야지 전혀 없어서는 안 되겠지요. 하지만 그 옷이란 것도 추위와 더위를 피할 정도면 되고, 음식이란 것도 허기를 채울 정도면 되고, 집이란 것도 두 다리 뻗고 누울 정도면 됩니다. 남보다 나은 옷과 음식과 집을 위해 일생을 허비하지는 말자는 것입니다. 참된 이치를 깨달아 유루(有漏)의 복락이 아닌 무루(無漏)의 복록을 누릴 줄 아는 사람이 진짜 복이 많은 사람이고, 훌륭한 사람이고, 상근기이고, 현인입니다.

제13강
⋮

쟁 사 무 위 실 상 문
爭似無爲實相門에
어찌 아무런 작위가 없는 실상의 도리에서

일 초 직 입 여 래 지
一超直入如來地리요
한 번 뛰어 여래의 경지에 들어가는 것만 하겠는가.

단 득 본 막 수 말
但得本莫愁末하라
다만 근본을 얻고 지말적인 것을 근심하지 말라

여 정 유 리 함 보 월
如淨琉璃含寶月이로다
마치 깨끗한 유리구슬 안에 보배의 달을 머금고 있는 것
과 같도다.

아 금 해 차 여 의 주
我今解此如意珠하니

내가 지금 이 여의주를 풀어놓았으니

자 리 이 타 종 불 갈
自利利他終不竭이라
자신도 이롭고 남도 이롭게 함에 마침내 다함이 없도다.

강 월 조 송 풍 취
江月照松風吹한데
강에 달은 비치고 소나무에 바람은 부는데

영 야 청 소 하 소 위
永夜淸霄何所爲아
긴 밤 맑은 하늘에 무엇을 할 바인가.

쟁 사 무 위 실 상 문
爭似無爲實相門에
어찌 아무런 작위가 없는 실상의 도리에서

만들어진 것, 조작(造作)된 것은 끝없이 변화하고 언젠가는 파괴됩니다. 그것을 유위법(有爲法)이라 합니다. 끝없이 변화하고 언젠가는 파괴되는 것에는 고정된 성품이 없습니다. 그런데도 시간의 흐름에도 변하지 않는 '무엇'이 있다고 여기고, 그 무엇이 '어떻다'고 여기면 그것을 허상(虛相)이라 합니다. 실제로는 고정된 성품을 가진 무엇은 없습니다. 이것이 실상(實相)입니다. '무엇'이 없는데 생성이 어디에 있고, 변화가 어디에 있고, 소멸이 어디에 있겠습니까? 만들어지는 것도, 파괴되는 것도, 변화하는 것도 없습니다. 항상 고요합니다. 이것을 일컬어서 조작이 없는 법, 항상 적멸한 열반이라 합니다.

앞에서 말씀드렸듯이 유위의 복락은 생멸 변화하는 것입니다. 그것을 추구하는 한 기쁨과 슬픔의 굴레에서 끝내 빠져나올 수 없습니다. 하지만 실상을 깨달으면 망상 따라 일어났던 번뇌들은 저절로 소멸합니다. 번뇌가 소멸함으로 인해 찾아드는 그 고요함과 평온함은 생멸 변화하는 것이 아닙니다. 따라서 유위의 복락이 아무리 대단하다 한들, 생멸이 본래 없는 무위의 복락과는 비교도 할 수 없는 것입니다.

일 초 직 입 여 래 지
一超直入如來地리요
한 번 뛰어 여래의 경지에 들어가는 것만 하겠는가.

'여래의 경지로 들어간다'고 표현했다 해서 어떤 초월적이고 절대적인 아득한 경지를 상상할 필요는 없습니다. 대승불교권에서는 부처님을 만행과 만덕을 구족하신 위대하고 거룩하신 분, 온갖 지혜와 신통력을 빠짐없이 갖추신 완벽하고 절대적 존재로 인격화시켜 신앙의 대상으로 삼는 경향이 있습니다. 물론 그것도 하나의 훌륭한 방편입니다. 하지만 사실 '여래(如來)'란 진리 그 자체이고, 진리 그 자체란 현재의 우리와 격리되어 있는 것이 아니라 지금 이대로의 실상을 의미합니다. 지금 눈앞에서 펼쳐지고 있는 번뇌망상의 실상이 곧 진리이고, 그 진리를 깨달으면 여래인 것입니다. 그러니 여래를 현재의 나와는 전혀 다른 존재로 가정하거나 지금 눈앞에는 없는 특정한 모습으로 상상할 것이 아닙니다. 지금 이 자리에 있는 이것의 실상, 실다운 모습이 바로 여래입니다. '여래의 경지로 들어간다'는 말도 마찬가지입니다. 지금 이 세계와는 다른 어떤 세계로 가는 것처럼 생각할 것이 아닙니다. 번뇌망상에 사로잡힌 지금 이 상태에서 그 번뇌망상의 실상을 깨달아 진리의 세계, 본래 마음자리로 들어가면 그것이 곧 여래의 경지입니다.

이렇게 여래의 경지에서, 실상을 깨달은 상태에서 사무량심을 행하고 육바라밀을 행하는 자가 진짜 보살입니다. 이런 보살은 어떤 목적을 가지고 육바라밀과 사무량심을 행하는 것이 아닙니다. 그것이 그냥 그들의 삶입니다. 진실한 이치를 깨달았다고, 도를 통했다고, 견성했다고 해서 삶이 끝나는 것은 아닙니다. 삶은 지속되기 마련입니다. 진실에 계합한 사람들이 삶을 지속하는 방법이 바로 육바라밀이고 사무량심인 것입니다. 진실을 알면 저절로 그런 행위들이 나오게 되어 있습니다.

단 득 본 막 수 말
但得本莫愁末하라
다만 근본을 얻고 지말적인 것을 근심하지 말라.

근본을 얻으면 지엽적인 것은 저절로 따라오기 때문입니다. 불법을 깨닫고 실천하면 그 전에는 없던 여러 가지 공덕상(功德相)들이 나타나게 됩니다. 그 가운데 대표적인 것이 지혜와 해탈과 복덕입니다. 이 지혜와 해탈과 복덕은 모든 사람이 바라고 좋아하는 것입니다. 하지만 궁극에서 보면 이런 것들도 지엽적인 것에 불과하다는 것입니다. 그럼 근본은 무엇인가? 앞에서 "여섯 가지 신통묘용을 부리는 여의주가 여래의 창고 속에 감춰져 있다"라고 하였습니다. 근본인 우리의 마음자리를 깨달으면 해탈과 지혜와 복덕은 저절로 따라서 나타나게 되어 있습니다.

여 정 유 리 함 보 월
如淨琉璃含寶月이로다
마치 깨끗한 유리구슬 안에 보배의 달을 머금고 있는 것과 같도다.

여기서 '유리(琉璃)'는 지금 우리가 창문 등으로 사용하고 있는 유리가 아닙니다. 옛날에 칠보 중 하나로 여겼던 귀한 광석입니다. 일종의 보석이죠. 상상해 보세요. 달 밝은 보름날 아주 깨끗하고 크고 둥근 유리구슬을 쟁반에 올려놓았습니다. 어떨까요? 달빛이 반사되어, 마치 그 구슬 속에 달이 있는 것처럼 보일 것입니다. '함보월(含寶月)'은 그것을 묘사한 것입니다.

그럼 '깨끗한 유리구슬'은 무엇을 비유한 것인가? 바로 우리의 근본마음, 즉 법신(法身)·진여(眞如)·불성(佛性)을 비유합니다. 근본마음, 즉 법신이나 진여는 평등(平等)합니다. 누구나 가지고 있고, 차별도 없습니다. 하지만 구슬 자체가 빛을 가지고 있는 것은 아닙니다. 인연 따라 달빛을 머금기도 하고, 질흙처럼 어둡기도 합니다. 이처럼 우리의 근본마음을 깨달았을 때 동반되는 해탈과 지혜와 복덕 등을 '보배로운 달'에 비유합니다. 부처와 중생이 근본마음과 법신은 동일하지만 그 활용과 장엄은 이렇게 차이가 나는 것입니다.

구슬이 맑고 깨끗하면 애쓰지 않아도 저절로 달빛이 구슬 속에 담기게 됩니다. 마찬가지로 근본 마음자리를 깨달아 마음이 맑아지면 애쓰지 않아도 해탈과 지혜와 복덕 등의 장엄은 저절로 따라오는 것입니다. 그래서 영가 스님께서 "근본을 얻어야지 지말은 걱정하지 말라"고 하신 것입니다.

아 금 해 차 여 의 주
我今解此如意珠하니
내가 지금 이 여의주를 풀어놓았으니

이 구절이 '기능해차여의주(旣能解此如意珠)'로 되어 있는 책도 있습니다. 뜻은 큰 차이 없습니다. 여기서 '여의주(如意珠)'는 앞 구절에서 말한 '보배 달을 머금은 유리구슬'을 가리킵니다. 우리의 본성(本性)이 완전무결함을 믿고 이해하여 제대로 깨달은 것, 그것이 여의주입니다. 이 구절에서 해(解) 자를 '이해하다', '알다', '깨닫다'는 뜻으로 보고 "내가 지금 이 여의주를 알았다"로 해석하는 분들이 있습니다. 또 해(解) 자를 '풀어놓다'는 뜻으로 보고 "내가 지금 이 여의주를 풀어놓았다" 즉 여의주를 사람들에게 베푼다, 나눠준다는 의미로 해석하는 분들도 있습니다. 저는 개인적으로 후자의 해석을 좋아합니다.

자 리 이 타 종 불 갈
自利利他終不竭이라
자신도 이롭고 남도 이롭게 함에 마침내 다함이 없도다.

아무리 써도 손해도 나지 않고, 닳거나 줄지도 않는다는 것입니다. 자비는 베풀면 베풀수록 많아지면 많아졌지 줄지가 않습니다. 지혜도 쓰면 쓸수록 많아지면 많아졌지 줄지가 않습니다. 이것이 나도 남도 이롭게 하면서 끝내 바닥나지 않는 마음의 도리입니다.

당나라 때 구지화상(俱胝和尙)이란 분이 계셨습니다. 천룡(天龍)화상이 어느 날 이 스님이 머물던 암자에 찾아오게 되었습니다. 구지화상이 예를 갖추고 "무엇이 본래면목입니까?" 하고 물었습니다. 그러자 천룡화상이 손가락 하나를 세웠습니다. 구지화상이 그것을 보고 크게 깨달았습니다. 그 후로 구지화상은 누가 법을 물으면 항상 손가락 하나만 세웠답니다. 그리고 돌아가실 때 이렇게 말씀하셨답니다.

"내가 천룡화상에게 일지두선(一指頭禪)을 얻었는데, 평생을 써먹고도 다 써먹지 못했다."

이것이 마음이고, 이것이 불교의 핵심입니다. 이런 본래 마음이 나의 참생명이라는 사실을 깊이 이해하고 느끼고 깨달아 자신의 살림살이로 삼는 것, 순리대로 살아가는 것, 그것이 불교입니다.

이 마음은 아무리 써도 다하는 법이 없는 것입니다. 유리구슬이 오늘은 빛나다가 내일은 달이 떠도 빛나지 않는 일이 있습니까? 마음의 작용도 마찬가지입니다. 아무리 써도 닳거나 없어지는 것이 아닙니다. 또한 구슬이 인연 따라 갖가지 빛깔을 드러내듯, 제대로 깨달은 사람은 꽃을 들어 보여도 마음을 보여주는 것이고 손가락 하나를 세워도 마음을 보여주는 것이고, 고함을 쳐도 마음을 보여주는 것이고, 몽둥이를 휘둘러도 마음을 보여주는 것이고, 경전을 해설해도 마음을 보여주는 것이고, 관세음보살을 불러도 마음을 보여주는 것입니다. 일거수일투족이 그대로 본래 마음, 진여, 법신, 불성의 작용인 것입니다. 그 마음을 갖가지 방법으로 표현해 중생들을 일깨우는 것, 그것이 설법이고 지혜이고 보시입니다.

이 증도가에서 마음을 여의주, 유리구슬에 비유했듯, 다른 경전에서도 마음을 구슬에 비유한 경우가 많습니다. 심주(心珠)라는 표현이 흔히 쓰입니다. 『법화경』에도 계주비유(繫珠比喩)라는 것이 있습니다. 옛날에 두 친구가 있었는데, 세월이 흘러 한 친구는 거부장자가 되고 한 친구는 거지가 되었답니다. 그러다 우연히 두 사람이 만나게 되었고, 그 부자 친구는 거지 친구를 집으로 초청해 음식도 푸짐히 대접하고 술도 실컷 마시도록 배려했습니다. 그리고 그다음날, 부자 친구가 아침 일찍 외출을 해야 하는데, 거지 친구가 술에 곯아 떨어졌더랍니다. 그래서 깨우지는 못하고 그 친구를 연민해 그의 주머니에 여의주를, 도저히 값을 따질 수 없는 그런 어마어마한 보물을 넣어줬답니다. 그러다 몇 년이 지난 뒤, 다시 그 친구를 만났는데, 자기 주머니에 평생 쓰고도 남을 귀한 보물이 있다는 것도 모르고 여전히 거지 생활을 하고 있더랍니다. 그래서 이 부자 친구가 그것을 일깨워주었고, 그 친구도 그날 이후로 부자로 살게 되었다는 이야기가 있습니다.

지금 영가 스님 말씀도 마찬가지입니다. 온갖 묘용을 드러내는 여의주, 값을 따질 수조차 없는 보배, 어떤 문제든 해결할 수 있는 비결, 아무리 꺼내 써도 바닥나지 않는 무진장이 이미 우리에게 있다는 것입니다. 단지, 모를 뿐입니다.

강 월 조 송 풍 취
江月照松風吹한데
강에 달은 비치고 소나무에 바람은 부는데

어린 시절 『치문(緇門)』을 배우면서 더불어 증도가도 여덟 구절씩 배웠는데, 그 시절부터 이 구절이 그렇게 좋았습니다. 깊은 산중에서 바람 맞으며 달구경하니 그 정취가 무척이나 좋았나 보다고 생각할 수도 있습니다. 하지만 '강에 달빛이 밝게 비치고 맑은 솔바람이 불어온다'고 한 것은 특정한 장소에서 맛보는 한때의 풍경을 묘사한 말이 아닙니다.

오롯한 하늘의 달이 강마다 비치지 않는 곳이 없고, 자취를 찾을 수 없는 바람은 곳곳마다 불어오지 않는 곳이 없습니다. 앞에서 말씀하신 것처럼 유리구슬이 밝은 달을 머금고 있듯이 청정한 마음자리에서 지혜와 해탈이 환하게 드러난 경지를 묘사한 것입니다. 이것이 바로 문수와 보현의 경계입니다.

영 야 청 소 하 소 위
永夜淸霄何所爲아
긴 밤 맑은 하늘에 무엇을 할 바인가.

그런 보배 구슬을 얻었으니 얼마나 부자입니까. 게다가 그 보배는 풀어놓아도 잃어버릴 일 없고, 아무리 써도 바닥나지 않으니, 세상만사 걱정할 일이 어디에 있고 도모할 일이 뭐가 있겠습니까? 수행자로써 해야 할 일을 모두 마친 편안하고 여유로운 경지를 엿볼 수 있는 구절입니다.

영가 스님은 깊은 산 외진 골짜기에 움막 하나 지어 놓고 겨우 어머님과 누님을 봉양하며 사셨습니다. 그러니 남들 눈에는 궁색하기 짝이 없는 삶이었을 것입니다. 하지만 정작 당신의 삶은 그렇지 않다는 것입니다. 어딘들 밝은 달빛 비치지 않고, 어딘들 맑은 바람 불어오지 않겠냐는 것이지요. 어떤 상황에서도 아무것도 부족할 것이 없고, 꼭 해야 할 일도 없다는 것입니다. 실상을 깨달은 자의 여유, 배울 것도 없고 할 일도 없는 한가한 도인 즉 절학무위한도인(絶學無爲閒道人)의 넉넉한 삶을 잘 표현하고 있습니다.

제14강

불 성 계 주 심 지 인
佛性戒珠心地印이요
불성이라는 계의 구슬은 마음 땅의 도장이요

무 로 운 하 체 상 의
霧露雲霞體上衣로다
안개, 이슬, 구름, 노을은 본체 위의 옷이로다.

항 용 발 해 호 석
降龍鉢解虎錫으로
용을 항복받은 발우와 호랑이의 싸움을 말린 석장으로

양 고 금 환 명 역 력
兩詁金鐶鳴歷歷은
두 고리에 달린 여섯 고리가 쩌렁쩌렁 울리는 것은

불 시 표 형 허 사 지
不是標形虛事持라
모양을 나타내자고 헛되이 가진 것이 아니라

여 래 보 장 친 종 적
如來寶杖親蹤跡이로다
여래의 보배 주장자를 친히 본받음이로다.

불 구 진 부 단 망
不求眞不斷妄하나니
진리도 구하지 않고 망상도 끊지 않나니

요 지 이 법 공 무 상
了知二法空無相이라
두 가지 법이 공하여 형상이 없는 줄을 분명히 알았도다.

불 성 계 주 심 지 인
佛性戒珠心地印이요
불성이라는 계의 구슬은 마음 땅의 도장이요

불성(佛性)은 부처님의 성품, 여래의 성품, 진리의 성품을 말합니다. 그 부처의 성품은 어떠한가? '계주(戒珠)'라고 표현했습니다. '계(戒)'란 잘못을 방지하고 악행을 멈추는 것입니다. 즉 진리를 깨닫고 온갖 허물과 혼탁함을 떠나 청정한 삶을 사는 것이 계입니다. 그런 청정한 삶을 맑고 깨끗해 한 점의 티도 없는 구슬에 비유하여 '계주'라 한 것입니다. 그러면, 그 맑고 깨끗한 구슬이 어디에 있는가? 바로 마음자리에 이미 갖춰져 있다는 것입니다.

청정한 삶, 계를 지키는 삶은 범하지 말아야 할 항목들을 낱낱이 배우고 기억해 삼가고 조심해야만 성취되는 것이 아닙니다. "이런 짓은 하면 안 되고 저런 짓은 괜찮다. 이렇게 해야 하고 저렇게 하면 안 된다" 하는 말들은 초심자들을 위해서 방편으로 제시하신 계율입니다. 궁극에서 바라보면 진리에 순응하며 살아가는 삶이 곧 청정한 삶입니다. 실상을 깨달은 사람, 진리를 아는 사람은 저절로 청정한 삶을 살게 되어 있습니다. 그런 '불성'과 '계주', 즉 진리와 청정한 삶 역시도 어디 멀리에 있는 것이 아니라 '마음 땅의 도장', 즉 우리의 본래 마음에서 드러나는 것이라고 말씀하신 것입니다. 그러니 결론적으로는 '불성(佛性)'이라 하건, 계주(戒珠)라 하건, 심지(心地)라 하건, 심인(心印)이라 하건 이름만 다를 뿐 모두 같은 법입니다.

무 로 운 하 체 상 의
霧露雲霞體上衣로다

안개, 이슬, 구름, 노을은 본체 위의 옷이로다.

예로부터 이 구절에 대한 해석이 분분합니다. 여기서 '무로운하(霧露雲霞)'는 신령한 산에 영기가 서리듯이 불성계주(佛性戒珠)라는 신비한 구슬에 서린 장엄을 표현한 말입니다. 촉촉한 안개와 노을진 구름이 영산(靈山)의 신비로움을 더하듯, 갖가지 장엄들이 펼쳐져 마음자리의 신령스러움을 더한다는 것입니다. 앞에서도 말씀드렸듯이 여기서 '체(體)'는 본체 즉 본래 마음을 뜻합니다. 임제 스님이 사람 인(人) 자를 즐겨 썼듯이, 영가 스님은 마음 심(心) 자나 성품 성(性) 자 대신에 이 몸 체(體)를 즐겨 쓰셨습니다.

속을 들여다 보면 아무것도 없지만 오색이 찬란한 구슬처럼, 우리의 마음도 참으로 신비롭습니다. 마음의 바탕은 부처나 중생이나 평등한 공(空)입니다. 똑같이 공한 그 구슬에서 중생은 번뇌와 망상이란 어둡고 탁한 빛깔을 드러내고, 부처는 지혜와 해탈이라는 신비한 빛깔을 드러내는 것입니다. 또한 몸에 아름다운 옷을 걸쳐 치장하는 것처럼 장엄한 공용을 드러낸다는 것입니다.

불교 공부란 이 구슬을 저 구슬로 바꾸는 것이 아닙니다. 중생이나 부처나 그 마음의 바탕은 똑같습니다. 또한 이거나 저거나 똑같은 구슬이라며 마냥 손 놓고 있는 것도 아닙니다. 공과 평등에만 집착한다면 그것은 죽은 마음입니다. 그럼, 불교 공부란 무엇인가? 진흙 구덩이 속에 파묻힌 구슬을 꺼내 말끔히 씻어서 깨끗한 은쟁반 위에 올려놓는 것입니다. 진흙 속 구슬도 구슬이지만 구슬 노릇을 못하듯, 중생의 마음은 욕망과 집착 때문에 마음이 마음 노릇을 제대로 못하고 있는 것입니다. 마음이 마음 노릇을 제대로 하면 자비와 지혜와 해탈과 복덕과 열반이 저절로 그 마음에서 드러나기 시작하는 것입니다. 우리의 마음이 값을 매길 수 없는 보배라지만 번뇌와 망상에 사로잡혀 있으면 제값을 못합니다. 그 마음에서 자비와 해탈과 열반과 사무량심 등이 발현되어야 비로소 제값을 하는 것입니다.

항 용 발 해 호 석
降龍鉢解虎錫으로
용을 항복받은 발우와 호랑이의 싸움을 말린 석장으로

스님들이 사용하는 밥그릇을 발우(鉢盂)라 합니다. 발우도 부처님 당시에는 하나만 사용했습니다. 지금도 남방불교에서는 탁발을 나가는데, 그분들이 사용하는 발우를 보면 상당히 큽니다. 그 큰 발우 하나에 밥도 담고 반찬도 담습니다. 하지만 우리 북방불교에서는 생활 습관에 맞춰 물 담는 그릇, 반찬 담는 그릇, 국 담는 그릇, 밥 담는 그릇 총 네 개의 그릇을 사용합니다.

'항용발(降龍鉢)'이란 그냥 발우가 아니라 용을 항복받은 발우라는 것입니다. 스님들이 사용하는 발우는 단순한 식기가 아니라 불법을 상징하는 하나의 방편이란 것입니다. 여기에 얽힌 고사가 있습니다. 부처님께서 가섭(迦葉) 삼 형제를 제도할 때 이야기입니다. 가섭 삼 형제는 화룡외도(火龍外道), 즉 불을 섬기는 외도였습니다. 부처님께서 그들 중 첫째 우루빌라 가섭을 찾아가 하룻밤 묵어갈 것을 청하자, 가섭이 "이곳에는 빈방이 없고, 화룡의 석굴(石窟)만 있는데 그곳에서라도 자겠냐?"고 했습니다. 그래서 부처님께서 그 동굴에서 주무시게 되었는데, 한밤중에 비늘에서 불길이 이글거리고 코에서 연기를 내뿜는 화룡(火龍)이 나타나 부처님에게 불을 뿜으면서 해치려 하였습니다. 그러자 부처님께서 화광삼매에 들어가셨답니다. 그랬더니 삼매의 불길에 도리어 용이 타죽을 지경이 되었답니다. 그래서 용이 겨우 부처님의 발우 속으로 기어들어가 불길을 피했다는 이야기가 있습니다. 이 때문에 '용을 항복받은 발우'라고 한 것입니다.

또 발우를 응량기(應量器)라 합니다. 크기가 넉넉하다 보니 많이 잡수시는 분은 많이 담을 수 있고, 적게 잡수시는 분은 적게 담을 수도 있습니다. 그래서 응량기 즉 양에 알맞은 그릇, 자기 양만큼 적당하게 덜어 먹을 수 있는 그릇이라 합니다. 스님들의 발우공양이 뷔페의 원조라 할 수 있습니다.

'해호석(解虎錫)'은 호랑이의 싸움을 말린 석장이란 뜻입니다. '석(錫)'은 옛날에 스님들이 짚고 다니던 석장, 지팡이, 즉 주장자를 말합니다. 이 주장자 역시도 단순한 지팡이가 아니라 불법을 상징하는 하나의 도구라는 것입니다. 옛날에 중국 회주(懷州)의 왕옥산(王屋山)에서 선정을 닦던 승조(僧稠) 스님이란 분이 계셨습니다. 그 스님이 어느 날 호랑이 두 마리가 서로 뒤엉켜 물어뜯고 싸우는 것을 보게 되었답니다. 그래서 승조 스님이 주장자를 들고 가 호랑이를 뜯어말리자 두 호랑이가 물러나 각자 제 길로 갔다는 이야기가 있습니다. 이처럼 스님들이 항상 지니는 발우와 주장자는 불법을 상징한 방편이고 법력(法力)을 드러내는 도구이지, 무슨 모양새를 내기 위해서 가지고 다니는 것이 아니라는 것입니다.

양 고 금 환 명 역 력
兩詁金鐶鳴歷歷은
두 고리에 달린 여섯 고리가 쩌렁쩌렁 울리는 것은

스님들이 사용하는 지팡이를 육환장(六環杖)이라 합니다. 요즘은 사용하시는 분이 거의 없습니다. 그 주장자가 어떻게 생겼는가? 중앙이 부도(浮屠)처럼 올라와 있고, 그 양쪽에 '고(詁)' 즉 금강저(金剛杵) 모양의 걸이가 있습니다. 그 걸이에 세 개씩, 총 여섯 개의 쇠고리가 달려 있습니다. 그래서 걸음을 옮기면서 지팡이를 짚을 때마다 그 쇠고리가 서로 부딪쳐 짜랑짜랑 소리가 울립니다.

이것은 무엇을 상징하는가? 두 개의 금강저는 진제(眞諦)와 속제(俗諦), 즉 출세간(出世間)의 이치와 세간(世間)의 이치를 의미합니다. 불교란 무엇인가? 양쪽의 걸이를 한 몸에 지닌 주장자처럼 진제와 속제를 아우르는 중도(中道)입니다. 주장자를 짚고 다니면서 이런 불교의 가르침, 즉 중도의 삶을 한 순간도 잊지 말라는 것입니다.

양쪽에 세 개씩, 총 여섯 개의 고리는 육바라밀을 상징합니다. 육바라밀은 우리 불교인들이 일상생활에서 실천해야 할 덕목입니다. 무언가를 얻기 위해서 육바라밀을 실천하는 것이 아닙니다. 육바라밀 자체가 청정한 삶이고, 진리에 순응하는 삶이고, 행복한 삶입니다. 그러니 불교인들이 추구하는 이상적인 삶이 이 육환장 하나에 고스란히 담겨 있는 것입니다.

불 시 표 형 허 사 지
不是標形虛事持라
모양을 나타내자고 헛되이 가진 것이 아니라

모양새를 나타내자고 헛되이 가진 것이 아니라 했습니다. "스님입네" 하며 표 내기 위해서 공연히 발우를 들고 다니고 육환장을 짚고 다니는 것이 아니라는 것입니다. 요즘 말로 하자면 폼 잡으려고 괜히 들고 다니는 게 아니라는 것이죠. 한 걸음 한 걸음에 진제와 속제를 아우르는 중도의 삶을 실천하고, 일거수일투족에 육바라밀을 실천하는 진리의 삶을 산다는 것입니다. 그런 참된 삶을 스스로 항상 되새기고, 또 타인에게 널리 권하기 위해서 그 표상으로 발우와 육환장을 지닌다는 것입니다.

여 래 보 장 친 종 적
如來寶杖親蹤跡이로다
여래의 보배 주장자를 친히 본받음이로다.

여래의 보배 주장자를 친히 본받기 위함이란 것입니다. 육환장, 주장자는 부처님께서 몸소 본보기를 보이신 보배로운 물건입니다. 부처님을 본받아 육환장을 사용한다는 것은 부처님의 삶을 본받아 중도와 육바라밀을 실천하며 산다는 것입니다. 영가 스님께서 중도와 육바라밀을 실천하는 불교적 삶을 주장자 하나로 멋들어지게 표현하고 있는 것입니다. 요즘이야 먼 길을 걸어 다닐 일이 없다 보니 육환장을 사용할 일도 따라서 없어져 버렸습니다. 하지만 이런 깊은 의미를 되새긴다면, 다시 복원해 방이나 마루에 항상 걸어 두는 것도 나쁘지 않겠다는 생각이 듭니다.

불 구 진 부 단 망
不求眞不斷妄하나니
진리도 구하지 않고 망상도 끊지 않나니

서두에서 "망상도 제거하지 않고 진리도 구하지 않는다〔不除妄想不求眞(부제망상불구진)〕"라고 하신 말씀과 같습니다. '진(眞)'과 '망(妄)'을 앞뒤로 순서만 바꿨을 뿐 내용은 같습니다. '구하지도 않고 제거하지도 않는다'는 것이 바로 조화(調和)이고, 그것이 중도(中道)입니다.

불법이란 두 가지 가운데 어느 하나를 취하고, 어느 하나를 버리는 것이 아닙니다. 취해야 할 것과 버려야 할 것이 있다고 보는 것이 바로 편견 즉 극단적 견해이고, 취하려 들고 버리려 드는 것이 바로 집착입니다. 불교란 그런 편견과 집착을 버리고 조화를 회복하는 종교입니다.

요 지 이 법 공 무 상
了知二法空無相이라
두 가지 법이 공하여 형상이 없는 줄을 분명히 알았도다.

왜 진리도 구하지 않고 망상도 끊지 않는가? 두 가지 법이 공하여 형상이 없다는 것을 분명히 알았기 때문입니다. '이법(二法)' 즉 두 가지 법이란 진리와 망상뿐만이 아닙니다. 진제와 속제, 세간과 출세간, 있음과 없음, 선(善)과 악(惡), 좌(左)와 우(右), 남자와 여자 등 모든 상대적인 관계도 마찬가지입니다. 절대적인 선(善)이 있고 절대적인 악(惡)이 있다면 선을 추구하고 악을 제거해야 마땅할 것입니다. 하지만 상황 따라서 선과 악을 규정하는 것이지, 시간과 공간의 변화에 상관없는 절대적인 선과 절대적인 악은 없습니다. 불교식으로 말하자면 고정된 성품이 없습니다. 즉 공(空)하고 무상(無相)입니다. 이것을 '요지(了知)', 분명히 알았다는 것입니다.

　이를 분명히 알아 어느 한쪽에 치우치지 않고 균형과 조화를 이뤄가는 것, 그것이 중도이고 불교입니다. 분명히 오른손 따로 있고, 왼손 따로 있습니다. 오른손이건 왼손이건 둘 다 '손'이라는 점에서는 평등합니다. 바쁘면 오른손도 왼손 역할을 해야 하고, 경우에 따라서는 왼손이 오른손 역할을 할 수 있는 것입니다. 남녀 관계도 마찬가지입니다. 물론 남자가 주로 하는 일이 있고, 여자가 주로 하는 일이 있습니다. 하지만 "남자는 이래야 한다, 여자는 저래야 한다"는 것은 치우진 견해는 편견입니다. 남자라고 해서 요리하지 못하는 법 없고, 여자라고 해서 트럭운전 하지 못하는 법 없습니다. 그런 견해를 고집하면 마찰과 다툼이 일어나게 됩니다. 경우에 따라 얼마든지 엇바꾸어 가면서 서로 균형과 조화를 이루며 살아갈 수 있는 것입니다. 이것이 중도적인 삶입니다.

제15강

무 상 무 공 무 불 공
無相無空無不空이여

상도 없고 공도 없고 공하지 않음도 없음이여

즉 시 여 래 진 실 상
卽是如來眞實相이로다

그것이 곧 여래의 진실한 모습이로다.

심 경 명 감 무 애
心鏡明鑑無碍하야

마음의 거울은 밝고 비치는 것이 걸림이 없어서

확 연 영 철 주 사 계
廓然瑩徹周沙界로다

확연히 밝게 사무쳐서 무한한 세계에 두루하도다.

만 상 삼 라 영 현 중
萬象森羅影現中이요

삼라만상이 거울 속의 그림자처럼 나타나 있고

일 과 원 광 비 내 외
一顆圓光非內外로다

한 덩어리 원만한 광명은 안과 밖이 아니로다.

활 달 공 발 인 과
豁達空撥因果하니

아무것도 없이 텅 비워 인과를 부정하니

망 망 탕 탕 초 앙 화
茫茫蕩蕩招殃禍라

어둡고 아득하여 재앙을 불러오도다.

무 상 무 공 무 불 공
無相無空無不空이여
상도 없고 공도 없고 공하지 않음도 없음이여

상식적으로는 말이 되지 않는 궤변처럼 들리겠지만, 존재의 실상을 꿰뚫어 본 사람은 이렇게 표현할 수밖에 없습니다. 우리 상식에는 '특정한 모양이 없다〔無相(무상)〕'면 그것은 곧 공(空)입니다. 하지만 '공도 없다〔無空(무공)〕'고 했습니다. 또 공이 아니라면 그것은 곧 공하지 않은 것〔不空(불공)〕입니다. 하지만 '공하지 않음도 없다〔無不空(무불공)〕'고 했습니다.

불교에서는 왜 이런 상식에 위배되는 논리를 전개하는가? 소위 상식적인 견해의 출발점과 불교적인 견해의 출발점이 다르기 때문입니다. 소위 상식이란 이분법적 사고에 기반하고 있습니다. '무엇'과 '무엇이 아닌 것'으로 구분하고는 '무엇은 어떻다'고 규정합니다. 예를 들자면 흔히 "사과는 빨갛다"고 말합니다. '빨갛다'를 불교에선 성(性) 또는 상(相)이라 합니다. 하지만 그 '빨갛다'는 것이 사과의 고유한 특성, 즉 자성(自性)과 자상(自相)인가? 아닙니다. 실제 사과밭에 가서 사과를 관찰해 보세요. 사시사철 색깔이 다릅니다. 사과의 색깔은 인연 따라 끊임없이 생멸 변화하는 것이지, 시간과 공간의 변화에 상관없이 항상 유지되는 색깔이 아닙니다. 이것을 무자성(無自性)이라 하고, 무상(無相)이라 합니다.

항상 빨간 사과가 존재합니까? 그런 사과는 없습니다. 있다가 없는 것이 아니라 본래 없습니다. 그것을 불교에서 공(空)이라 합니다.

그런데도 우리는 소위 상식이란 이름으로 늘 "사과는 빨갛다"고 말하고, 막연히 항상 빨간 사과가 있는 것처럼 생각합니다. 그것을 망상(妄想)이라 합니다. 그런 망상을 타파하기 위해 "공하다"고 하는 것인데, 상식적 견해를 벗어나지 못한 사람들은 그 말을 '있다'의 반대인 '없다'로 이해합니다. 그것 역시 망상이고 편견입니다. 그래서 다시 "없다고 주장하는 것이 아니다(不空(불공))"고 하면, 상식적 견해를 벗어나지 못한 사람들은 그 말을 '없다'의 반대인 '있다'로 이해합니다. 그래서 또 "없지 않다고 주장하는 것이 아니다(非不空(비불공))"고 하는 것입니다. 이처럼 존재의 실상을 꿰뚫지 못하면 끝내 이분법적 사고의 틀을 벗어날 수 없는 것입니다.

즉 시 여 래 진 실 상
卽是如來眞實相이로다
그것이 곧 여래의 진실한 모습이로다.

공(空)과 중도(中道)란 무엇을 주장하는 것이 아닙니다. 실상(實相)에 바탕을 두고 잘못된 견해를 수정하는 것이 공이고, 실상을 깨달아 까닭없는 욕망과 집착을 버리고 조화롭게 살아가는 것이 중도이고, 중도의 삶을 성취하신 분이 바로 여래입니다. 여래가 곧 실상이고, 실상이 곧 중도인 것입니다. 따라서 "여래는 이런 분이다"고 단정 짓거나 "이러이러해야만 여래다"라고 주장한다면, 그 사람은 아직 여래를 모르는 것이고, 실상을 모르는 것이고, 공과 중도도 모르는 것입니다. 그래서 영가 스님께서 "여래의 참모습은 모양도 없고,

공도 없고, 공하지 않음도 없다"라고 한 것입니다.

이런 존재의 실상을 제대로 알지 못하고서 관념에 사로잡혀 살아가는 것이 중생입니다. 그러니 관념의 틀을 깨버리고 존재의 실상을 바로 알고 존재의 원리대로 조화롭게 살아가자는 것입니다. 이것이 불교이고 청정한 삶이지, 달리 특별한 게 있는 것이 아닙니다. 그래서 영가 스님도 '이것이 여래의 참모습이다'고 말씀하신 것입니다.

심 경 명 감 무 애
心鏡明鑑無碍하야
마음의 거울은 밝고 비치는 것이 걸림이 없어서

이것이 깨달으신 분들의 마음 상태입니다. 세상만사의 실상을 꿰뚫어본다는 것입니다. 사물뿐 아니라 인간에게 일어나는 온갖 현상들, 감정·습관·생각들도 마찬가지입니다. 사람이다 보니 감정이 일어나는 것은 어쩔 수 없는 일입니다. 하지만 그런 감정과 습관과 생각에 매몰되지는 않습니다. 그것들이 구슬의 여러 가지 색깔처럼, 거울의 그림자처럼 나타난 것이라는 실상을 꿰뚫어 보는 것이지요.

하나의 바탕을 놓치면 감정이나 생각에 휘둘리고 만사를 아전인수 격으로 해석하게 됩니다. 그건 실상을 놓치고 허상에 매달리는 것입니다. 그렇게 편견을 가지면 마음도 편협해지고 결국 바른 판단을 내리지 못하게 됩니다. 그러면 걸리는 게 많아집니다. 무애(無碍)가 안 되는 것이죠. 못 봐 줄 일 생기고, 넘어가지 못할 감정이 생기고, 놓지 못할 생각이 생겨 이리저리 엉키게 되어 있습니다. 그래서 이래도 걸리고 저래도 걸리고 사사건건 걸리고 처처에서 걸려 가슴 앓이를 하고 번민에 휩싸입니다. 자신의 일도 그렇고, 집안일이나 동네일, 직장일도 마찬가지입니다. 그 발단이 무엇인가? 실상을 꿰뚫어 걸림 없이 바라볼 안목이 없기 때문입니다. 그러니 모쪼록 하나의 밝은 거울이 되어야 합니다. 그래야 어디에도 구애받지 않고 만사를 걸림 없이 비출 수 있는 것입니다.

확 연 영 철 주 사 계
廓然瑩徹周沙界로다
확연히 밝게 사무쳐서 무한한 세계에 두루하도다.

어느 한 분야에만 밝고 다른 분야에는 캄캄한가? 마음의 빛은 미치지 않는 곳이 없어서 온 우주에서 일어나는 일들의 실상을 낱낱이 꿰뚫는다는 것입니다. 해가 뜨면 온 세상이 환하지요. 그것이 '영철(瑩徹)'입니다. '사계(沙界)'란 항하의 모래알처럼 많은 세계, 즉 광활한 우주를 말합니다. 그처럼 마음이 집중하는 어느 한 부분에만 밝은 것이 아니라 집중하지 않더라도 모든 존재의 실상을 환하게 꿰뚫어 안다는 것입니다. 억지로 마음을 써서 아는 것이 아니라, 애를 쓰지 않아도 저절로 알아진다는 것입니다. 깨달은 마음 상태를 영가 스님이 이렇게 표현한 것입니다.

만 상 삼 라 영 현 중
萬象森羅影現中이요

삼라만상이 거울 속의 그림자처럼 나타나 있고

　삼라만상(森羅萬象), 즉 이 세상에 존재하는 모든 것들은 '영현중(影現中)', 마음 거울 가운데 그림자처럼 나타난다고 했습니다. 우리의 안목에는 삼라만상이 전부 실재하는 것입니다. 그래서 하나하나에 걸립니다. 무엇이 눈에 보이고, 무엇이 귀에 들리고, 그래서 마음에 드는 것은 좋고, 마음에 들지 않는 것은 싫고, 좋은 것은 잡으려고 애쓰고, 싫은 것은 없애려고 애쓰고, 그래서 뜻대로 되면 기뻐하고, 뜻대로 되지 않으면 괴로워합니다. 일일이 다 걸립니다. 우리 안목에는 밖에 분명히 뭔가가 있지 그림자가 아닙니다.

　하지만 영가 스님의 안목에는 그 모든 것이 몽땅 마음이라는 거울에 비친 그림자와 같다는 것입니다. 우리가 존재라 부르는 것은 그림자이고, 사건이라 부르는 것은 그림자놀이와 같다는 것입니다. 삼라만상, 세상만사를 이렇게 볼 수 있다면 세상살이가 얼마나 가볍고 경쾌하겠습니까? 이렇게 보지 못하기 때문에 삶이 무겁고 어렵게만 느껴지는 것입니다. 나도 너도 그림자이고, 이래도 저래도 그림자놀이입니다. 이런 말을 들으면, 혹자는 "그러면 삶의 의미가 없지 않냐?"고 합니다. 아닙니다. 까닭 없는 집착으로 무겁고 복잡하게만 엮어가던 인생살이를 툴툴 털어 버리고 비로소 인생 한 마당 흥겹게 놀다갈 수 있는 것입니다.

일 과 원 광 비 내 외
一顆圓光非內外로다

한 덩어리 원만한 광명은 안과 밖이 아니로다.

이 구절이 '일과원명비내외(一顆圓明非內外)'로 되어 있는 책도 있
습니다. 마음이라는 하나의 원만한 광명은 몸 안에 있는 것도 아니
고 몸 밖에 있는 것도 아니라는 것입니다. 『능엄경(楞嚴經)』에 부처
님께서 아난이 마음의 소재처라 여기는 일곱 곳에 대해 논파한 칠처
전심(七處傳心)이란 것이 있습니다.

마등가라는 여인에게 유혹 당했던 아난에게 부처님께서 "너는 어
떻게 출가하게 되었느냐?"라고 묻습니다. 아난이 "저는 32상을 갖
춘 훌륭하신 모습에 감동되어 출가를 했습니다"라고 하자 "그런 모
습을 무엇으로 봤느냐?"라고 되묻습니다. 그러자 아난이 "눈이 보
고 마음이 그것을 이해하게 되었습니다"라고 대답합니다. 그러자
부처님께서 마음이 어디에 있는지 아난을 추궁하게 됩니다. 아난이
"안에 있다"고 해도 그 오류를 지적하고, "밖에 있다"고 해도 그 오
류를 지적하고, 이렇게 아난이 마음의 소재처로 추정한 일곱 곳을
하나하나 분석해 그 오류를 지적합니다.

지금 영가 스님께서 하신 말씀도 마찬가지입니다. 우리의 마음자
리는 딱히 안이나 밖 어디에 있다고 규명할 수 없습니다. 그러면서
안팎의 삼라만상을 다 포함하고 있습니다. 이 신기한 물건이 바로
우리의 주인공이고, 우리의 참생명입니다.

극히 짧지만 읽으면 읽을수록 그 맛이 우러나는 참으로 의미심장
한 구절입니다. 저라고 어찌 그 깊은 속내까지 다 알고 말씀드린다
고 자신하겠습니까. 그저 이해한 만큼 설명을 드리는 것이고, 그 설

명 또한 이해한 바에도 미치지 못할 것입니다. 그러니 자주 읽고, 다른 사람의 설명도 널리 들어 보고, 자신의 인생 경험을 투여해 하나하나 검증하면서 각자 그 맛과 향기를 맛보고 느껴야 하지 않을까 생각합니다.

활 달 공 발 인 과
豁達空撥因果하니
아무것도 없이 텅 비워 인과를 부정하니

'활달공(豁達空)'은 서천(西天)의 외도들이 닦는 단멸공(斷滅空)입니다. 앞에서 "삼라만상이 모두 그림자처럼 나타난 것이라 하고, 상도 없고 공도 없고 공하지 않은 것도 없다"라고 했습니다. 이것이 여래의 진실상, 즉 중도라 했습니다. 그러나 이런 말씀도 잘못 이해하면 활달공(豁達空), 즉 '있다'의 반대인 '없다'로 알게 됩니다. 공(空)이란 집착을 떼어 주는 수단임에도 불구하고, '공하다'는 말에 집착해 "아무것도 없다"는 견해에 사로잡힌다는 것이지요.

단견(斷見)에 사로잡히면 어떻게 되는가? '발인과(撥因果)' 눈앞에 펼쳐지고 있는 연기(緣起)의 법칙 즉 인과(因果)를 쓸어 버리고, 무시해 버리고, 부정하게 됩니다. 허무주의자가 되어 버리는 것이지요. 그런 극단적 견해는 자신과 타인에게 고통을 초래하게 되어 있습니다. 그건 중도의 공이 아닙니다. 그러니 모쪼록 바른 견해를 가져야합니다. 실상을 바로 보는 바른 안목을 가져야 그 삶도 따라서 반듯해지기 때문입니다.

망 망 탕 탕 초 앙 화
茫茫蕩蕩招殃禍라
어둡고 아득하여 재앙을 불러오도다.

공하다고 해서 인과가 없는가? 세간과 출세간, 인간세계에서도 저 하늘세계에서도 선악의 업은 털끝만큼도 착오가 없습니다. 공이란 인과의 법칙을 부정하는 것이 아닙니다. 소위 아무것도 없으니 막 해도 된다는 말이 아닙니다. 만약 그런 생각에 사로잡힌다면 그 사람의 삶은 걷잡을 수 없게 됩니다. 멋대로 말하고 멋대로 행동하다 결국 걷잡을 수 없는 재앙을 만나게 되는 것입니다. 그런 삶은 스스로에게도 이롭지 못하고, 타인에게도 고통입니다.

제16강

기 유 착 공 병 역 연
棄有着空病亦然이니
있음을 버리고 없는데 집착하면 그 병도 또한 같으니

환 여 피 익 이 투 화
還如避溺而投火라
물에 빠지는 것을 피해 불 속으로 뛰어드는 것과 같도다.

사 망 심 취 진 리
捨妄心取眞理여
망심을 버리고 진리를 취하는 것이여

취 사 지 심 성 교 위
取捨之心成巧僞로다
취하고 버리는 마음이 교묘한 거짓을 이루는구나.

학 인 불 료 용 수 행
學人不了用修行하니
공부하는 사람이 그러한 이치를 깨닫지 못하고 수행을

하니

진 성 인 적 장 위 자
眞成認賊將爲子로다
참으로 도적을 오인해서 아들을 삼음이로다.

손 법 재 멸 공 덕
損法財滅功德은
법의 재산을 손상시키고 공덕을 소멸하게 하는 것은

막 불 유 사 심 의 식
莫不由斯心意識이니
이런 심·의·식을 말미함지 아니함이 없으니

기 유 착 공 병 역 연
棄有着空病亦然이니
있음을 버리고 없는데 집착하면 그 병도 또한 같으니

부처님의 가르침은 열반의 세계로 가는 길입니다. 그 길을 걸으면 저절로 번민과 고통이 사라지고 평온한 기쁨이 솟아나게 되어 있습니다. 만약 어떤 길을 걷는데, 번민과 고통이 여전하거나 더욱 심해진다면 그것은 부처님께서 일러 주신 바른 길, 즉 정도(正道)가 아닙니다. 공(空)이란 '있다'고 집착하는 병을 치료하기 위해 부처님께서 쓰신 약입니다. 그 약을 제대로 복용하지 않고, '없다'고 집착하면 앓던 병이 낫기는커녕 없던 병까지 하나 더 생긴 꼴입니다. 그건 고통을 소멸하라고 일러 주신 부처님의 바른 길이 아닙니다.

또 마치 소금과 같습니다. 어떤 사람이 친구 집에 초대를 받아 갔는데, 그 집 음식이 기가 막힌 겁니다. 잘 살펴보니 자기는 먹어 본 적이 없는 소금이란 것을 넣더랍니다. 그래서 소금을 잔뜩 얻어서 집으로 돌아와 소금을 한 숟가락 퍼먹었답니다. 조금만 넣어도 맛있으니 많이 먹어 더 맛있었을까요? 그렇게 먹다간 맛은커녕 독이 됩니다. '공'은 쾌락주의자, 탐욕이 많은 사람들에게는 더없이 좋은 약입니다. 하지만 공에 집착하면 허무주의자가 되는 것입니다.

환 여 피 익 이 투 화
還如避溺而投火라
물에 빠지는 것을 피해 불 속으로 뛰어드는 것과 같도다.

이 얼마나 어이없는 짓입니까? 그래서 실상을 깨달은 분들은 '있다'는 주장도 부정하고, '없다'는 주장도 부정하고, '있기도 하고 없기도 하다'는 주장도 부정하고, '있는 것도 아니고 없는 것도 아니다'는 주장도 부정합니다. 이런 사유 방식에 훈련이 되어 있지 않은 사람에게는 이 이야기가 알쏭달쏭하게 들릴는지도 모르겠습니다. 하지만 그분들이 공연히 궤변을 늘어놓는 것이 아닙니다. 실상, 사실 그대로에 바탕을 두고 하시는 말씀입니다.

경전이나 조사 스님 어록에서 끊임없이 중도(中道)를 말씀하신 까닭도 바로 이 때문입니다. 연기한 모든 법은 '있다'고 단정할 수도 없고, '없다'고도 단정할 수도 없습니다. 실상이 그렇습니다. 그런데 사람들이 그것을 모르고 어느 한쪽으로 치우치는 것입니다. 살면서 누적된 경험과 지식을 바탕으로 자신만의 관점을 세우고는 그 견해를 고집하는 것입니다. 그렇게 사고의 틀에 갇혀 자신만의 잣대를 들이대면서 세상만사를 제단하려 드는 것이 바로 중생입니다. 그런 사람들은 자기가 가진 견해의 정당성을 한 치도 의심하지 않습니다. 당연하다고 여깁니다.

예를 들자면 물은 몇 도에 끓습니까? 100도에 끓는다고들 합니다. 만약 누군가 "그렇지 않다"고 하면 "상식도 없다"며 무시합니다. 하지만 물이 정말 100도에 끓습니까? 저 고산지대에서도, 저 우주정거장에서도, 저 심해 잠수함에서도 100도에 끓을까요? 아니지요. 100도에 끓는 것은 보편적 현상이 아니라 지표면이라는 가정 하에 일어나는 특수한 현상입니다. 이런 사실을 망각하고 언제 어디서나 100도에 끓을 것이라고 단정하고 고집한다면 그것을 편견이라 하고 그릇된 집착이라 하는 것입니다. 우리의 경험은 매우 한정적입니다. 그런 불완전한 경험을 바탕으로 정립한 견해를 언제나 어디서나 누구에게나 적용될 절대적 기준으로 삼는다는 것은 독단이고 오만입니다. 독단과 오만은 필연적으로 스스로에게 좌절을 가져다주고, 타인에겐 폭력이 됩니다.

물에 빠져서도 안 되고, 불에 타서도 안 됩니다. 인생은 소중한 것입니다. 이런 소중한 시간을 스스로 고통스럽고 남을 고통스럽게 하면서 보내서야 되겠습니까? 모쪼록 치우친 견해와 집착에서 벗어나 실상을 바로 보고, 중도의 원리에 따라 여래의 삶을 살도록 노력하고 또 노력해야 할 것입니다.

사 망 심 취 진 리
捨妄心取眞理여
망심을 버리고 진리를 취하는 것이여

불교를 잘 아는 분들은 일컬어 흔히 "종지(宗旨)에 밝다"는 말을 합니다. 이 구절도 종지에 밝은 사람들의 이야기입니다. 핵심을 아는 사람은 지말에 걸리지 않지만 핵심을 모르면 지말에 걸리게 되어 있습니다. 부처님 팔만사천 경이 몽땅 방편설이라 했습니다. 근기에 맞추고 상황에 맞춰서 하신 말씀이란 것입니다. 그러니 그렇게 말씀하신 의도, 즉 부처님의 뜻을 파악해야지 말만 좇아서는 안 됩니다. "영리한 사냥개는 흙덩이를 좇지만 사자는 흙덩이를 던진 사람을 문다"고 했습니다.

"망상을 버리라"는 말씀도 마찬가지입니다. 치우친 견해의 틀에 사로잡힌 사람들, 헛된 생각에 사로잡힌 사람들은 자신이 그렇다는 것을 전혀 모릅니다. 그래서 부처님께서 "그것은 망상이다. 그런 망상을 고집하지 말라"고 가르치신 것입니다. 그런 가르침에 따라 자신의 견해와 사고가 허황된 것이었음을 제대로 깨달으면 그 사람은 어떤 견해와 사고에도 사로잡히지 않습니다. 하지만 '지금까지 내가 가졌던 견해와 사고는 잘못된 것이고, 부처님께서 일러 주신 견해와 사고는 진리이다'고 생각해 자신의 견해와 사고를 다른 종류로 바꾸는 것처럼 여긴다면, 이런 사람은 앞에서의 표현대로 물을 피하려다 불에 타 죽는 사람입니다.

취 사 지 심 성 교 위
取捨之心成巧僞로다
취하고 버리는 마음이 교묘한 거짓을 이루는구나.

교위(巧僞)는 교묘한 위장, 교묘한 거짓말이라는 것입니다. "잘못된 견해를 버리고 올바른 견해를 얻어라"라고 하면 상식적으로는 지극히 당연한 말씀으로 들립니다. 이런 말씀도 그 뜻을 바로 새겨 견해의 허구를 곧바로 파악한다면 곧장 집착을 버리는 길로 나아가게 되어 있습니다. 하지만 "이렇게 보는 것은 잘못된 견해이고, 저렇게 보는 것은 올바른 견해이다"로 이해한다면, 그건 하나를 버리고 다른 하나를 취하는 것입니다.

그런 사람은 "이것이 진리니, 이렇게 해야 한다. 저렇게 하면 틀리다"고 그럴싸하게 말합니다. 하지만 여전히 잘못된 견해에 사로 잡혀 있는 것이고, 허망한 집착에 사로잡혀 있는 것입니다. 자기 딴에는 뭔가 얻었다고 생각하고, 남들도 뭔가 특별하게 봐줄지 모르겠지만 진실을 아는 사람 눈에는 거짓을 말하고 있는 것입니다. 왜 그런가? 그는 부처님의 본뜻을 제대로 이해하지 못했으면서 "이해했다"고 말하고, 바르게 보지 못하면서 "바르게 본다"고 말하기 때문입니다. 하지만 그 사람은 자신이 바르게 이해하고 바르게 본다고 착각합니다. 자신이 거짓말을 하고 있다는 사실조차도 모르는 것이지요. 그래서 '교묘한 거짓'이라 한 것입니다.

학 인 불 료 용 수 행
學人不了用修行하니
공부하는 사람이 그러한 이치를 깨닫지 못하고 수행을 하니

망심의 실상을 알면 그것이 곧 진리인데, 학인들이 이 이치를 모르고서 수행이란 이름으로 하나를 버리고 하나를 취하는 일에만 골몰한다는 것입니다. 이렇게 보던 것을 저렇게 보고, 이렇게 하던 것을 저렇게 하는 것도 용이하지 않습니다. 그래서 되니 안 되니 나름대로 애를 쓰면서 그걸 수행이라 여깁니다.

눈 밝은 사람이 그렇게 애를 쓰는 사람을 보면 "그게 아니다"고 말해줍니다. 그러면 또 그 사람은 '아, 수행하지 말라는 소린가보다' 하고는 예전의 견해와 습관대로 살아갑니다. 그러니 참 답답한 노릇인 것입니다. 눈이 제대로 열린 사람은 이렇게 말해도 진리요, 저렇게

말해도 진리요, 앞으로 넘어져도 진리요, 뒤로 넘어져도 진리입니다. 하지만 눈이 열리지 못하면 이렇게 말해도 틀리고, 저렇게 말해도 틀리고, 이렇게 해도 틀리고, 저렇게 해도 틀리는 것입니다.

진 성 인 적 장 위 자
眞成認賊將爲子로다
참으로 도적을 오인해서 아들을 삼음이로다.

실상을 바로 보아 무지와 집착을 타파하지 못하고 취사선택에만 골몰하는 것은 무엇과 같은가? 간밤에 부스럭거리는 소리가 들려서 아들이 아마 목이 말라 물을 먹으러 나왔나 보다 생각했답니다. 그래서 내다보지도 않았는데 아침에 일어나 보니 곳간이 텅텅 비었더랍니다. 도둑이 들어 몽땅 훔쳐간 것입니다. 이것이 도적을 오인해 아들이라 여기는 것입니다.

"이것이 망심이고, 저것은 진리다"며 이것과 저것을 나누는 것이 이미 망심이고 도적이며, 하나를 취하고 하나를 버리는 것이 집안을 망치는 도적질입니다. 보통 사람들은 엄밀하게 분별하여 신중하게 선택하는 것을 옳은 일이라 여깁니다. 하지만 사실 그런 분별과 간택 때문에 진리(眞理)를 깨닫지 못하고, 중도적인 삶을 살지 못하고, 자유와 평화를 제 손으로 훼손하는 짓입니다.

손 법 재 멸 공 덕
損法財滅功德은

법의 재산을 손상시키고 공덕을 소멸하게 하는 것은

　앞 구절에 연결시켜 이해하자면 도적을 자식으로 오인해 법의 재
산을 손상시키고 공덕을 없앤다는 것입니다. 법의 재산을 늘리고 공
덕을 쌓으려고 수행하는 것인데, 그 수행이 도리어 재산을 줄어들게
하고 공덕을 없애는 짓이라니, 큰 문제 아닙니까? 그럼, 무엇 때문
에 이런 현상이 발생하는가?

　막 불 유 사 심 의 식
　莫不由斯心意識이니
　이런 심·의·식을 말미함지 아니함이 없으니

　즉 심·의·식 때문에 법의 재산과 공덕이 없어진다는 것입니다.
심(心)은 제8 아뢰야식, 의(意)는 제7 말나식, 식(識)은 제6 의식을 일
컫는 말입니다. 식은 크게 현전의식(現前意識)과 심층의식(深層意識)으
로 나누는데, 현전의식을 제6식이라 하고 심층의식을 제8식이라 합
니다. 그리고 그 사이에 가교 역할을 하는 것을 제7식이라 합니다.
이 제7식은 위로는 제8식에 합하고 아래로는 제6식에 합하는 것입
니다〔上合第八 下合第六(상합제팔 하합제육)〕. 북극의 빙산을 예로 들면
표면에 드러난 것을 제6식이라 하고, 수면 아래에 잠긴 부분을 제8
식이라 하고, 그 경계 지점을 제7식이라 합니다. 따라서 심·의·식
이라 하면 인식하고, 분별하고, 사량하고, 기억하는 우리들의 깊고
얕은 의식층을 통틀어서 일컫는 말이 됩니다.

세속에서는 이런 사량 분별심이 뛰어나면 공부를 잘한다, 머리가 영리하다, 총명하다고 칭찬하며 좋은 것이라 여깁니다. 하지만 불법에서 보면 사량 분별심은 아무리 뛰어나 봐야 결국은 진정한 법의 재산을 덜어 내고 참다운 공덕을 없애는 짓이라는 것입니다. 왜 그런가? 우리는 이 심·의·식을 '나' 또는 '나의 것'이라 여깁니다. 그래서 자식처럼 아끼고 보호하고 늘리려 듭니다. 하지만 그 실상은 자식이 아니라 귀한 가산을 훔쳐가는 도적이란 것입니다. 심의식이 활발하게 활동하며 이리저리 계산해 이익과 손해를 따지는 것은 내 아들이 하는 짓이 아니라 도적이 하는 짓입니다. 도적이 머리를 잘 굴리면 굴릴수록 가산은 탕진되는 것입니다.

제17강

⋮

시 이 선 문 요 각 심
是以禪門了却心하고
그러므로 선문에서는 심·의·식을 떨쳐 버리고

돈 입 무 생 지 견 력
頓入無生知見力이로다
생멸이 없는 지견의 힘에 몰록 들어가도다.

대 장 부 병 혜 검
大丈夫秉慧劍은
대장부가 지혜의 칼을 잡은 것은

반 야 봉 혜 금 강 염
般若鋒兮金剛焰이로다
반야의 칼날이요 금강의 불꽃이로다.

비 단 능 최 외 도 심
非但能摧外道心이라
비단 능히 외도들의 마음을 꺾을 뿐만 아니라

조 증 락 각 천 마 담
早曾落却天魔膽이로다

일찍이 천신과 마구니들의 간담을 떨어뜨리네.

진 법 뢰 격 법 고
震法雷擊法鼓여

법의 우레를 떨치고 법의 북을 두드림이여

포 자 운 혜 쇄 감 로
布慈雲兮灑甘露로다

자비의 구름을 펼치고 감로의 법 비를 뿌림이로다.

시 이 선 문 요 각 심
是以禪門了却心하고
그러므로 선문에서는 심·의·식을 떨쳐 버리고

여기서 '심(心)'은 근본 마음이 아니라 앞 구절에서 말한 '심·의·식'을 지칭한 것입니다. 깨달음을 으뜸으로 삼는 선종에서는 심·의·식을 완전히 떨쳐 버린다는 것입니다. 사량 분별을 인정하지 않는다는 것입니다. 그래서 육조 스님께서 "무념으로 종을 삼는다〔無念爲宗(무념위종)〕"고 하시고, 선종에서 화두(話頭)를 드는 것입니다. 심·의·식의 활동을 벗어나는 데 화두보다 좋은 방편이 없습니다. 화두를 통해 심·의·식의 활동이 잦아들게 되면 차츰차츰 동정일여(動靜一如), 몽중일여(夢中一如) 나아가 오매일여(寤寐一如)의 깊은 경지까지 이르게 되는 것입니다. 이것이 간화선(看話禪)입니다.

돈 입 무 생 지 견 력
頓入無生知見力이로다
생멸이 없는 지견의 힘에 몰록 들어가도다.

간화선을 통해서 깊은 선정의 경지를 맛보고 계합하건, 육조 스님이나 영각 스님처럼 경전 한 구절에서 몰록 심·의·식이 미치지 못하는 차원에 계합하건 귀결점은 똑같습니다. 길은 얼마든지 다를 수 있습니다. 예를 들면 산꼭대기로 올라가는 방법은 많습니다. 길도 여러 갈래고, 걸어갈 수도 있고, 케이블카를 타고 갈 수도 있습니다.

그 많은 길 가운데 선종의 길은 무엇인가? 사량 분별로 이리저리 꿰어 맞추고 계산하던 심·의·식을 훌러덩 던져 버리고 본래 생사가 없음을 꿰뚫어 보는 지견(知見)의 힘에 단번에 들어가는 것입니다. 선문답(禪問答)을 살펴보면 이런 선종의 입장이 잘 나타나 있습니다. 조사께서 말이나 행동으로 법거량을 던졌는데 상대가 머뭇거리고 얼른 대답을 못하면 당장 고함을 치고 방망이가 날아옵니다. 머뭇거린다는 것은 심·의·식을 굴린다는 뜻입니다. 조사의 물음에 올바른 답을 하려고 요리조리 궁리하는 것이지요. 그건 선종에서 도적처럼 여기는 심·의·식의 활동이지 직관(直觀)이 아닙니다. 선(禪)에서 중요시하는 직관의 힘이 바로 영가 스님께서 말씀하신 '무생지견력'입니다.

대　장　부　병　혜　검
大丈夫秉慧劍은
대장부가 지혜의 칼을 잡은 것은

　불교에서는 어떤 사람을 대장부라 하는가? 남녀를 구분하지 않습니다. 세간을 벗어나 열반을 성취할 뜻을 굳건히 세우고서 지혜로 번뇌의 사슬을 잘라 생사의 경계를 훌쩍 벗어난 사람을 대장부라 합니다. 여자나 어린아이라도 이런 뜻을 세우면 대장부라 부르고, 힘센 사나이라도 이런 뜻이 없으면 대장부라 하지 않습니다. 이런 대장부는 지혜의 칼을 잡고 모든 사량 분별과 번뇌망상, 삿된 견해와 알음알이들을 조금의 주저함도 없이 단칼에 잘라 버립니다.

반 야 봉 혜 금 강 염
般若鋒兮金剛焰이로다
반야의 칼날이요 금강의 불꽃이로다.

'지혜[慧(혜)]'가 곧 '반야(般若)'입니다. '금강(金剛)'은 가장 강한 재질의 철이고, 그런 철로 만든 칼날에 번뜩이는 시퍼런 서슬이 '염(焰)'입니다. 그러니 표현을 달리했을 뿐, 지혜의 검[慧劍(혜검)]이나 반야의 칼날[般若鋒(반야봉)]이나 금강의 불꽃[金剛焰(금강염)]이나 같은 칼입니다.

참마음을 깨닫고 그 깨달음이 철저히 자신의 살림살이가 되면 거기에서 반야 즉 지혜의 기운이 뿜어져 나옵니다. 그 지혜는 이루 말할 수 없이 날카롭습니다. 그래서 흔히 취모검(吹毛劍)이라 표현합니다. 취모검은 머리카락을 그 칼날 위에 얹고 입김을 불면 머리카락이 스르륵 잘려 나갈 정도로 예리한 칼입니다. 그런 취모검을 손에 들고서 잘못된 견해, 잘못된 사상, 잘못된 주의와 주장들을 사정없이 잘라낸다는 것입니다.

불교 공부를 제대로 했다는 것은 소견(所見)이 바로 들었다, 즉 바른 견해[正知見(정지견)]를 얻었다는 것입니다. 바른 소견으로 인생을 살아간다는 것이지, 특별한 게 아닙니다. 그러니 인생을 의미 있고 보람되게 살려면, 인생이 무엇인지 제대로 이해하고 파악하는 것이 우선입니다. 아무리 성능이 좋은 기계라도 그 기능을 제대로 이해하지 못하면 십분 활용할 수 없습니다. 인생도 마찬가지입니다. 바른 소견을 가지고 사는 삶과 그렇지 못한 삶은 하늘과 땅 차이입니다.

안목(眼目)이 바르고, 지견(知見)이 바르면 저절로 바른 길로 나아가
게 되어 있습니다.

> 비 단 능 최 외 도 심
> **非但能摧外道心**이라
>
> 조 증 락 각 천 마 담
> **早曾落却天魔膽**이로다
>
> 비단 능히 외도들의 마음을 꺾을 뿐만 아니라
> 일찍이 천신과 마구니들의 간담을 떨어뜨리네.

잘못된 견해, 잘못된 사상, 잘못된 주의와 주장이 곧 외도이고 천
마(天魔)입니다. 견해가 바로 서면 누가 와서 뭐라고 해도 현혹되질
않습니다. 취모검 위에서는 무엇이건 두 동강이 나듯이, 지혜의 칼
이 손에 들어오면 잘못된 소견이 붙을 수 없는 것입니다. 또한 견해
와 소신이 분명히 정립되면 유혹에 흔들리지 않고, 또 누가 유혹하
러 다가오지도 않습니다.

그러니 불교 공부를 하는 사람은 무엇보다 소견을 바로 세우는 일
에 힘써야 합니다. 예절을 배우고 교리를 익히고 경전을 외우는 등
등의 일들은 지엽적인 것입니다. 세상만물과 인생의 실상을 꿰뚫어
파악하는 바른 견해가 정립되었는가, 정립되지 못했는가가 근본 갈
림길입니다. 그래서 옛 어른들은 행실이 바른 자보다 안목이 바른
자를 귀하게 여기셨던 것입니다.

진 법 뢰 격 법 고
震法雷擊法鼓여
법의 우레를 떨치고 법의 북을 두드림이여

'법의 우레가 진동한다'는 것은 밝은 안목, 올바른 사상으로 사자처럼 당당히 포효한다는 것입니다. 소리가 쩌렁쩌렁하다고 사자후(獅子吼)가 아닙니다. 바른 지견의 힘을 갖췄기 때문에 어설픈 궤변이나 유혹은 감히 범접도 못한다는 것입니다. '법의 북을 울린다'는 것도 마찬가지로 부처님의 참된 가르침, 진리의 북을 울린다는 것입니다. 비난과 비방에 위축되거나 물러서지 않고 전장에서 진격의 북을 울리듯이 당당하게 나아간다는 것입니다.

영가 스님은 당시 많은 비난을 받았고, 아마 외도라는 소리도 들었을 것입니다. 이는 그런 사람들에게 들으라고 하는 소리입니다. 너희들이 곁에서 뭐라고 하건 나는 바른 지견을 갖추고서 진실을 전할 뿐이라는 것입니다. 참으로 자신감이 넘치는 구절입니다.

포 자 운 혜 쇄 감 로
布慈雲兮灑甘露로다
자비의 구름을 펼치고 감로의 법 비를 뿌림이로다.

'감로(甘露)'는 불사약(不死藥), 즉 생사를 초월하는 진리의 가르침을 말합니다. 일법천명(一法千名)이라고, 법뢰(法雷)·법고(法鼓)·자운(慈雲)·감로(甘露)로 표현은 달리했지만 모두 불법을 가리키는 말입니다.

　비방과 비난에도 위축되지 않고 세상을 향해 당당히 나아가 진실을 외치는 까닭이 무엇인가? 자신의 명예나 이익 따위를 위해서도 아니고, 자신을 변명하거나 남을 공격하기 위해서도 아니라는 것입니다. 오직 자비의 구름을 펼쳐 감로의 단비를 뿌리기 위함이라는 것입니다. 번뇌와 망상의 먼지가 풀풀 날리는 땅에서 뒹구는 자들, 어리석고 못난 소견으로 비방하고 다투는 자들을 제도하기 위해 널리 자비심을 베풀어 법을 설한다는 것입니다.

용 상 축 답 윤 무 변
龍象蹴踏潤無邊하니
용과 코끼리가 차고 밟고 지나가 윤택함이 넘쳐 나니

삼 승 오 성 개 성 오
三乘五性皆惺悟로다
삼승들과 오성들이 모두 다 깨어나네.

설 산 비 니 갱 무 잡
雪山肥膩更無雜이라
설산의 비니초 밭에는 잡된 풀이 하나도 없어

순 출 제 호 아 상 납
純出醍醐我常納이라
그것을 먹은 소의 제호를 내가 항상 마시도다.

일 성 원 통 일 체 성
一性圓通一切性이요
하나의 성품이 일체의 성품에 원만하게 통하고

일 법 변 함 일 체 법
一法遍含一切法이로다

하나의 법이 일체의 법을 두루 포함하도다.

일 월 보 현 일 체 수
一月普現一切水하고

하나의 달이 일체의 물에 널리 나타나고

일 체 수 월 일 월 섭
一切水月一月攝이로다

물에 비친 모든 달은 하나의 달에 포섭되도다.

용 상 축 답 윤 무 변
龍象蹴踏潤無邊하니
용과 코끼리가 차고 밟고 지나가 윤택함이 넘쳐 나니

영가 스님의 가르침은 당시 불교계에선 획기적인 주장, 파격적인 말씀이었습니다. 불교를 공부하는 사람들이 우러러 마지않는 게 부처님이고 진리입니다. 그런데 영가 스님께서는 어떻게 말씀하셨는가? 지금 사용하고 있는 이 마음, 일상생활 속에서 번뇌망상에 점철된 이 마음 그대로가 부처님의 성품[佛性(불성)]이라 하고, 온갖 허물 투성이에 쉽게 파괴되는 이 육신 그대로가 진리의 몸[法身(법신)]이라 하셨습니다.

궁극의 이치를 깨달아 당당히 설파하는 모습이 비유컨대 용과 코끼리가 거침없이 앞으로 나아가는 것과 같다는 것입니다. 그리고 용과 코끼리처럼 온 세상을 두루 윤택하게 한다는 것입니다.

삼 승 오 성 개 성 오
三乘五性皆惺悟로다
삼승들과 오성들이 모두 다 깨어나네.

'삼승(三乘)'은 보살승(菩薩乘)·성문승(聲聞乘)·연각승(緣覺乘)으로서 여러 차원의 가르침과 그 가르침을 따르는 수행자들을 일컫는 말입니다. 오성(五性)은 선성(善性)·악성(惡性)·정성(定性)·부정성(不定性)·천제성(闡提性)으로서 중생의 타고난 성품을 일컫는 말입니다.

삼성이나 오성이나 중생들의 여러 가지 견해의 차별성과 근기의 차별성을 표현하는 말입니다. '성오(惺悟)'는 잠을 깨다, 술을 깨다, 즉 깨닫는다는 뜻입니다. 어떤 견해와 근기를 가졌건 상관없이 영가 스님의 이런 가르침을 듣고는 전부 깨친다는 말입니다.

화반탁출(和盤托出)이란 말이 있습니다. 떡을 쪄서 솥 채로 내놓는다, 하나도 건드리지 않고 몽땅 손님에게 갖다 바친다는 말입니다. 이 증도가는 영가 스님이 깨달음의 경지를 한 치의 가림도 없이 그대로 드러낸 말씀입니다.

이보다 더 고구정령하신 말씀이 어디에 있고, 이보다 더 확연히 실상을 드러낸 분이 어디에 있겠습니까. 이런 훌륭한 법문에 귀가 열리고 눈이 열리지 못한다면 어디 가서 안목이 열리기를 바라겠습니까? 한 구절 한 구절 깊이 마음에 새기고 성찰해야 마땅할 것입니다.

설 산 비 니 갱 무 잡
雪山肥膩更無雜이라
설산의 비니초 밭에는 잡된 풀이 하나도 없어

이는 영가 스님이 자신의 근기를 표현한 구절입니다. '설산에 사는 흰 소는 비니(肥膩)라는 향기로운 풀만 먹고 다른 풀은 먹지 않는다'는 것을 일곱 자로 줄여서 표현한 것입니다. 『법화경』에도 흰 소가 끄는 수레 이야기가 등장하고, 『능엄경』에도 흰 소 이야기가 나옵니다. 흰 소(白牛(백우))는 참된 지혜로 실상을 관조하는 부처님의 경지를 비유한 말입니다.

순 출 제 호 아 상 납
純出醍醐我常納이라
그것을 먹은 소의 제호를 내가 항상 마시도다.

제호(醍醐)는 우유를 정제, 가공할 때 마지막 단계에서 만들어지는 제품으로 가장 정밀하고 맛도 뛰어난 것입니다. 우유를 가공하는 과정인 유(乳)·낙(酪)·생소(生酥)·숙소(熟酥)·제호(醍醐)의 다섯 단계를 부처님의 일대시교(一代時敎)인 오시(五時), 즉 화엄시(華嚴時)·녹원시(鹿苑時)·방등시(方等時)·반야시(般若時)·법화열반시(法華涅槃時)에 비유하기도 합니다. 따라서 제호는 부처님 최후의 가르침, 일승(一乘)의 묘법(妙法)을 비유한 것입니다.

설산에서 비니만 먹고 사는 흰 소는 순전히 제호만 내어놓는데, 나는 항상 그것을 받아먹는다고 했습니다. 이는 자신이 수많은 방편설을 거치지 않고 곧바로 궁극의 교설인 불승(佛乘)을 수용한다는 것입니다. 불승은 일불승(一佛乘) 또는 일승(一乘)이라고도 합니다. 사람이 그대로 부처님이라 설하는 것이 일불승입니다. 영가 스님이 앞에서 "망상 그대로 진심이고, 육신 그대로가 법신이다"라고 한 것이 바로 불승입니다.

일 성 원 통 일 체 성
一性圓通一切性이요
하나의 성품이 일체의 성품에 원만하게 통하고

하나의 성품이란 무엇인가? 바로 부처님 성품(佛性(불성))입니다. 그 부처의 성품이 일체의 성품에 두루 통한다는 것입니다. 영가 스님처럼 깨달은 안목으로 보면 한 개인의 성품이 모든 사람의 성품과 원만히 통하고 있고, 그 성품이 바로 부처님 성품이란 것입니다. 우리 눈에는 사람과 사람이 제각기 다르고, 사람과 동물이 제각기 다르고, 동물과 식물이 제각기 다르게 보이지만 사실은 하나의 성품입니다.

'원통(圓通)' 그 하나의 성품이 어느 하나 빠짐없이 두루 통한다는 것입니다. 열린 눈으로 바라보면 온 세계가 하나로 연결되어 있습니다. 성품뿐 아니라 눈앞에 펼쳐지고 있는 현상도 온 세상과 전부 얽혀 있습니다. 예를 들면, 작은 나뭇잎 하나도 제 혼자 흔들리는 것이 아닙니다. '흔들리는' 현상의 인연을 찬찬히 살펴보면 온 우주와 연결되어 있습니다. 그래서 혹자는 이를 시적으로 "온 우주가 흔들린다"고 표현하기도 합니다.

존재의 측면에서는 중생에서부터 부처에 이르기까지 원만히 통하고, 공간적으로는 이 자리에서 온 우주 끝까지 통하고, 시간적으로는 아득한 과거부터 아득한 미래까지 통합니다. 그래서 『법화경』에서 일념삼천(一念三千), 즉 모든 유정 무정의 세간 출세간사가 몽땅 한 생각 속에 들어있다고 한 것이고, 승조법사께서 "천지는 나와 뿌리가 같고, 만물은 나와 한 몸이다(天地與我同根 萬物與我一體(천지여아동근 만물여아일체))"라고 한 것입니다.

일 법 변 함 일 체 법
一法遍含一切法이로다
하나의 법이 일체의 법을 두루 포함하도다.

　우리 눈에는 낱낱의 존재가 서로 다른 것으로 보이지만 성품은 하나입니다. 그렇다면 그 낱낱 가운데 어느 것 하나를 집더라도 온 우주에 그것과 다른 것은 없습니다. 그것뿐입니다. 그래서 『법성게』에서 "하나 가운데 일체가 있고, 많음 가운데 하나가 있다〔一中一切多中一(일중일체다중일)〕", "하나가 곧 일체이고 많음이 곧 하나이다〔一卽一切多卽一(일즉일체다즉일)〕"라고 한 것입니다. 이런 사사무애법계(事事無碍法界), 일진법계(一眞法界)를 표현한 말씀들이 경론에 수없이 나옵니다. 그 가운데 하나를 소개하자면, 옛날에 말산(末山)이라는 비구니 스님이 계셨습니다. 이 스님은 『화엄경』을 공부해 스스로 그 이치를 터득했다고 자신했습니다. 하지만 나중에 고안대우(高安大愚) 선사를 뵙고 나서야, 지금 현재 이대로가 화엄법계(華嚴法界) 가운데라는 것을 비로소 믿게 되었답니다. 그리고 이런 게송을 지었습니다.

　　오온산중고불당　　　비로주야방호광
　　五蘊山中古佛堂　　　毘盧晝夜放毫光
　　개중약료비동이　　　즉시화엄변시방
　　箇中若了非同異　　　卽是華嚴遍十方
　　오온의 산에 있는 옛 부처님의 법당에서
　　비로자나불 밤낮으로 백호광명 비추시네.

같지도 않고 다르지 않음을 여기서 깨달으면
이것이 곧 시방에 두루한 화엄의 법계라네.

일 월 보 현 일 체 수
一月普現一切水하고
하나의 달이 일체의 물에 널리 나타나고

"천 개의 강에 물이 흐르면 천 개의 강마다 달이 비친다〔千江有水
千江月(천강유수천강월)〕"라고 했지요. 부처님이나 중생이나 할 것 없이
본래의 한 마음에 근거를 두고 업과 인연에 따라서 각각 모양과 능
력이 다른 개체를 이루는 것이, 강마다 달이 뜨는 것과 같다는 것입
니다. 하늘의 달은 하나지만 강가에서 보는가, 여울에서 보는가, 연
못에서 보는가, 웅덩이에서 보는가, 바다에서 보는가에 따라 비치
는 달 모습이 다 다릅니다. 근본마음은 하나지만 사람마다 그 마음
의 작용이 다릅니다.

전기를 비유로 들어보겠습니다. 하나의 발전소에서 전기가 나오
지만 그 전기가 하는 일이나 드러나는 모양은 각각 다릅니다. 똑같
은 전기가 전구도 밝히고, 텔레비전도 나오게 하고, 냉장고도 돌리
는 것입니다.

일 체 수 월 일 월 섭
一切水月一月攝이로다
물에 비친 모든 달은 하나의 달에 포섭되도다.

강마다 물마다 수없이 달이 비칩니다. 그렇다고 해서 각각 다른 달인가? 모두 똑같이 하늘에 뜬 둥근 달의 그림자입니다. 그래서 모든 달그림자가 하나의 달에 포섭된다고 한 것입니다. 사람의 생김새가 다르고, 성격이 다르고, 취향이 다르고, 습관이 다르고, 생각이 다르다, 능력이 다르다고 해서 각각 다른 사람인가? 아니라는 것입니다. 그것이 몽땅 본래 마음, 하나의 부처님 성품으로 귀결된다는 것입니다.

제 불 법 신 입 아 성
諸佛法身入我性이요
모든 깨달은 사람의 법신이 내 성품에 들어오고

아 성 환 공 여 래 합
我性還共如來合이로다
나의 성품이 또 여래와 함께 합하도다.

일 지 구 족 일 체 지
一地具足一切地하니
하나의 지위가 모든 지위를 다 갖추고 있으니

비 색 비 심 비 행 업
非色非心非行業이라
육신도 아니고 마음도 아니고 행업도 아니다.

탄 지 원 성 팔 만 문
彈指圓成八萬門이요
손가락 한 번 튕기는 사이에 온갖 수행을 원만하게 이

루었고

찰 나 멸 각 삼 기 겁
刹那滅却三祇劫이로다

찰나 사이에 삼아승지겁을 소멸하였네.

일 체 수 구 비 수 구
一切數句非數句여

일체의 법수와 법수가 아닌 법문들이여

여 오 영 각 하 교 섭
與吾靈覺何交涉가

내 신령스러운 깨달음과 무슨 교섭이 있을 것인가.

제 불 법 신 입 아 성
諸佛法身入我性이요
모든 깨달은 사람의 법신이 내 성품에 들어오고

하늘에 뜬 달과 물에 비친 달이 완전히 다른가? 하늘의 달빛이 고 스란히 달그림자로 드러나고 있는 것입니다. 모든 부처님의 법신은 하늘의 달과 같고, 강마다 뜬 달은 우리 개개인과 같습니다. 이럴 때 중생의 마음속에 이미 법신이 들어와 있다, 우리 개개인의 성품 속에 이미 진리가 구현되어 있다는 것입니다. "내 안에 이미 수많은 부처님이 계신다"고 하면 황공한 소리처럼 여길 수도 있습니다. 하 지만 사실입니다.

아 성 환 공 여 래 합
我性還共如來合이로다.
나의 성품이 또 여래와 함께 합하도다.

강에 비친 달이 저 홀로 존재할 수 있습니까? 우리 개개인도 마찬 가지라는 것입니다. 홀로 존재하는 독립된 개체가 아니라는 것이지 요. 강에 비친 달이 천 개면 하늘의 달도 천개입니까? 우리 개개인 도 마찬가지라는 것입니다. 각각의 성품을 추궁해 보면 하나의 여 래, 하나의 부처님 성품, 하나의 본래 마음과 합치한다는 것입니다.

다른 비유를 들어보겠습니다. 산봉우리가 여기저기 많습니다. 언 뜻 보면 수천수만의 산들이 독립된 것처럼 보입니다. 그래서 지리

산, 가야산, 금정산, 금강산, 백두산이라고 이름도 각각입니다. 하지만 그 아래를 살펴보면 하나의 땅으로 통일되어 있습니다. 표면으로 드러난 것에만 집중해 다른 존재라 여기고 그 차이를 논하는 자가 중생입니다. 불교 공부란 무엇인가? 각각의 산들을 하나의 땅덩어리로 보는 안목, 천강의 달을 하나의 달그림자로 보는 안목, 각각의 개체를 하나의 법신으로 보는 안목, 천변만화하는 감정과 생각들을 하나의 부처님 성품으로 보는 안목을 기르는 것입니다.

우리는 모두 이미 여래의 자리, 부처님 자리에 뿌리를 내리고 있습니다. 믿건 믿지 않건 이미 그렇습니다. 이미 부처님 자리에 뿌리를 두고 있다면 뭣하러 다시 불교 공부를 하는가? 이 사실을 믿고 이해하고 깨닫게 되면 정말 부처님처럼 위대한 능력을 발휘할 수 있기 때문입니다. 하지만 믿지 못하면 부처님 자리에 뿌리를 두고도 그 지혜와 자비의 힘을 제대로 끌어다 쓰질 못합니다. 그러니 모쪼록 각자 부처님 자리를 믿고 이해하고 깨달아 희망이 넘치고 원력이 샘솟는 삶을 살도록 노력해야 할 것입니다.

일 지 구 족 일 체 지
一地具足一切地하니
하나의 지위가 모든 지위를 다 갖추고 있으니

'일지(一地)'란 불교에 처음 입문해서 아는 단계를 말합니다. '일체지를 구족했다'는 것은 수행 점차를 밟아 끝까지 올라간 단계를 말합니다. 흔히 수행의 점차를 십신(十信)·십주(十住)·십향(十向)·십

행(十行)·십지(十地)·등각(等覺)·묘각(妙覺)의 52위로 나누어 각 단계마다 닦는 것이 있고 얻는 것이 있다고 설명합니다. 하지만 이것도 근기에 맞춰 펼쳐놓은 하나의 가설(假說)입니다. 편의상 그렇게 표현한 것이지, 사실은 모든 것이 하나 속에 다 포함되어 있다는 것입니다. 그래서 『화엄경』에서도 "처음 발심했을 때 곧바로 정각을 이룬다〔初發心時便成正覺(초발심시변성정각)〕"라고 한 것입니다.

비 색 비 심 비 행 업
非色非心非行業이라
육신도 아니고 마음도 아니고 행업도 아니다.

이런 의문을 품을 수 있습니다. 만약 처음 단계가 이미 궁극의 단계까지 갖추고 있다면, 왜 우리는 부처님처럼 원만하고 완전한 공덕성과 지혜와 행업을 발휘하지 못하는가? 이런 의문에 대한 영가 스님의 대답입니다. 많은 사람들이 차근차근 부지런히 행업을 닦아 보다 나은 육신을 얻고, 보다 나은 지혜를 갖추고, 보다 나은 공덕을 얻는 것을 수행이라 여깁니다. 하지만 그렇게 해서 도달하는 궁극의 단계, 즉 부처님 자리〔佛地(불지)〕와 여래란 과연 무엇인가? 특정한 행업으로 다른 것들과 차별되는 특정한 육신과 마음과 공덕을 갖추고 있는 것이 아니라는 것입니다. 궁극의 자리란 무엇인가? 바로 법성(法性)에 계합하여 법신(法身)을 성취한 것입니다. 그 자리는 온갖 차별과 분별이 떨어진 평등한 자리이고, 온 우주를 아우르는 보편한 자리입니다. 어떤 지위에서건 법성을 증득하면 곧바로 법신의 자리에 처하게 되는 것입니다.

탄 지 원 성 팔 만 문
彈指圓成八萬門이요
손가락 한 번 튕기는 사이에 온갖 수행을 원만하게 이루었고

'탄지(彈指)'는 손가락을 튕겨서 소리를 내는 것입니다. 옛날부터
절집에서는 선정에 든 사람을 깨우거나 사람을 부를 때 번거롭게 소
리 내어 말하지 않고 이것을 신호로 사용했습니다. 또한 '탄지'는 아
주 짧은 순간을 뜻하는 말입니다. 그처럼 짧은 시간에 팔만사천법
문, 팔만사천 다라니문, 팔만사천 수행문, 팔만사천 공덕문, 팔만사
천 바라밀을 원만히 성취했다는 것입니다. 한순간에 부처님의 가르
침을 완전히 성취해 궁극에 도달했다는 것입니다.

찰 나 멸 각 삼 기 겁
刹那滅却三祇劫이로다
찰나 사이에 삼아승지겁을 소멸하였네.

보살이 삼아승지겁에 걸쳐 바라밀을 닦아 부처님이 된다고 설하는
경이 많습니다. 하지만 영가 스님께서는 그렇게 말씀하지 않습니다.
실상을 깨닫고 보니, 구경지의 공덕이 이미 완벽하게 갖춰져 있더라
는 것입니다. 그래서 실상을 깨닫는 그 순간 팔만사천법문을 원만히
성취했기에, 삼아승지겁에 걸쳐 수행할 필요가 없더라는 것입니다.

아무나 할 수 없는 말씀입니다. 확철대오하지 않았다면 이런 말씀을 못합니다. 기나긴 수행의 여정도 필요 없이 단박에 궁극의 자리로 들어간다고 하니, 이 얼마나 통쾌한 말씀입니까. 그래서 후대 조사 스님들께서 법문마다 인용하고 칭찬하면서 증도가를 깨달은 이의 안목, 불교의 기준으로 삼았던 것입니다. 영가 스님이 과장하거나 착각했다고 반기를 든 주장이 한 번도 없었습니다.

일 체 수 구 비 수 구
一切數句非數句여
일체의 법수와 법수가 아닌 법문들이여

'수구(數句)'와 '비수구(非數句)'는 『능가경(楞伽經)』에 나오는 것으로서 부처님께서 설하신 108구 가운데 하나입니다. '수구(數句)'에서 수(數)는 곧 법수(法數)를 뜻합니다. 삼계(三界)·사제(四諦)·오온(五蘊)·육근(六根) 등 숫자에 따라 차별상(差別相)을 분류한 법문을 수구라 합니다. '비수구(非數句)'란 진여(眞如)·보리(菩提)·해탈(解脫)·열반(涅槃)처럼 숫자에 따라 차별하지 않은 법문을 말합니다. 이런 수구와 비수구를 통틀어서 법상(法相)이라 합니다.

여 오 영 각 하 교 섭
與吾靈覺何交涉가
내 신령스러운 깨달음과 무슨 교섭이 있을 것인가.

부처님의 다양한 가르침을 비롯한 수많은 성인과 조사들의 바다와 같은 법문들이 나의 깨달음과는 전혀 관계없다는 것입니다. '나의 신령한 깨달음〔吾靈覺(오영각)〕'이란 영가 스님 자신이 증득한 구경의 법성(法性)을 말합니다. 성현들의 수많은 가르침이 몽땅 방편으로 제시한 법상(法相)이지 실제 구경의 법성(法性)이 아니라는 것입니다. 예를 들자면, 강마다 비치는 갖가지 모양의 달이 실제 하늘의 달은 아니라는 것입니다. 중생들은 강에 비친 달이 그림자인 줄 모르고 진짜 달이라 착각합니다. 그래서 자기가 경험한 바에 따라 제각기 "이런 것이 달이다, 저런 것이 달이다, 내가 본 것이 옳다, 네가 본 것이 옳다"고 말들이 분분합니다. 하지만 진짜 달은 그런 사람들이 하는 말과는 전혀 상관없다는 것입니다. 아무리 아름답건, 아무리 화려하건, 아무리 소담스럽건 몽땅 그림자일 뿐입니다.

이것을 분명히 알라는 것입니다. 『화엄경』 말씀이 아무리 광대하고 화려하다 해도, 『금강경』 말씀이 아무리 정갈하고 날카롭다 해도, 『법화경』 말씀이 아무리 친절하고 너그럽다 해도 우리의 본성, 본래 마음자리와는 하등 관계가 없습니다. 그것을 모르고 경전의 말씀에 집착한다면 달을 건지겠다고 강으로 뛰어드는 사람과 같은 것입니다. 불자라면 모름지기 이런 바른 소견을 가져야 합니다.

불 가 훼 불 가 찬
不可毀不可讚이여

훼방할 수도 없고 찬탄할 수도 없음이여

체 약 허 공 물 애 안
體若虛空勿涯岸이라

심체는 허공과 같아서 가장자리가 없다.

불 리 당 처 상 담 연
不離當處常湛然이나

당처를 떠나지 않고 있으면서 항상 맑고 깨끗하나

멱 즉 지 군 불 가 견
覓則知君不可見이리라

찾으면 분명히 알겠구나, 그대가 볼 수 없음을.

취 부 득 사 부 득
取不得捨不得이니

취할 수도 없고 버릴 수도 없으니

불 가 득 중 지 마 득
不可得中只麼得이라
얻을 수 없는 가운데서 또 그렇게 얻는다.

묵 시 설 설 시 묵
默時說說時默이요
침묵하면서 말하고 말하면서 침묵하니

대 시 문 개 무 옹 색
大施門開無壅塞이라
크게 베푸는 문이 활짝 열려 옹색함이 없다.

불 가 훼 불 가 찬
不可毁不可讚이여
훼방할 수도 없고 찬탄할 수도 없음이여

신령한 깨달음의 경지, 본래 마음자리는 찬탄할 수도 없고 헐뜯을 수도 없다는 것입니다. 만약 그 신령한 깨달음의 경지, 본래 마음자리라는 것이 손에 잡히는 물건처럼 존재하는 것이라면 찬탄할 수도 있고, 헐뜯을 수도 있을 것입니다. 또한 누가 그 깨달음의 자리를 칭찬하면 기뻐하고, 누가 그것을 헐뜯으면 화를 낼 것입니다. 만약 그렇게 비방과 칭찬에 동요한다면 그 사람은 신령한 깨달음의 경지를 증득한 것도 아니고, 본래 마음자리를 회복한 것도 아닙니다. 왜 그런가?

체 약 허 공 물 애 안
體若虛空勿涯岸이라
심체는 허공과 같아서 가장자리가 없다.

'심체〔體(체)〕' 즉 마음의 본체, 본래 마음자리, 신령한 깨달음의 경지는 끝이 없는 허공과 같다고 했습니다. 그러니 허공과 같은 그 자리를 어떻게 비방하거나 찬탄할 수 있겠습니까? 하늘을 향해 삿대질을 하면 하늘이 노여워하며 번개를 치고, 하늘을 향해 찬탄하면 하늘이 기뻐하며 꽃비를 뿌립니까? 비방하고 찬탄한들 그것이 저 가없는 허공과 도대체 무슨 상관이 있겠습니까? 팔만사천 성인들이 한 목소리로 찬탄해도 한 치도 높일 수 없고, 팔만사천 마구니들이 한 목소리로 비방해도 한 치도 깎아내릴 수 없는 것이 우리의 본래 마음자리이고, 깨달음의 자리입니다. 그렇다면 그 마음의 본체는 어디에 있는가?

불 리 당 처 상 담 연
不離當處常湛然이나
당처를 떠나지 않고 있으면서 항상 맑고 깨끗하나

우리의 본래 마음자리, 깨달음의 자리, 주인공은 멀리 있는 것이 아니라 '당처(當處)' 즉 보고 듣고 느끼고 아는[見聞覺知(견문각지)] 지금 이 자리, 말하고 침묵하고 움직이고 정지하는[語默動靜(어묵동정)] 지금 이 순간에 항상 맑고 고요하게 빛나고 있다는 것입니다. 이미 이 자리에 있다는 것입니다.

멱 즉 지 군 불 가 견
覓則知君不可見이리라
찾으면 분명히 알겠구나, 그대가 볼 수 없음을.

본래 마음자리, 신령스러운 깨달음의 성품은 하루 24시간 우리의 일상생활에서 항상 빛나고 있습니다. 그런데도 만약 이 일상을 벗어나 따로 깨달음의 성품을 찾고, 마음의 본체를 찾고, 주인공을 찾는다면 그 사람이 과연 그 깨달음의 성품을 볼 수 있을까요? 그런 사람은 끝내 본래 마음자리, 주인공을 보지 못합니다.

　마음으로 마음을 찾아다니니 어찌 큰 착각이 아니겠습니까? 그래서 옛 스님들께서 "마음으로 마음을 찾으니 어찌 큰 착각이 아니겠는가" 하셨던 것입니다. 또 어떤 학인이 찾아와 "무엇이 부처입니까?" 하고 묻자, 백장회해(百丈懷海) 선사께서 "소를 타고 소를 찾는구나" 하셨던 것입니다. 소를 타고 소를 찾아다니는 사람은 끝내 소를 찾지 못합니다.

　　취 부 득 사 부 득
　　取不得捨不得이니
　　취할 수도 없고 버릴 수도 없으니

　앞에서 "마음의 본체는 허공과 같아서 가장자리가 없다[體若虛空勿涯岸(체약허공물애안)]"고 했습니다. 허공을 잡을 수 있습니까? 허공을 버릴 수 있습니까? 끝내 잡을 수도 없고 끝내 버릴 수 없는 것이 허공입니다. 우리의 본래 마음자리, 신령스러운 깨달음의 광명도 마찬가지라는 것입니다. 찾으면 볼 수 없고, 보았다고 하면 그것이 아닌 게 본래 마음이고, 부처님의 성품입니다. 그렇다면 신령스러운 깨달음의 성품은 끝내 얻을 수 없는가?

　　불 가 득 중 지 마 득
　　不可得中只麼得이라
　　얻을 수 없는 가운데서 또 그렇게 얻는다.

마음의 본체는 깨달은 부처님이라 해서 다시 얻는 것도 아니고, 미혹한 중생이라 해서 일찍이 잃은 것도 아닙니다. 또한 눈으로 볼 수도 없고, 손에 잡히지도 않지만 필요하면 언제든 너무나도 분명하게 작용합니다. 보고 싶으면 보고, 듣고 싶으면 듣고, 잡고 싶으면 손을 움직이고, 가고 싶으면 발을 움직입니다. 이것이 부처님 가르침의 근본종지입니다.

불교를 공부하는 사람이면 제일 먼저 근본종지에 대한 바른 견해를 확고히 정립해야 합니다. 팔정도(八正道)에서도 정견(正見)이 첫째이고, 임제 스님께서도 "무엇보다 시급하고 중요한 일은 참되고 바른 견해(眞正見解(진정견해))를 갖는 것이다"라고 하셨습니다. 경전의 언구를 많이 기억하고, 거기에 상식과 표현력까지 풍부하게 갖춰 멋들어지게 설명하는 등등은 지엽적인 일들입니다. 언변과 행동은 좀 어눌하고 부족할지라도 우선 견해가 바로 서야 합니다.

무엇이 바른 견해인가? '나'의 실상, '나'의 참모습, 우리의 마음을 바로 보고 바로 이해하는 것입니다. 우리의 마음은 본바탕이 허공과 같아 찾으려고 해도 찾을 수 없고 잡으려고 해도 잡을 수 없습니다. 하지만 이렇게 보고 듣고 느끼고 아는 작용을 쉼 없이 일으키고 있습니다. 이것이 실상입니다. 이런 실상을 바로 보고 바로 이해하지 못한다면 아무리 화려한 언변술로 청중을 울리고 웃긴다 해도 혹세무민일 뿐입니다.

묵 시 설 설 시 묵
默時說說時默이요

침묵하면서 말하고 말하면서 침묵하니

말〔語(어)〕과 침묵〔默(묵)〕, 움직임〔動(동)〕과 고요함〔靜(정)〕이 항상 조화를 이루고 있다는 것입니다. 이것이 중도입니다. 침묵하다고 해서 근본 성품자리를 드러내지 않고 있는 것이 아니고, 갖가지 비유를 들어 자세히 설명했다고 해서 그게 곧 근본 성품자리는 아니라는 것입니다. 『육조단경』에 이런 게송이 나옵니다.

시종녹야원   종지발제하
始從鹿野苑   終至跋提河
중간오십년   미증설일자
中間五十年   未曾說一字
처음 녹야원에서 시작해
마지막 발제하에 이르기까지
그 사이 50년 동안
한 글자도 설한 적이 없었다.

대 시 문 개 무 옹 색
大施門開無壅塞이라
크게 베푸는 문이 활짝 열려 옹색함이 없다.

'크게 베푸는 문〔大施門(대시문)〕'은 육근(六根)을 두고 하는 말입니다. 안·이·비·설·신·의 육근의 작용을 통해서 근본 마음이 활발발하게 신통묘용을 발휘하고 있습니다. '옹색함이 없다〔無壅塞(무옹색)〕'는 것은 툭 터져서 막힘이 없다는 것입니다. 누가 부르면 그 소리를 듣고 곧장 "예" 하고 대답합니다. 이것이 육근의 문을 통해 마음이 활발발하게 활동하고 있는 것입니다. 이런 사실에 대해 부처님과 조사 스님들께서 끊임없이 말씀하셨건만 우리는 이해와 사유와 깨달음이 부족해 자꾸 다른 경계에 휘둘리고 있는 것입니다.

유 인 문 아 해 하 종
有人問我解何宗고 하면

어떤 사람이 나에게 무슨 종취를 아느냐고 물으면

보 도 마 하 반 야 력
報道摩訶般若力이라 하리라

마하반야의 힘이라고 대답하리라.

혹 시 혹 비 인 불 식
或是或非人不識하고

혹자는 옳다 하고 혹자는 그르다 하지만 사람들은 알지 못하고

역 행 순 행 천 막 측
逆行順行天莫測이라

역행하기도 하고 순행하기도 하니 천신도 측량하지 못하네.

오 조 증 경 다 겁 수
吾早曾經多劫修라
나는 일찍이 다겁을 지내면서 수행하였기에

불 시 등 한 상 광 혹
不是等閑相誑惑이라
등한히 속이고 미혹하게 하는 것이 아니다.

건 법 당 입 종 지
建法幢立宗旨는
법의 깃발을 세우고 종지를 드날리니

명 명 불 칙 조 계 시
明明佛勅曹溪是로다
너무나도 분명한 부처님의 법이며 조계 육조가 바로
그것이로다.

유 인 문 아 해 하 종
有人問我解何宗고 하면
어떤 사람이 나에게 무슨 종취를 아느냐고 물으면

도대체 당신은 무슨 도리를 알았기에 그렇게 당당하게 사자처럼 포효하는가, 어떤 종지를 깨달았기에 그리 자유자재하게 사는가 하고 묻는다면 이렇게 대답하겠다는 것입니다.

보 도 마 하 반 야 력
報道摩訶般若力이라 하리라
마하반야의 힘이라고 대답하리라.

'마하반야(摩訶般若)'는 위대한 지혜라는 뜻입니다. 위대한 지혜란 무엇인가? 한 물건, 한 바탕, 한 마음, 불성, 진여에 대한 확신과 깨달음입니다. 그야말로 값으로 따질 수 없는 보배요[無價珍(무가진)], 아무리 써도 바닥이 나질 않습니다[用無盡(용무진)]. 그게 바로 우리 자신입니다. 그 확신과 깨달음에서 자유자재한 힘이 나오는 것입니다. 삼라만상 세상만사가 이것뿐이기에 마음대로 사용하는 것입니다.

이것이 마하반야의 힘입니다. 우리가 이 사실에 대해 얼마나 이해하고 확신하고 깨닫느냐에 따라 그 힘은 달라집니다. 그래서 육조 스님께서도 "마하반야바라밀을 불러라"라고 하신 것입니다. '마하반야바라밀'을 밖에 있는 어떤 형상처럼 상상하고서 그것을 부르라는 것이 아닙니다. "마하반야바라밀" 하고 부르면서 자신의 참모습, 실상, 본래 마음자리를 자각하고 자신 속에 잠재되어 있는 위대한 지혜의 힘을 이끌어 내라는 것입니다.

어떤 종지를 알았기에 당신이 그렇게 큰소리치느냐고 묻는다면, 나는 "나에게 잠재되어 있던 나의 힘을 끌어내 자유자재로 사용하는 것이다"고 대답하겠다는 것입니다.

혹 시 혹 비 인 불 식
或是或非人不識하고
혹자는 옳다 하고 혹자는 그르다 하지만 사람들은 알지 못하고

이런 나의 소견과 언설을 두고 어떤 사람은 옳다고 하고 어떤 사람은 틀렸다고들 하는데 사실 그 사람들은 마하반야를 모른다는 것입니다. 옳다고 하는 사람도 모르고, 그르다고 하는 사람은 더욱 모릅니다.

또 이 구절을 "어떤 때는 그렇다고 했다가 어떤 때는 아니라고 하기 때문에 사람들이 이해하질 못한다"로 해석하기도 합니다. 소위 이렇게 말했다 저렇게 말했다 하기 때문에 사람들이 도무지 알아듣질 못한다는 것입니다. 똑같은 물건이나 사안을 두고 상황에 따라 있다고 했다가 없다고 하고, 공하다고 했다가 공하지 않다고 하고, 같다고 했다가 다르다고 하기 때문에 도무지 종잡을 수가 없다는 것입니다. 이것이 자유자재한 마하반야의 힘입니다.

역 행 순 행 천 막 측
逆行順行天莫測이라

역행하기도 하고 순행하기도 하니 천신도 측량하지 못하네.

보통 사람의 상식에 거스르는 행위를 '역행(逆行)'이라 하고 보통
사람의 상식에 맞는 행동을 '순행(順行)'이라 합니다. 이 도리를 깨우
쳐 주기 위해서 마하반야의 힘을 자유자재로 펼쳐 보이는데, 그것이
상식에 어긋날 때도 있고 상식에 맞을 때도 있어서 저 하늘의 신들
조차도 도대체 왜 저러는 것인지 측량하질 못한다는 것입니다. 상식
이란 이름으로 이분법적 사고의 틀, 편견의 틀에 갇힌 사람들은 마
하반야의 자유자재한 작용을 도저히 이해하지 못합니다. 그들에게
는 이랬다저랬다 쓸데없는 궤변이나 늘어놓고 제멋대로 행동하는
것처럼 보인다는 것입니다. 그럼, 영가 스님이 헛소리나 늘어놓고
방만하게 살면서 사람들을 속이는 자인가? 아니라는 것입니다.

오 조 증 경 다 겁 수
吾早曾經多劫修라

나는 일찍이 다겁을 지내면서 수행하였기에

나는 오직 진리를 깨닫기 위해 오랜 세월 진실한 마음으로 배우고
익히고 갈고 닦은 사람이지, 없는 말 지어내는 실없는 사람도 아니
고 내키는 대로 행동하는 방만한 사람도 아니라는 것입니다.

불 시 등 한 상 광 혹
不是等閑相誆惑이라
등한히 속이고 미혹하게 하는 것이 아니다.

'등한(等閑)'은 무심하고 소홀하게, 무책임하게, 부질없이, 장난삼아서라는 뜻입니다. 지금 자신이 하는 한마디 한마디가 오랜 세월 뼈와 살을 깎는 수행을 거치고 나서 하는 소리이지 할 일 없이 장난이나 치고 사람들을 속이려고 하는 말이 아니라는 것입니다.

가슴을 울리는 성현들의 말씀은 그냥 나온 것이 아닙니다. 한마디 한마디에 그분들의 피땀이 서려있는 것입니다. 그 속에 담긴 성현들의 비원(悲願)을 생각한다면 어찌 그 말씀을 소홀히 대하고 가볍게 여길 수 있겠습니까?

건 법 당 입 종 지
建法幢立宗旨는
법의 깃발을 세우고 종지를 드날리는 것은

사자후와 같은 설법이 곧 깃발입니다. 그 말씀을 통해 부처님의 근본 뜻, 즉 종지를 세운다는 것입니다. 진리의 깃발을 세우고 세상에 널리 전파한다는 의미입니다. 흔히 "깃발을 든다"는 표현을 씁니다. 앞장서다, 기준이 되다, 목표를 제시한다는 뜻이지요. 지금 영가 스님께서 깃발을 들면서 나를 따르라는 것입니다. 그럼 영가 스님이 드신 깃발은 어떤 깃발인가?

명 명 불 칙 조 계 시
明明佛勅曹溪是로다

너무나도 분명한 부처님의 법이며 조계 육조가 바로 그것이로다.

지금 당신이 펼치는 사상은 너무나도 분명한 부처님의 명령 즉 훈계이고, 바로 조계산 육조대사의 가르침이란 것입니다. 영가 스님의 사상이 곧 육조 스님의 사상이고, 육조 스님의 사상이 곧 부처님의 사상이란 것입니다. 영가 스님이 육조대사를 찾아가 인가받은 이야기가 앞에 있으니, 영가 스님 사상이 곧 육조 스님 사상이란 것은 이미 확인된 사실입니다. 그러면 왜 육조 스님의 사상이 명명백백한 부처님의 유훈인가?

제22강

⋮

제 일 가 섭 수 전 등
第一迦葉首傳燈하사

제일 먼저 가섭존자가 그 등불을 전해 받으사

이 십 팔 대 서 천 기
二十八代西天記라

28대 달마 스님까지가 서천의 기록일새

법 동 류 입 차 토
法東流入此土하야

법이 동쪽으로 흘러 중국에 들어와서

보 리 달 마 위 초 조
菩提達磨爲初祖로다

보리달마가 초조가 되었네.

육 대 전 의 천 하 문
六代傳衣天下聞이오

육대까지 내려오면서 옷과 법을 전한 것은 천하가 다

알고

후 인 득 도 하 궁 수
後人得道何窮數리오
후인들이 득도한 것이야 어찌 다 헤아리랴.

진 불 립 망 본 공
眞不立妄本空하고
진도 세울만한 것이 아니고 망도 본래 공한 것이라

유 무 구 견 불 공 공
有無俱遣不空空이라
유와 무를 함께 버리니 공하지 않으면서 공하네.

제 일 가 섭 수 전 등
第一迦葉首傳燈하사
제일 먼저 가섭존자가 그 등불을 전해 받으사

부처님으로부터 육조 스님까지 이어진 법맥을 밝히는 것입니다. 부처님께서 가섭존자를 맏아들로 인정한 삼처전심(三處傳心) 이야기가 있습니다. 그 가운데 가장 대표적인 것이 염화미소(拈花微笑)지요. 부처님께서 영산회상(靈山會上)에서 연꽃을 들어 보이자 대중 가운데 앉아 있던 가섭이 미소를 지었습니다. 그러자 부처님께서 "나의 정법안장(正法眼藏)을 마하가섭(摩訶迦葉)에게 맡긴다"라고 하셨습니다. 이것이 첫 번째 전등(傳燈)입니다.

이 십 팔 대 서 천 기
二十八代西天記라
28대 달마 스님까지가 서천의 기록일새

초조 가섭존자부터 제2조 아난(阿難), 제3조 상나화수(商那和修), 제4조 우바국다(優波鞠多), 제5조 제다가(提多迦), 제6조 미차가(彌遮迦), 제7조 바수밀(婆須密), 제8조 불태난제(佛駄難提), 제9조 복태밀다(伏駄密多), 제10조 협존자(脇尊者), 제11조 부나야사(富那夜奢), 제12조 마명(馬鳴), 제13조 가비마라(迦毗摩羅), 제14조 용수(龍樹), 제15조 가나제바(迦那提婆), 제16조 라후라(羅睺羅), 제17조 승가난제(僧伽難提), 제18조 가야사다(伽耶舍多), 제19조 구마라다(鳩摩羅多), 제20

조 사야다(奢夜多), 제21조 바수반두(婆修盤頭), 제22조 마나라(摩拏羅), 제23조 학륵나(鶴勒那), 제24조 사자(師子), 제25조 바사사다(婆舍斯多), 제26조 불여밀다(不如蜜多) 제27조 반야다라(般若多羅), 제28조 보리달마(菩提達磨)까지는 인도의 전등사입니다.

법 동 류 입 차 토
法東流入此土하야
법이 동쪽으로 흘러 중국에 들어와서

법을 전한 분이 누구신가? 바로 서천축 제28조 보리달마(菩提達摩)대사이십니다. 보리달마는 음역이고 의역하면 각법(覺法)이라 합니다. 달마대사는 본래 남천축국 향지왕(香至王)의 셋째 아들이었습니다. 제27조를 반야다라존자를 만나 심요(心要)를 깨달았는데, 그분이 "내가 입멸하고 67년 뒤에 중국으로 가서 불사(佛事)를 크게 일으키라"고 당부하셨답니다. 그래서 배를 타고 양나라 광주(廣州)로 오게 되었는데, 그 도착시기에 대해서는 설이 분분합니다. 520년이라고 기록한 곳도 있고, 527년으로 기록한 자료도 있습니다.

보 리 달 마 위 초 조
菩提達磨爲初祖로다
보리달마가 초조가 되었네.

인도에서는 제28조지만 중국에서는 제1조가 되는 것입니다. 양

나라로 들어온 달마대사는 무제(武帝)의 초청을 받아 금릉(金陵)으로 가게 됩니다. 그리고 왕궁에서 무제를 만났는데 뜻이 통하지 않았습니다. 그래서 곧바로 장강을 건너 후위(後衛)의 수도 낙양(洛陽)으로 갔고, 숭산(嵩山) 소림사(少林寺)의 동굴에서 종일 면벽하며 9년을 말 없이 살았습니다. 그러다 신광(神光)이라는 사람이 찾아와 간절히 법을 구하자, 그에게 혜가(慧可)라는 법명을 내리고 안심법문(安心法門)을 하시게 됩니다.

육 대 전 의 천 하 문
六代傳衣天下聞이오
육대까지 내려오면서 옷과 법을 전한 것은 천하가 다 알고

초조 달마대사께서 법을 전한다는 신표(信標)로 자신의 가사와 발우를 제2조 혜가대사께 전하셨습니다. 그 가사와 발우가 제3조 승찬(僧璨)대사, 제4조 도신(道信)대사, 제5조 홍인(弘忍)대사를 거쳐 제6조 혜능(慧能)대사에게까지 전해지게 됩니다. 이 사실은 당시에도 널리 알려져 천하 사람들이 다 알고 있다는 것입니다.

후 인 득 도 하 궁 수
後人得道何窮數리오
후인들이 득도한 것이야 어찌 다 헤아리랴.

이후 육조 스님에게서 법을 받은 사람은 셀 수도 없이 많은데 영

가 스님 자신도 그중 한 사람이라는 것입니다. 또한 이후로 도를 얻을 사람들의 숫자를 어찌 다 헤아릴 수 있겠냐는 뜻도 있습니다. 이후 육조 스님에게서 남악 회향(南嶽懷讓)과 청원 행사(靑原行思)라는 양대 산맥이 뻗어 나가 수많은 산봉우리를 형성하며 오가칠종(五家七宗)을 형성하게 되었고, 면면히 이어진 그 산줄기가 멀리 우리나라까지 뻗어 지금의 대한불교조계종을 있게 한 것입니다. 그러니, 그동안 법을 깨닫고 또 앞으로 법을 깨달을 분들의 숫자를 어찌 다 헤아릴 수 있겠습니까.

진 불 립 망 본 공
眞不立妄本空하고
진도 세울만한 것이 아니고 망도 본래 공한 것이라

영가 스님이 '진(眞)'과 '망(妄)'의 관계에 대해 수차 반복해서 말씀하고 계십니다. 무엇이 진실이고 무엇이 거짓인가를 밝히는 것이 종교이고, 이를 잘 분별해서 사람들을 깨우쳐주는 것이 종교 지도자의 의무입니다.

그런데 영가 스님은 "이것이 진실이다"고 주장하지 않고, "저것은 거짓이다"고 할 만한 것도 본래 없다고 했습니다. 주장할 진실도 없고 부정할 거짓도 없으니, 진실을 성취하려고 끙끙댈 까닭이 없고 거짓을 제거하려고 끙끙댈 까닭이 없다는 말씀입니다. 진실과 거짓에 대한 중도적 안목이 정립되었기에 이런 말씀을 하신 것입니다.

유 무 구 견 불 공 공
有無俱遣不空空이라
유와 무를 함께 버리니 공하지 않으면서 공하네.

있다와 없다, 참과 거짓 등 상대적 관계에 있는 것들을 '구견(俱遣)' 함께 버린다, 동시에 버린다는 것입니다. 그러면 어떻게 되는 가? 진짜 아무것도 없는 허무적멸(虛無寂滅)인가? 아니라는 것입니다. '공하지 않으면 공하다[不空空(불공공)]'고 했습니다. 이는 불교만이 전개할 수 있는 아주 독특한 논리입니다.

세상의 눈으로 보면 있다와 없다 사이에는 넘을 수 없는 벽이 있습니다. 양자택일(兩者擇一), 하나가 참이면 하나는 반드시 거짓입니다. 이것이 소위 세상 사람들이 가진 상식입니다. 하지만 불교에서는 어떻게 말하는가? "있다"와 "없다"를 구분하는 이분법적 사고는 잘못된 견해이고, 그런 견해를 바탕으로 "있다", "없다" 하는 것은 허구의 관념이라 봅니다. 그래서 동시에 버리는 것입니다. 그러면 어떻게 되는가? 비로소 실상이 드러나게 됩니다. 기존에 "있다"고 했던 것의 실상과 "없다"고 했던 것의 실상이 통한다는 것을 깨닫게 되는 것입니다. 그러면 때에 따라 "있다"고 해도 되고 때에 따라 "없다"고 해도 되는 것입니다. 이것이 중도입니다.

우리네 삶이 무거운 까닭은 망상과 집착 때문입니다. 그 가운데서도 가장 강력한 것이 바로 '나[我(아)]'입니다. 그 단단한 편견과 집착을 깨부수기 위해 철저히 부정하는 것입니다. 그래서 수많은 경전에서 "나는 없다[無我(무아)]"는 소리를 입이 닳도록 하는 것입니다.

'나'라는 허구의 관념을 철저히 부정하면 어떻게 되는가? 참나〔眞我
(진아)〕, 위대한 나〔大我(대아)〕를 긍정하게 됩니다. 그때 비로소 흐르
는 강물처럼, 스치는 바람처럼, 구름에 달 가듯이 어디에도 걸림 없
는 자유자재한 삶이 전개되는 것입니다.

제23강

:

이 십 공 문 원 불 착
二十空門元不著하니
스무 가지 공의 문에 원래 집착하지 않으니

일 성 여 래 체 자 동
一性如來體自同이라
하나인 성품의 여래는 그 본체가 저절로 동일함이라

심 시 근 법 시 진
心是根法是塵이니
마음은 뿌리가 되고 법은 티끌이 되어

양 종 유 여 경 상 흔
兩種猶如鏡上痕이라
두 가지가 마치 거울에 낀 때와 같다.

흔 구 진 제 광 시 현
痕垢盡除光始現이요
흠집과 때가 다했을 때 광명이 비로소 나타나고

심 법 쌍 망 성 즉 진
心法雙亡性卽眞이라
마음과 법이 함께 없어지면 성품이 곧 진실함이라.

차 말 법 악 시 세
嗟末法惡時世에
아 슬프다, 이 말법 시대 악한 세상에

중 생 박 복 난 조 제
衆生薄福難調制로다
중생들 박복하여 조복받기 어렵도다.

이 십 공 문 원 불 착
二十空門元不著하니
스무 가지 공의 문에 원래 집착하지 않으니

중생들은 대부분 존재(存在) 즉 유(有)에 사로잡혀 있습니다. 그래서 부처님께서 이것을 타파하기 위해 전개하신 것이 무(無)의 철학, 공(空)의 철학인 반야부(般若部) 경전입니다. 부처님께서 무려 21년 동안 이 공의 가르침을 설하셨다고 하며, 그 중 대표적 경인 『대반야경(大般若經)』은 무려 600권에 이르는 방대한 양을 자랑하고 있습니다. 그 『대반야경(大般若經)』에 있다(有(유))고 집착하는 스무 가지 견해를 타파한 내공(內空)·외공(外空) 등의 20공문이 나옵니다.

첫째, 내공(內空)이란 신체의 여섯 감각기관인 육근(六根)이 공하다는 것입니다. 둘째, 외공(外空)이란 신체 바깥의 여섯 감각대상인 육경(六境)이 공하다는 것입니다. 셋째, 내외공(內外空)이란 육근과 육경이 모두 공하다는 것입니다. 넷째, 공공(空空)이란 공 또한 공하다는 것입니다. 다섯째, 대공(大空)은 동서남북 사유상하 시방세계 전체가 공하다는 것입니다. 여섯째, 승의공(勝義空)은 조도품 등의 수승한 이치마저 공하다는 것입니다. 일곱째, 유위공(有爲空)은 일체유위법이 공하다는 것입니다. 여덟째, 무위공(無爲空)은 무위법 역시도 공하다는 것입니다. 아홉째, 필경공(畢竟空)은 끝까지 다 공하다는 것입니다. 열째, 무제공(無際空)은 시간 공간의 제약이 없이 공하다는 것입니다. 열한째, 산공(散空)은 모든 것은 흩어지기 때문에 공하다는 것입니다. 열두째, 무변이공(無變異空)은 변화가 없는 것 역시 공하다는 것입니다. 열셋째, 본성공(本性空)은 본성이 공하다는 것입니다. 열넷째, 자상공(自相空)은 자상이 공하다는 것입니다. 열다섯째, 공상공(共相空)은 공상이 공하다는 것입니다. 열여섯째, 일체법공(一切法空)은 일체법이 다 공하다는 것입니다. 열일곱째, 불가득공(不可得空)은 도저히 실체를 얻을 수 없는 것도 공하다는 것입니다. 열여덟째, 무성공(無性空)은 성품이 없는 것도 공하다는 것입니다. 열아홉째, 자성공(自性空)은 자성이 공하다는 것입니다. 스무째, 무성자성공(無性自性空)은 성품이 있는 것도 없는 것도 모두 공하다는 것입니다.

이 스무 가지 공이 따로따로인 것은 아닙니다. 워낙 유(有)에 대한 집착이 강하고 있다고 집착하는 방식이 다양하다 보니, 그 집착을 타파하기 위해 여러 가지로 설명하신 것일 뿐입니다.

일 성 여 래 체 자 동
一性如來體自同이라
하나인 성품의 여래는 그 본체가 저절로 동일함이라

'공'은 결국 편견과 집착을 버리고 존재의 실상을 보라는 이야기입니다. 실상은 평등합니다. 평등한 그 자리를 여기서처럼 '하나의 성품[一性(일성)]'이라 칭하기도 하고, '여래(如來)'라 칭하기도 하고, 한 물건[一物(일물)]이라 칭하기도 하는 것입니다. 실상은 평등하여 본체(本體)가 저절로 동일하다는 것입니다.

세상만물 세상만사 모든 것을 중도로 이해해야 합니다. 갖가지 분별로 서로 다른 것 같지만 바탕은 하나이고, 그 하나의 바탕에서 인연 따라 갖가지 차별이 벌어지는 것입니다. 통일과 화합은 서로 다른 두 가지를 억지로 섞는 것이 아닙니다. 본래 둘이 아닌 자리를 밝혀 둘이라는 편견과 고집을 버리는 것입니다. 그러면 평화와 화해는 저절로 구축됩니다. 이런 안목을 갖춰야만 여래의 삶, 진리의 삶, 조화로운 삶을 살 수 있습니다.

심 시 근 법 시 진
心是根法是塵이니
마음은 뿌리가 되고 법은 티끌이 되어

여기서 '마음〔心(심)〕'과 '법〔法(법)〕'은 인식주체와 인식대상을 표현한 말입니다. 경론에 보면 이를 근(根)과 진(塵), 내(內)와 외(外), 아(我)와 법(法) 등 다양한 방식으로 표현합니다.

양 종 유 여 경 상 흔
兩種猶如鏡上痕이라
두 가지가 마치 거울에 낀 때와 같다.

그 두 가지가 마치 거울에 난 흠집과 같다고 했습니다. 중도적 안목에서 보면 주체와 대상, 주관과 객관, 안과 밖 등으로 나눈 것이 이미 허물입니다. 거울에 때가 끼면 거울이 비추는 작용을 제대로 할 수 없습니다. 흠집이 많아질수록 비춰지는 사물의 형상은 더욱 왜곡되고 가려지게 됩니다. 주체와 대상을 나누고 사유를 전개하는 것도 마찬가지라는 것입니다. 아무리 정밀하게 사유하고 판단하고 추리한다고 해도 근본 마음의 광명을 장애하는 흠집만 늘리는 꼴입니다.

흔 구 진 제 광 시 현
痕垢盡除光始現이요
흠집과 때가 다했을 때 광명이 비로소 나타나고

주관과 객관을 나누는 것이 이미 치우친 견해입니다. 그런 편견에 바탕을 두고 정교하게 사유해 봐야 망상과 번뇌만 늘어날 뿐입니다. 하면 할수록 본래 마음자리의 빛은 가려지게 됩니다. 그래서 성품을 바탕에 두지 않았다면 아무리 많이 알고 자세히 안다 해도 장애라 하는 것입니다.

그러니 근본적으로 나와 너, 나와 세상을 나누는 분별심이 타파되어야 합니다. 그 분별심이 타파되면 한 성품의 광명, 근본마음의 광명, 여래의 광명, 반야바라밀의 광명이 드러나 비로소 대아(大我)의 삶, 진아(眞我)의 삶이 펼쳐지게 되는 것입니다.

심 법 쌍 망 성 즉 진
心法雙亡性卽眞이라
마음과 법이 함께 없어지면 성품이 곧 진실함이라.

밖으로 진리를 찾고 진실을 찾을 것이 아닙니다. 마음과 법이 함께 없어진다는 것은 주체와 대상, 주관과 객관, 안과 밖으로 나누었던 것이 까닭 없는 분별이고 집착이었음을 깨달아 동시에 놓아 버린다는 것입니다. 이렇게 분별과 집착을 버렸을 때 그 성품이 바로 진리, 진실, 실상, 참된 마음자리라는 것입니다.

상대적 분별을 떠나야 보이는 그 자리는 도저히 말로 설명할 수 없습니다. 왜 그런가? 말이란 것이 이미 분별 위에서 설정되는 것이기 때문입니다. 비슷하게나마 설명한다는 것이 "온 우주 삼라만상이 오직 하나의 성품일 뿐이고, 오직 하나의 마음일 뿐이다"는 정도입니다. 그 자리를 드러내기 위해 영가 스님께서 진실과 거짓, 있음과 없음, 주체와 대상 등 우리가 가진 뿌리 깊은 분별들을 차례차례 타파하신 것입니다.

차 말 법 악 시 세
嗟末法惡時世에
아 슬프다, 이 말법 시대 악한 세상에

'차(嗟)'는 슬픔과 탄식을 표현하는 발어사입니다. 불법의 진수, 최상승의 가르침을 일러 주어도 믿고 이해하기는커녕 비난과 비방만 일삼는 세태를 안타까워하는 영가 스님의 심정이 여기에 잘 표현되어 있습니다. 불법이 흥망하는 기간에 대한 설은 여러 가지 있습니다. 그 가운데 대표적인 설이 정법(正法) 천년, 상법(像法) 천년, 말법(末法) 만년으로 분류하는 설입니다. 사실 영가대사께서 생존하신 시기는 엄밀히 따지자면 상법 시대에 해당합니다. 쇠락한 불법이 안타까워 당신이 말법이라 표현하신 것입니다.

중 생 박 복 난 조 제
衆生薄福難調制로다
중생들 박복하여 조복받기 어렵도다.

'조제(調制)'는 길들이고 다스린다는 뜻입니다. 야생마를 훈련시키듯이 함부로 날뛰는 습성을 잘 다스리는 것이 불법입니다. 번뇌와 고통에 시달리는 이들이 안타까워 영가 스님이 한 없는 자비심으로 다가가 친절하게 가르쳐 주어도, 워낙 편견이 고집스럽고 악한 습성이 깊이 배여 도무지 말을 듣지 않는다는 것입니다.

거 성 원 혜 사 견 심
去聖遠兮邪見深이요

성인에게 가기가 시간적으로 멀어서 삿된 소견은 깊어
지고

마 강 법 약 다 원 해
魔强法弱多怨害로다

마구니는 강하고 정법은 약해져 미워하고 훼방하는 일
이 많도다.

문 설 여 래 돈 교 문
聞說如來頓敎門하야도

여래의 돈교법문 설하는 것을 듣고도

한 불 멸 제 령 와 쇄
恨不滅除令瓦碎로다

없애지 못하고 도리어 와해됨을 한탄하노라.

작 재 심 앙 재 신
作在心殃在身하니
짓는 것은 마음이 하고 재앙은 몸이 받으니

불 수 원 소 갱 우 인
不須怨訴更尤人이어다
모름지기 남을 원망하고 하소연하거나 허물하지 말지
어다.

욕 득 불 초 무 간 업
欲得不招無間業인댄
무간지옥에 떨어질 업을 초래하지 않고자 하거든

막 방 여 래 정 법 륜
莫謗如來正法輪이어다
여래의 정법을 비방하지 말라.

거 성 원 혜 사 견 심
去聖遠兮邪見深이요
성인에게 가기가 시간적으로 멀어서 삿된 소견은 깊어지고

'성인'은 부처님을 뜻합니다. '거성원혜(去聖遠兮)'는 현재 우리로 부터 부처님이 생존하시던 시대까지 그 시간적 거리가 아득히 멀다는 뜻입니다. 그래서 삿된 소견이 점점 심해지고 있다는 것입니다.

불법을 배우는 자에게 무엇에도 중요한 것은 소견, 견해, 안목, 지견, 지혜입니다. 이는 부처님뿐 아니라 수많은 조사 스님들께서 한결같이 하신 말씀입니다. 삿된 소견, 삿된 견해, 삿된 지견이 깊으면 부처님 가르침을 제대로 이해하기 어렵습니다. 불법과 인연을 맺고도 삿된 견해에 떨어지는 것은 상당히 안타까운 일입니다. 왜냐하면 자기는 바르다 할지 모르지만 사실 영 엉뚱한 방향으로 가게 되기 때문입니다.

마 강 법 약 다 원 해
魔强法弱多怨害로다
마구니는 강하고 정법은 약해져 미워하고 훼방하는 일이 많도다.

여기서 '마구니'는 불교를 해치는 그런 마구니 집단을 칭한 것이라기보다는 삿된 소견을 가진 사람들, 부처님의 정법과 거리가 먼 행위나 사고를 하는 사람들을 일컫는 것입니다. 그런 사람들이 오히려 더 흥성하고 정법을 지키는 자들의 세력은 약하다는 것입니다.

힘의 논리가 지배하는 것이 세상입니다. 삿된 소견을 가진 자들은 나와 남을 나누고는 내가 너를 이기는 일에만 골몰합니다. 그들은 자신의 신념과 행위가 과연 정당한가에 대해 냉철히 성찰하지 않습니다. 무조건 자기가 믿는 것이 정법이고, 자기가 하는 일이 정의라 생각합니다. 그래서 자기의 신념과 행위에 동조하지 않거나 반대하는 이가 있으면 적으로 규정하고는 미워하고 해칩니다. 참으로 두렵고, 또 안타까운 일입니다.

문 설 여 래 돈 교 문
聞說如來頓敎門하야도
여래의 돈교법문 설하는 것을 듣고도

오랜 세월에 걸쳐 탑을 쌓듯이 하나하나 공덕을 닦아 가는 것을 점교(漸敎)라 합니다. 돈교(頓敎)는 이에 반대되는 것으로서 단박에 이치를 깨달아 몰록 불과(佛果)를 성취하는 법문을 말합니다. 진리 즉 존재의 실상, 바른 이치를 알면 그것으로 끝입니다. 그다음엔 그저 참되고 바른 이치대로 살아갈 뿐입니다. 거기서 다시 쌓고 더할 공덕은 없다는 것입니다. 그래서 돈교(頓敎)라 합니다. 지금 영가 스님께서 하시는 말씀이 바로 여래의 돈교법문입니다. 이런 수승한 가르침을 고구정령 설해 주어도 청중들은 어떻게 반응하는가?

한 불 멸 제 령 와 쇄
恨不滅除令瓦碎로다

없애지 못하고 도리어 와해됨을 한탄하노라.

없애 버리고 부서 버리지 못함을 한탄한다고 했습니다. 자신들의 견해에 어긋나니까 영가 스님의 말씀을 사법(邪法)이라 여기는 것입니다. 그래서 "아이고, 저걸 기왓장처럼 박살 내야 하는데 그러질 못하네" 하고 한탄한다는 것입니다. 어리석은 사람에게 진실을 말해봐야 원망만 듣기 일쑤입니다. 그래서 영명연수(永明延壽) 선사께서 이런 말씀을 하셨습니다.
"눈에 티끌이 들어간 사람에게는 허공에 꽃이 없다고 말하지 말고, 신들린 사람에게는 귀신이 없다고 말하지 말라."

작 재 심 앙 재 신
作在心殃在身하니
짓는 것은 마음이 하고 재앙은 몸이 받으니

원망과 해침은 어디서 나온 것인가? 그 사람 마음이 지은 것입니다. 마음으로 그런 업을 지으면 재앙이 그 사람 몸에 돌아가기 마련입니다. 인과는 스스로 짓고 스스로 받는 것〔自作自受(자작자수)〕이지, 다른 사람 때문이 아닙니다.

불 수 원 소 갱 우 인
不須怨訴更尤人이로다
모름지기 남을 원망하고 하소연하거나 허물하지 말지어다.

잘 모르겠으면 스스로 다시 검토하고 깊이 생각해 확신이 설 때까지 남겨 두는 것이 바람직합니다. 무턱대고 부정하고 보거나, 순간적인 생각으로 가볍게 판단하거나, 단정적인 생각으로 방방해서는 안 됩니다. 보통의 일상사에서도 사람이 어떤 말을 들었을 때 심사숙고해 보지도 않고 자기 틀에 맞춰 해석해 비판하고 부정한다는 것은 사람 됨됨이로써도 부족한 일입니다. 더구나 정법을 듣고 그렇게 한다면 정말 좋지 않은 결과가 초래됩니다.

욕 득 불 초 무 간 업
欲得不招無間業인댄
무간지옥에 떨어질 업을 초래하지 않고자 하거든

정법을 말살하려 들면 무간지옥에 떨어진다는 것입니다. 그들을 잘 교화하고 깨우치면 더욱 좋겠지만 그렇지 못하다면 이렇게 경고라도 해야겠지요.

『지장경』에 수많은 지옥 이야기가 나옵니다. 하지만 무간지옥을 꼭 어디 특정 장소에 있는 것으로 해석할 필요는 없습니다. 진리를 등진 사람의 삶이 얼마나 처참합니까. 그것이 바로 무간지옥의 삶입니다.

막 방 여 래 정 법 륜
莫謗如來正法輪이어다
여래의 정법을 비방하지 말라.

앞서 말씀드렸듯이 성현들의 말씀에는 피땀이 서려있습니다. 그렇게 말씀할 수 있기까지 얼마나 많은 노력을 하고 희생을 했습니까? 교주이신 석가모니 부처님은 태자의 지위를 버리고 육 년이란 긴 세월 동안 유명한 스승을 찾아 인도 전역을 돌아다녔고, 피골이 상접할 때까지 고행을 감행하셨습니다. 그런 고난 끝에 보리수 아래에서 큰 깨달음을 성취하셨던 것입니다. 그리고는 차오르는 연민을 참지 못해 만나는 사람마다 행복하고 평화로운 삶, 의미 있고 보람된 삶의 길을 일러 주신 것입니다. 그분의 말씀 한마디 한마디에 서린 그 비원과 노고를 헤아리지 못하고서 비방한다면 그 사람은 진리를 등진 삶을 사는 것입니다. 그것을 다른 말로 표현하면 무간지옥의 삶입니다.

제25강

전 단 림 무 잡 수
栴檀林無雜樹하니
전단향나무의 숲에는 잡된 나무가 없으니

울 밀 심 침 사 자 주
鬱密深沉師子住라
울창하고 깊숙하여 사자가 머무는지라.

경 정 림 한 독 자 유
境靜林閒獨自遊하니
경계는 고요하고 숲 속은 한가하여 내 홀로 노니니

주 수 비 금 개 원 거
走獸飛禽皆遠去라
짐승과 새들은 다 멀리멀리 가 버리네.

사 자 아 중 수 후
師子兒衆隨後하야
사자 새끼 무리들만 뒤를 따르며

삼 세 변 능 대 효 후
三歲便能大哮吼로다
세 살만 되면 곧 크게 포효를 할 줄 안다.

약 시 야 간 축 법 왕
若是野干逐法王인댄
만약 들여우가 법왕을 쫓으려 한다면

백 년 요 괴 허 개 구
百年妖怪虛開口로다
백 년이 되어도 요괴인지라 헛되이 입만 벌리도다.

전 단 림 무 잡 수
栴檀林無雜樹하니
전단향나무의 숲에는 잡된 나무가 없으니

전단향나무 숲에는 다른 나무가 자라지 못한다는 것입니다. '전단(栴檀)'은 인도의 고급 향나무입니다. 당신은 최상승의 정법만 설하지 방편과 점차 등을 시설하지 않고, 세상 인심과 어울리는 잡다한 말들은 일절 하지 않는다는 것입니다. 다이아몬드 장사하는 사람이 잡철이나 고철을 함께 팔 수 있겠습니까?

그래서 당시에는 알아주는 사람이 없었습니다. 외로운 삶이었지요. 하지만 후대 눈 밝은 조사들이 한결같이 영가 스님을 찬탄하였고, 이후로도 진리의 길을 걷는 사람이면 누구나 영가 스님을 찬탄할 것입니다. 그러니 진리의 삶을 확신했다면 알아주는 이 하나 없더라도 오롯이 자신의 길을 걸어가야 할 것입니다.

울 밀 심 침 사 자 주
鬱密深沉師子住라
울창하고 깊숙하여 사자가 머무는지라.

숲도 전단나무 숲이고, 사는 짐승도 사자라는 것입니다. 영가 스님 자신의 정신세계를 표현하는 구절입니다. 이것을 보더라도 얼마나 긍지와 자부심을 가지고 살았는지 충분히 이해할 수 있습니다.

경 정 림 한 독 자 유
境靜林閒獨自遊하니
경계는 고요하고 숲 속은 한가하여 내 홀로 노니니

　'경계가 고요하고 숲 속이 한가하다'는 것은 주변에 자신을 알아주고 따르는 사람이 아무도 없다는 것입니다. 구경의 깨달음을 성취하신 분을 누가 감히 쉽게 상대할 수 있겠습니까? 낮은 근기들은 범접하기 힘든 법입니다. 그래서 고아한 그 삶이 조금은 외로우셨을 것입니다.

　주 수 비 금 개 원 거
走獸飛禽皆遠去라
짐승과 새들은 다 멀리멀리 가 버리네.

　먹을거리를 찾아 부산한 짐승들과 쉼 없이 재잘거리는 새들 역시 정신적 성숙도, 불교적 안목이 낮은 자들을 비유한 말입니다. 최상승의 가르침을 이야기해 주려고 다가가도 그들은 도리어 두려워하면서 멀리 피해 버린다는 것입니다. 그야말로 같은 길을 걷는 자라야 알 수 있는 것입니다(同道者可知(동도자가지)). 불교가 성하던 시대임에도 정작 자신의 정신세계를 이해하는 사람은 드물었던 영가 스님의 외로움의 엿볼 수 있습니다.

사 자 아 중 수 후
師子兒衆隨後하야
사자 새끼 무리들만 뒤를 따르며

사자 새끼라야 사자를 두려워하지 않습니다. '사자 새끼'는 훌륭한 근기를 갖춘 사람들을 말합니다. 상근기라야 최상승의 가르침을 설하신 여래와 그 법을 전하는 자신을 따를 수 있다는 것입니다.

삼 세 변 능 대 효 후
三歲便能大哮吼로다
세 살만 되면 곧 크게 포효를 할 줄 안다.

어미처럼 날카로운 발톱과 이빨을 갖추진 못했지만 사자 새끼는 본래 사자입니다. 사자 새끼가 다시 사자가 되기 위해 필요한 것은 없습니다. 그래서 세 살만 되면 온 산천이 쩌렁쩌렁하도록 포효한다는 것입니다. 상근기도 마찬가지라는 것입니다. 여래처럼 한량없는 공덕과 지혜의 공능을 발휘하진 못하지만 이미 여래의 성품을 갖추고 있다는 것을 아는 자가 상근기입니다. 여래가 다시 여래가 될 필요는 없습니다. 그래서 상근기는 단박에 실상을 깨달아 곧장 여래의 성품자리에서 지혜와 공덕을 발휘한다는 것입니다.

약 시 야 간 축 법 왕
若是野干逐法王인댄

만약 들여우가 법왕을 쫓으려 한다면

여우는 범부나 이승(二乘) 등 하열한 근기를 비유한 말입니다. 상
근기는 본래 평등한 하나의 성품자리를 깨닫기 때문에 시작부터가
여래입니다. 하지만 이를 깨닫지 못하는 사람들은 자신을 중생으로
설정하고 부처님을 목표로 설정합니다. 그래서 중생인 '나'를 부처
인 '나'로 바꾸려 애를 씁니다. 그런 사람은 아무리 부처님을 따라다
니며 설법을 듣고 행실을 바꾸려 애써도 사자를 흉내 내는 여우에
불과하다는 것입니다.

백 년 요 괴 허 개 구
百年妖怪虛開口로다
백 년이 되어도 요괴인지라 헛되이 입만 벌리도다.

여우가 사자 울음소리를 연습한다고 사자가 됩니까? 근본을 모
르면 아무리 오랜 세월 애를 써 보았자 입만 열면 헛소리라는 것입
니다. 그럴싸하게 흉내는 내지만 끝내 사자의 포효는 아닙니다. 불
법을 공부함에 있어 시작이 이렇게 중요합니다. 처음부터 올바른 견
해를 갖춰 사자 새끼로 출발하는 사람이 있는가 하면, 부처님과 인
연이 깊고 오랜 세월 공부했음에도 불구하고 결국 백 년 묵은 여우
에 불과한 자들도 있습니다. 예나 지금이나 다를 바 없습니다.
　바른 이치를 일러 주어도 제대로 받아들여 수용하는 사람은 그리
흔치 않습니다. 그래서 영가 스님께서 사자 새끼라 칭한 것입니다.

마음이 맑고 사려가 신중한 사람은 정말 하루가 다르게 성장합니다. 한두 마디 가르침에도 소견이 달라지고, 생활이 달라지고, 처신이 달라집니다. 편견과 욕망은 그대로인 채로 그럴싸하게 흉내만 내는 자들과는 본질적으로 다릅니다. 그런 사람은 전생부터 정법을 받아들일 준비를 충분히 했던 사람이 아닐까 생각합니다.

제26강

원 돈 교 몰 인 정
圓頓教沒人情이니
원만한 가르침은 인정이 없으니

유 의 불 결 직 수 쟁
有疑不決直須爭이어다
의심이 있어 해결하지 못하거든 곧바로 따져 볼지어다.

불 시 산 승 영 인 아
不是山僧逞人我라
산승이 아상 인상을 드러내려고 하는 것이 아니다

수 행 공 락 단 상 갱
修行恐落斷常坑이로다
수행하는데 단견과 상견의 구덩이에 떨어질까 염려해
서니라.

비 불 비 시 불 시
非不非是不是여

그름과 그르지 아니한 것과 옳음과 옳지 아니함이여

_{차 지 호 리 실 천 리}
差之毫釐失千里라

호리만큼만 어긋나도 천리를 잃어버린다.

_{시 즉 용 녀 돈 성 불}
是則龍女頓成佛이요

옳은 입장으로는 용녀도 순식간에 성불을 했고

_{비 즉 선 성 생 함 추}
非則善星生陷墜라

그른 입장으로는 선성 비구도 산 채로 지옥에 떨어졌네.

원 돈 교 몰 인 정
圓頓敎沒人情이니
원만한 가르침은 인정이 없으니

　원돈교(圓頓敎)는 일체 공덕을 원만구족하고 있는 여래의 성품으로 곧장 들어가는 최상승의 가르침을 뜻합니다. 이 가르침에서는 인정을 용납하지 않습니다. '나'니, '너'니, 내가 어떠니, 네가 어떠니, 그래서 내가 어떻게 해야 하니, 너는 어떻게 해야 하니 하는 등등의 마음 씀씀이를 일컬어 인정이라 합니다. 하지만 존재의 실상, 평등한 하나의 성품자리에서 어찌 그런 것들이 용납되겠습니까? 몽땅 망정(妄情)입니다. 그래서 인정사정 보지 않습니다.

　유 의 불 결 직 수 쟁
有疑不決直須爭이어다
의심이 있어 해결하지 못하거든 곧바로 따져 볼지어다.

　불교 공부란 진실을 밝히는 것이지 돈독한 인정을 쌓는 게 아닙니다. 실상을 밝히는 일에 가깝고 먼 사이가 어디 있고, 나이가 많고 적은 게 어디 있고, 남자와 여자가 어디 있겠습니까? 그런 걸 따지는 게 인정이고, 그런 인정이 진실을 장애하는 중생의 망정입니다.
　그러니 정법을 밝히는 일에서 의심이 있다면 사정없이 따져서 몇 날 며칠이 걸리더라도 판가름을 지어야 합니다. 그러다 서로 관계가 서먹해지거나 틀어지면 어쩌나 염려한다면 그 사람은 좀 모자란 것

입니다. 앞에서 말씀하시지 않았습니까? 원돈교에 본래 인정이란
없습니다.

불 시 산 승 영 인 아
不是山僧逞人我라
산승이 아상 인상을 드러내려고 하는 것이 아니다

'산승山僧'은 영가 스님 자신을 지칭한 것입니다. '인아(人我)'는
아상(我相)과 인상(人相)을 말합니다. 이게 무슨 말인가? 나와 너를
나누고 나와 너를 겨뤄서 내가 잘났는지 네가 잘났는지 가려보자는
것이 아니다, 즉 내가 잘난 척하려고 이러는 게 아니라는 것입니다.

수행이란 이름으로 많은 것을 포기하고 희생하는 이들이 얼마나
많습니까? 영가 스님 자신도 그랬고요. 그렇게 전 생애를 다 바쳐 애
를 쓰고도 목적을 성취하지 못해 그 노고와 희생이 허사로 돌아간다
면 얼마나 안타까운 일입니까? 그래서 엉뚱한 길을 가는 자들을 보면
깨우쳐지지 않고는 견딜 수가 없는 것입니다. 이것이 깨달은 사람만
이 가질 수 있는 무한한 자비심(慈悲心)입니다.

부처님 경전과 조사 스님의 어록이 수없이 많지만 영가 스님처럼
이렇게 자신의 심정을 격정적으로 표현한 어록도 흔치 않습니다. 이
런 구절에서도 영가 스님의 당당하고 솔직하신 성격이 은연중에 드
러납니다.

수 행 공 락 단 상 갱
修行恐落斷常坑이로다
수행하는데 단견과 상견의 구덩이에 떨어질까 염려해서니라.

불법을 만나 불교를 좋아하고, 불교를 믿고, 불교를 공부하는 사람은 모두 수행자입니다. 그런 수행자들이 가장 주의해야 할 것이 단견(斷見)과 상견(常見)입니다. 이런 견해에 빠지면 쉽게 빠져나오기 어렵습니다. 그래서 구덩이 '갱(坑)' 자를 쓴 것입니다.

우리가 존재라 부르는 것들은 모두 생멸(生滅)합니다. 사람을 예로 들어 보겠습니다. 우리는 "누가 죽었다"고 말합니다. 이럴 때 "죽었다면 누구는 더 이상 없다"고 여기는 것이 단견(斷見)입니다. 또 반대로 "죽었어도 누구는 여전히 있다"고 여기는 것이 상견(常見)입니다. 부처님 가르침에서 보면 이 두 가지 모두 치우친 견해입니다. 이는 연기(緣起)하는 실상을 보지 못하고 특정한 모습에 집착하여 "있다", "없다"고 고집하는 것입니다. 그래서 변견(邊見), 즉 극단적 견해라 합니다.

삶이란 연기연멸(緣起緣滅)의 연속입니다. 그 어간에서 무언가 "있다"고만 집착해서도 안 되고, 무언가 "없다"고만 집착해서도 안 됩니다. 이 순간 우리의 삶도 마찬가지입니다. '누가' '어떻게' 살아가고 있는 것 같지만 손에 잡히는 것이 뭐가 있습니까? 마치 영화를 보는 것과 같습니다. 영화를 볼 때 실감납니다. 그래서 울기도 하고 웃기도 합니다. 하지만 과연 무엇을 보고 웃고 울었습니까? 그냥 빛과 그림자일 뿐입니다. 울고 웃는 우리 인생살이도 그처럼 한바탕

연극이나 꿈과 같습니다. 그렇다고 전혀 없다고만 해서도 안 됩니다. 스크린 속에는 실재로 사람도 자동차도 건물도 없지만 빛과 그림자를 통해 다양한 이야기들을 전개하고 있습니다. 영화를 보고 감동을 받고 인생이 달라지기도 합니다. 우리의 삶도 마찬가지입니다. 인연의 마술을 통해 평화롭고 아름다운 이야기를 만들어 갈 수 있는 것이 삶입니다. 수행자라면 모름지기 존재의 실상을 바로 보고 중도적 삶을 살아야지, 단견과 상견에 떨어져서는 안 됩니다.

팔정도(八正道)의 첫 번째가 정견(正見)입니다. 정견이 곧 중도적 견해, 중도적 안목입니다. 강을 따라 내려가는 배가 있습니다. 그 배는 이쪽 언덕에도 저쪽 언덕에도 걸리지 않아야 목적지에 닿을 수 있습니다. 어느 쪽 언덕이건 걸리면 그 배는 목적지에 닿을 수 없습니다. 그러면 두 언덕 모두 배에게 장애가 되니 없애 버려야 하는가? 언덕을 허물어 버리면 물을 가두지 못하니, 또 배가 목적지에 닿을 수 없습니다. 이것이 중도입니다.

비 불 비 시 불 시
非不非是不是여
그름과 그르지 아니한 것과 옳음과 옳지 아니함이여

이 말씀은 너희들의 소견이 과연 옳은지 그른지 한번 따져 보자는 것입니다. 왜 시비(是非)를 가리려 하는가? 앞에서 말씀하셨듯이, 단견이나 상견에 떨어지면 수행이란 이름으로 숱한 세월 애를 쓰고도 영 엉뚱한 결과를 초래하기 때문입니다.

그래서 "원돈교에서는 인정을 용납하지 않으니, 속 시원히 이해되지 않거든 당장 따져 보라"고 한 것입니다. 견해가 바르지 못하면 가차 없이 따지고 추궁하는 자가 바른 선지식입니다. 좋은 게 좋은 거라며 흐리멍덩하게 넘어가는 건 선지식이 할 노릇이 아닙니다. 왜냐하면 그건 그가 잘못된 길로 계속 가도록 방조하는 것이기 때문입니다. 그래서 영가 스님께서 지금 견해가 바른지 견해가 바르지 못한지 따져 보겠다는 것입니다.

차 지 호 리 실 천 리
差之毫釐失千里라
호리만큼만 어긋나도 천리를 잃어버린다.

같은 지점에서 출발했어도 방향이 털끝만큼만 어긋나면 시간이 흘렀을 때 그 차이가 백리, 천리 어긋나게 되는 것입니다. 그와 마찬가지라는 것입니다. 처음부터 바른 견해를 갖추고 불법을 공부하는 사람과 바른 견해를 갖추지 못한 채 애만 쓰는 사람은 현격한 차이를 보이는 것입니다. 바른 소견이 없으면 애를 쓰면 쓸수록 부처님의 뜻과는 점점 더 멀어지는 것입니다. 우리 주변에서도 그런 분들을 종종 볼 수 있습니다. 앞에서 말씀드렸듯, 여우는 백 년을 쫓아다니면서 사자 흉내를 내 보았자 결국 그 입에서 여우 울음 밖에 나오질 않습니다. 그러니 반드시 먼저 바른 견해부터 갖춰야 하는 것입니다.

시 즉 용 녀 돈 성 불
是則龍女頓成佛이요
옳은 입장으로는 용녀도 순식간에 성불을 했고

예화를 들어서 설명하는 것입니다. 견해가 옳다면, 즉 바른 견해
를 갖춘다면 용녀처럼 단박에 성불한다는 것입니다. 이 이기는『법
화경』「제바달다품(提婆達多品)」에 나옵니다. 옛날 영산회상에서 한
용녀가 보배 구슬을 부처님께 바쳤습니다. 부처님께서 그것을 받으
시고는 설법을 해 주셨답니다. 그러자 그 용녀가 무생인(無生忍)을
깨닫고, 곧바로 남방 무구세계(無垢世界)로 가서 등정각(等正覺)을 이
루었고, 그 명호를 화선여래(花鮮如來)라 했다고 합니다. 용녀는 축
생이고, 게다가 암컷입니다. 그럼에도 불구하고 무생인, 즉 생멸이
없는 실상을 깨닫고 곧바로 부처님이 되었다는 것입니다. 이것이 바
른 견해를 갖추는 것입니다. 그럼, 그 반대는 어떤가?

비 즉 선 성 생 함 추
非則善星生陷墜라
그른 입장으로는 선성 비구도 산 채로 지옥에 떨어졌네.

견해가 잘못되면, 즉 바른 견해를 갖추지 못한다면 선성비구처럼
산채로 지옥에 떨어진다는 것입니다. 선성 비구 이야기는『열반경
(涅槃經)』「가섭보살품(迦葉菩薩品)」에 나옵니다. 『열반경』에 따르면
선성 비구도 부처님의 아들이라고 합니다. 그는 십이부경(十二部經)

을 몽땅 외워 사람들에게 설명도 잘 했답니다. 하지만 결국 산 채로 지옥에 떨어지는 과보를 받았습니다. 왜 그런가? 그렇게 오랜 세월 설법을 들어 아는 것도 많고 말도 잘했지만 기본적으로 견해가 틀렸기 때문입니다. 단견과 상견의 구덩이를 벗어나지 못했던 것이지요.

오 조 연 래 적 학 문
吾早年來積學問하야
나는 일찍부터 학문을 많이 쌓아서

역 증 토 소 심 경 론
亦曾討疏尋經論이로다
소초도 찾고 경론도 찾아 헤맸다.

분 별 명 상 부 지 휴
分別名相不知休라
명상을 분별하기를 쉴 줄 모른 것이

입 해 산 사 도 자 곤
入海算沙徒自困이라
바다에 들어가서 모래를 세는 격이라 스스로 피로할
뿐이었네.

각 피 여 래 고 가 책
却被如來苦呵責하니

도리어 여래의 호된 꾸지람을 듣고 보니

數他珍寶有何益가

다른 사람의 보배를 세는 격이라 나에게 무슨 이익이
있었겠는가.

從來蹭蹬覺虛行하니

예전에는 걸음을 제대로 걷지 못하여 헛되게 행했음을
깨달으니

多年枉作風塵客이로다

오랜 세월 동안 잘못되게 풍진객이 되었더라.

오 조 연 래 적 학 문
吾早年來積學問하야
나는 일찍부터 학문을 많이 쌓아서

나 역시도 어려서부터 긴 세월 학문에 힘써 왔다는 것입니다. 앞에서 "견해가 바르지 못하면 아무리 많이 듣고 많이 알고 말을 잘해도 선성비구처럼 지옥에 떨어진다"라고 했습니다. 이것이 공연히 타인들을 추궁하기 위해서 하는 소리가 아니라는 것입니다. 자신이 직접 경험해 보고 하는 말이라는 것입니다.

역 증 토 소 심 경 론
亦曾討疏尋經論이로다
소초도 찾고 경론도 찾아 헤맸다.

또한 수많은 경(經)·논(論)·소(疏)·초(抄)를 뒤지며 깊이 연구했다는 것입니다. 부처님 말씀을 엮은 것을 '경'이라 하고, 후대의 현성들이 부처님의 뜻에 따라 각기 주장을 펼친 것을 '논'이라 하고, 경을 해석한 것을 '소'라 하고, 소를 정리 요약한 것을 '초'라합니다.

영가대사는 실제로 어린 시절부터 여러 강사(講師)를 편력하면서 여러 경론을 깊이 연구하고, 특히 천태지자(天台智者)대사의 지관법을 깊이 습득하신 분이었습니다. 그렇지만 결국 그 공부가 어떤 공부였는가?

분별명상부지휴
分別名相不知休라
명상을 분별하기를 쉴 줄 모른 것이

'명상(名相)'이란 곧 개념입니다. '명상을 분별한다'는 것은 낱낱의 개념을 정립하고, 그것을 바탕으로 교리를 엮어 가는 것입니다. 이것은 뭐고, 저것은 뭐고, 이것과 저것의 관계는 어떻고 등을 따지면서 쉴 줄을 몰랐다는 것입니다. 『구사론(俱舍論)』·『유식론(唯識論)』·『백법론(百法論)』 등이 대표적인 서적들인데, 이런 논서들은 매우 복잡하고 난해해 이해하기가 쉽질 않습니다. 그 어려움들을 감수하고 열심히 배우고 익힌 결과가 어떠했는가?

입해산사도자곤
入海算沙徒自困이라
바다에 들어가서 모래를 세는 격이라 스스로 피로할 뿐이었네.

바닷가에 쭈그려 앉아 모래알 숫자를 언제 다 세겠습니까? 그걸 세어 보겠다고 덤벼든다면 자기만 피곤할 뿐입니다. 불교의 교학도 마찬가지라는 것입니다. 팔만대장경이라는 불교의 가르침은 실로 광대하게 펼쳐진 바닷가 모래사장과 같습니다. 만약 그 '언설(言說)'에만 눈이 팔려 이 말과 저 말을 비교해 그 의미를 규명하고 외우고 설명하려 든다면 끝날 날이 없습니다.

그래서 부처님께서도 당신의 가르침을 달을 가리키는 손가락이라 하셨던 것입니다. 모쪼록 부처님과 성현들의 가르침을 통해 부처님의 뜻(佛意(불의)) 조사의 뜻(祖師意(조사의))을 파악해야지, 그 말만 좇아 듣고 외우고 남들에게 설명해서는 아무런 공덕이 없습니다.

각 피 여 래 고 가 책
却被如來苦呵責하니
도리어 여래의 호된 꾸지람을 듣고 보니

여래가 나타나서 영가 스님에게 고함을 치면서 호되게 꾸짖었다는 것은 아닙니다. 자기는 부처님 가르침을 열심히 배워 보겠다고 그렇게 했는데, 스스로 돌이켜 생각해 보니 도리어 부처님께 꾸지람 들을 짓이었다는 것입니다. 그럼, 여태 자신이 불교 공부라는 이름으로 긴 세월 연구하고 애썼던 것은 무엇인가?

수 타 진 보 유 하 익
數他珍寶有何益가
다른 사람의 보배를 세는 격이라 나에게 무슨 이익이 있었겠는가.

『화엄경』에서 법수(法首)보살이 이렇게 말씀하셨습니다.

비여빈궁인   일야수타보
譬如貧窮人   日夜數他寶

자무반전분   다문역여시

自無半錢分   多聞亦如是

비유하자면 가난한 사람이

밤낮으로 남의 보물을 세지만

자신은 반 푼도 없는 것과 같나니

많이 배웠다는 것도 이와 같다네.

불교 공부가 무엇인지 잘 알아야 합니다. 책장을 이리저리 넘기며 다른 사람이 써놓은 글들을 앞뒤로 잘 엮어서 내 얘기처럼 풀어먹는 것이 불교 공부가 아닙니다. 그걸 학문(學問)이라 할 수 있을지는 몰라도 참다운 공부는 아닙니다. 남의 보물을 세는 격이라 자신에게는 아무런 이익이 없습니다.

개경게(開經偈)에서도 "원컨대 여래의 진실한 뜻을 이해하게 하소서(願解如來眞實意(원해여래진실의))" 하였습니다. 항상 취지를 잊어서는 안 됩니다. 경전을 읽고, 강의를 듣고, 수행을 하는 까닭은 부처님의 진실한 뜻을 이해하기 위한 것입니다. 이것이 중요합니다. 여래의 진실한 뜻이 무엇인지 올바로 이해해야 비로소 그 말씀이 우리 인생에 큰 도움을 주는 보물이 되는 것입니다.

종 래 층 등 각 허 행

從來蹭蹬覺虛行하니

예전에는 걸음을 제대로 걷지 못하여 헛되게 행했음을 깨달으니

여태까지 수행이란 이름으로 이렇게도 해 보고 저렇게도 해 보았
는데, 깨닫고 보니 열반의 길로는 한걸음도 나아가지 못한 엉뚱한
짓거리더란 것입니다.

　　다 년 왕 작 풍 진 객
　　多年枉作風塵客이로다
　　오랜 세월 동안 잘못되게 풍진객이 되었더라.

　'풍진객(風塵客)', 멀쩡히 자기 집이 있음에도 불구하고 제 발로 집
을 나와 비바람 맞으며 사방을 돌아다니면서 제대로 입지도 먹지도
못하는 나그네처럼 살았다는 것입니다. 견해를 바로 할 생각은 못하
고 문자에 집착해 문자를 연구하느라 오랜 세월을 보낸 자신의 삶이
풍진의 나그네 노릇과 같았다는 것입니다. 부처님의 진실한 뜻을 깨
우쳐 마음이 편안해지고, 스스로 안식처(安息處)를 얻고, 쉴 곳을 얻
는 것이 불교 공부의 목적입니다. 이를 망각하고서 지식과 언변을
늘려 나와 남을 겨루는 일에만 힘쓴다면, 영가 스님 말씀처럼 기나
긴 세월 풍진의 나그네 노릇을 면치 못할 것입니다.

제28강

종 성 사 착 지 해
種性邪錯知解여

종성이 삿되고 잘못 알고 있었음이여

부 달 여 래 원 돈 제
不達如來圓頓制로다

여래의 원만한 법을 통달하지 못했더라.

이 승 정 진 물 도 심
二乘精進勿道心이요

이승들의 정진은 도의 마음이 아니요

외 도 총 명 무 지 혜
外道聰明無智慧라

외도는 아무리 총명해도 지혜가 없는지라

역 우 치 역 소 애
亦愚癡亦小騃니

어리석고 또 어리석으니

空拳指上生實解로다

빈주먹의 안에 무엇을 가지고 있다고 잘못 알았네.

執指爲月枉施功하고

손가락을 집착하여 달을 삼으니 그릇 노력을 하고

根境法中虛捏怪로다

육근과 육경의 법 가운데서 헛되이 눈을 비비도다.

종 성 사 착 지 해
種性邪錯知解여
종성이 삿되고 잘못 알고 있었음이여

'종성(種性)'은 종자의 성품이란 뜻으로 씨앗처럼 심어진 선천적인 성품, 불법을 받아들일 수 있는 자질의 정도를 말합니다. 유식에서는 이를 보살성(菩薩性)·연각성(緣覺性)·성문성(聲聞性)·부정성(不定性)·무성(無性)의 다섯 가지로 구분합니다. 하지만 이를 꼭 전생과 연결시켜 태어날 때부터 가지는 성품으로 해석할 필요는 없습니다. 불법을 처음 접할 때 밑바탕에 형성되는 선입견을 종성으로 봐도 됩니다.

누구나 자기가 경험한 것을 바탕으로 다음 상황을 이해하게 되어 있습니다. 불법도 마찬가지입니다. 처음 누구를 만나고 어떤 가르침을 접하느냐에 따라 불교에 대한 이해도가 천지 차이로 달라집니다. '종성사(種性邪)', 종성이 삿되다는 것은 그런 첫 경험이 올바르지 못하다는 것입니다. 처음부터 스승을 잘못 만나거나 이상한 경전을 접하거나 요상한 수행을 하게 되면 그것이 불교의 전부인 줄 착각하게 됩니다. 그래서 '착지해(錯知解)', 즉 그런 선입견을 바탕으로 불법을 잘못 이해하게 된다고 한 것입니다. 그러니 첫걸음이 중요합니다. 처음부터 훌륭한 사람을 만나 바른 가르침을 접해야 허송세월을 하지 않습니다.

부 달 여 래 원 돈 제
不達如來圓頓制로다
여래의 원만한 법을 통달하지 못했더라.

'원돈제(圓頓制)'는 앞에서 '돈교문(頓敎門)', '원돈교(圓頓敎)'라 한 것과 같습니다. 처음에 불교를 잘못 접하고 불교를 오해함으로 인해 실상을 깨달아 단박에 여래의 자리로 들어가는 심지법문(心地法門)을 알지를 못했다는 것입니다. 그것이 처음에 잘못 들어서서 그렇다는 것입니다.

이 승 정 진 물 도 심
二乘精進勿道心이요
이승들의 정진은 도의 마음이 아니요

이승(二乘)은 성문(聲聞)과 연각(緣覺) 즉 소승(小乘)을 말합니다. 성문과 연각은 아무리 열심히 정진한다고 해도 그것은 도심(道心)이 아니라는 것입니다. 왜 그런가? 정법을 만나지 못해 바른 견해를 갖추지 못하고 편협한 생각에 갇혀 있기 때문입니다. 바른 인생의 길을 가르치자고 하는 것이 부처님의 뜻이고 조사 스님들의 뜻입니다. 그게 도심(道心)입니다.

바른 지견을 갖추지 못한 사람은 아무리 절을 열심히 하고, 목에 피가 넘어오도록 관세음보살을 불러도 바른 수행의 길이 아니고, 바른 불법이 아니고, 부처님의 본마음이 아닙니다. 그러니 소견이 바

른지 바르지 않은지를 살피고 또 살피고, 주의하고 또 주의해야 할
것입니다.

　외 도 총 명 무 지 혜
　外道聰明無智慧라
　외도는 아무리 총명해도 지혜가 없는지라

　불법 밖의 도, 즉 불교 이외의 다른 종교를 '외도(外道)'라 칭합니
다. 머리가 똑똑해 하루에 책을 한 권씩 외우고 세상에 모르는 것이
없을 만큼 박식하다 해도 그것은 잡된 지식이지 지혜는 아닙니다.
지혜는 이치를 아는 것입니다. 모든 존재의 법칙을 아는 것이고, 세
상과 사람이 살아가는 원리를 아는 것이 지혜(智慧)입니다. 외도들은
인생과 세상의 바른 이치를 알지 못합니다. 그래서 지혜가 없다는
것입니다.

　역 우 치 역 소 애
　亦愚癡亦小騃니
　어리석고 또 어리석으니

　어른이 어리석은 것을 우치(愚癡)라 하고 아이가 어리석은 것을 소
애(小騃)라 합니다. 간혹 '소해(少駭)'라 한 곳이 있는데, 잘못입니다.
왜 어리석다고 하는가?

공 권 지 상 생 실 해
空拳指上生實解로다
빈주먹의 안에 무엇을 가지고 있다고 잘못 알았네.

'실(實)'은 속이 차다, 실답다, 알맹이가 있다는 뜻입니다. 간교한 어른이 빈주먹을 쥐고 아이들에게 장난을 칩니다.

"여기 몇 개가 들어있을까? 알아맞히는 사람에겐 사탕을 준다."

그러면 아이들이 요리조리 궁리해 제각기 "두 개요", "세 개요" 외치느라 난리가 납니다. 빈주먹 속에 뭔가 있다고 생각하는 것입니다. 그와 마찬가지로 중생들이 실재하지도 않는 것을 상상으로 그려내 "분명히 있을 것이다"고 여기니, 참으로 어리석다는 것입니다.

집 지 위 월 왕 시 공
執指爲月枉施功하고
손가락을 집착하여 달을 삼으니 그릇 노력을 하고

방편(方便)에 떨어져 있다는 것입니다. 방편(方便)은 목적을 위한 수단입니다. "달이 뭡니까?" 하고 물었을 때, 손가락으로 가리키는 것입니다. 손가락은 달을 가리키는 수단입니다. 목적하는 바는 달입니다. 그런데 질문한 사람이 "저 손가락이 달이구나" 하고 생각한다면 큰 오산이 아니겠습니까?

불교를 공부하다 보면 방편이 너무 화려하고 현란해 자칫 오해하는 수가 있습니다. 방편이 꼭 필요한 것이긴 하지만 결국은 거품이지 실체가 아닙니다. 손가락을 달이라 여기는 사람은 '달'만 오인한 것이 아니라 '손가락'도 오인한 것입니다. 불교를 공부하면서 방편법을 실법(實法)으로 알면, 그 사람은 참된 불법이 뭔지 모를 뿐만 아니라 방편이 뭔지도 모르는 것입니다. 방편을 방편인 줄 알고 모쪼록 부처님의 뜻, 여래의 뜻을 알아야 합니다. 이것이 정법(正法)입니다.

자기 깜냥으로 이해한 바와 경험을 토대로 나름대로 "이것이 진리다"고 확정하고서는 자기의 생각과 다른 것들은 전혀 믿으려 하지도 않고, 깊이 생각해 보려고 하지도 않는다면 얼마나 딱한 노릇입니까? 그 사람이 구축한 진리의 성(城)은 어디서 온 것입니까? 이책 저 책 뒤지고, 이 사람 저 사람에게서 들은 말들로 쌓은 성입니다. 그것은 결국 빛깔의 그림자요 소리의 메아리일 뿐입니다. 그림자와 메아리를 붙들 수 있습니까? 끝내 잡히지 않는 그림자와 메아리를 잡으려고 허튼 애를 쓰니 얼마나 안타까운 일입니까?

근 경 법 중 허 날 괴
根境法中虛捏怪로다
육근과 육경의 법 가운데서 헛되이 눈을 비비도다.

'근경법중(根境法中)'이 '근경진중(根境塵中)'으로 되어있는 책도 있습니다. '근경법(根境法)'이란 안이비설신의(眼耳鼻舌身意) 육근(六根)과 색성향미촉법(色聲香味觸法)의 육경을 말합니다. '허날괴(虛捏怪)'란 멀쩡한 눈을 공연히 누르고 비벼 괴이하게 만든다는 것입니다. 눈을 꽉 누르거나 마구 비비면 허공에 뭐가 이상한 게 있는 것처럼 보입니다. 물건이 두 개로 보이기도 하고, 그림자가 있는 것처럼 보이기도 하고, 꽃이 있는 것처럼 보이기도 합니다. 그것이 괴이(怪異)한 짓거리입니다.

육근(六根)과 육경(六境)의 관계 속에서 육식(六識)이 발생합니다. 식(識)이 아무리 기기묘묘하다고 해도 근과 경이라는 인연의 그림자일 뿐입니다. 그런 식을 주워 모으겠다고, 남보다 더 많이 모으겠다고, 남보다 너 좋은 걸 모으겠다고 이 궁리 저 궁리 한다면 얼마나 부질없는 짓입니까? 멀쩡한 눈을 제 손으로 눌러 별별 해괴한 것들을 보려는 짓입니다. 그런 허구의 성에 갇혀 인생을 허비한다면 참으로 안타까운 일입니다.

불 견 일 법 즉 여 래
不見一法卽如來니
한 법도 보지 않는 것이 곧 여래이니

방 득 명 위 관 자 재
方得名爲觀自在라
바야흐로 이름을 관자재라고 한다.

요 즉 업 장 본 래 공
了卽業障本來空이나
깨달으면 업장이 본래 공하지만

미 료 환 수 상 숙 채
未了還須償宿債라
깨닫지 못하면 모름지기 묵은 빚을 갚아야 한다.

기 봉 왕 선 불 능 손
飢逢王饍不能飡하니
배는 고픈데 왕의 음식을 만났으나 먹지를 않으니

병 우 의 왕 쟁 득 차
病遇醫王爭得差아
병든 사람이 의왕을 만난들 어찌 나을 수 있으랴.

재 욕 행 선 지 견 력
在欲行禪知見力하니
욕심의 상태에 있으면서 선정을 닦는 것은 지견의 힘
이니

화 중 생 련 종 불 괴
火中生蓮終不壞로다
비유컨대 불 속에서 연꽃이 피는 것과 같아서 마침내 파
괴되지 않도다.

불 견 일 법 즉 여 래
不見一法卽如來니
한 법도 보지 않는 것이 곧 여래이니

불교에서는 심외무물(心外無物), 마음 밖에 사물이 없다고 말합니다. 지금 우리 눈에는 온갖 차별상이 가득합니다. 이 차별상이 모두 마음으로 지어진 것일 뿐, 자체의 성품이 없습니다. 즉 자성(自性) 자리에서 보면 일체 차별상(差別相)이 없다는 것입니다. 그래서 '한 법도 보지 않는다〔不見一法(불견일법)〕'고 한 것입니다. 그러니 '한 법도 보지 않는다'고 해서 자기 눈을 감아 아무것도 보지 않는다거나 전체를 싹 쓸어 버려 텅 비게 만들었다는 뜻이 아닙니다. 안목(眼目)이 바뀌는 것입니다. 실상을 보는 눈이 열리면 지금 있는 이대로 본래 한 물건도 없었던 것입니다. 그래서 도안무물(道眼無物)이라고도 합니다. 그 경지가 바로 여래라는 것입니다.

방 득 명 위 관 자 재
方得名爲觀自在라
바야흐로 이름을 관자재라고 한다.

'관자재(觀自在)'는 보는 것이 자유자재하다, 자유자재로 관찰한다는 뜻이고, 관세음보살의 다른 이름이기도 합니다. 한 법도 보지 않아야 관이 자유자재하다고 할 수 있다는 것입니다. 차별상에 사로잡히면 이것과 저것이 영 다른 것으로 여겨집니다. 그래서 물은 물로만 보고, 구름은 구름으로만 봅니다. 구름과 물 사이에 넘어설 수 없는 벽이 있는 것처럼, 구름은 물이 아니고 물은 구름이 아니라 여깁니다. 이것이 관이 자유자재하지 못한 것입니다. 구름과 물의 차이는 모양의 차이일 뿐 성품은 동일하다는 것을 알 때, 비로소 구름과 물을 자유롭게 넘나들 수 있는 것입니다. 때로는 그 물을 구름이라 부르고, 때로는 그 구름을 물이라 부르는 것입니다. 이것이 관이 자재한 것이라 합니다.

요 즉 업 장 본 래 공
了卽業障本來空이나
깨달으면 업장이 본래 공하지만

일체가 다 마음뿐이었음을 깨달으면 업장(業障)도 따로 업장이라 할 게 없는 것입니다. 그 낱낱의 업을 하나의 마음으로 관찰하는 것입니다. 예를 들면, 금을 가지고 불상을 만들고, 코끼리를 만들고, 물고기를 만드는 것과 같습니다. 아무리 다양한 형태로 변형되더라도 그것은 금입니다.

업장이 공하다고 해서 인과(因果)를 무시하라는 말이 아닙니다. 불상, 코끼리, 물고기를 각각으로 보아 어느 하나는 취하고 어느 하나는 버리려 드는 것도 문제지만 불상, 코끼리, 물고기를 몽땅 녹여 한 덩어리로 만들라는 것은 더더욱 아닙니다. 두 가지 모두 겉모양에 끌려 다니는 것입니다. 이런 것을 일컬어 "인과에 떨어졌다(落因果(낙인과))"고 합니다.

겉모양에 사로잡힌 집착을 버리고 성품을 보라는 것입니다. 무엇을 했건, 하고 있건, 하려고 하건 그것이 모두 우리의 마음 작용이고, 하나의 자성이란 사실을 놓치지 말라는 것입니다. 또한 하나의 성품이 인연 따라 갖가지 모양을 나타낸다는 사실을 놓치지 말라는 것입니다. 이런 것을 "인과에 어둡지 않다〔不昧因果(불매인과)〕"라고 합니다. 그래서 자성을 밝힌 분들을 보면 보통 사람보다 더 정확하게 보고, 더 세밀하게 사유하고, 더 신중하게 말하고 행동합니다.

미 료 환 수 상 숙 채
未了還須償宿債라
깨닫지 못하면 모름지기 묵은 빚을 갚아야 한다.

앞서 말씀드렸듯이 『조론(肇論)』이라는 희대의 명작을 남긴 승조법사는 "머리를 칼날 앞에 들이대도 봄바람을 베는 것과 같다"라고 하셨습니다. 자기 살림살이가 아니고야 어떻게 형장에서 이런 말들이 흘러나올 수 있겠습니까? 거짓으로는 이런 표현을 할 수 없습니다. 이미 '불견일법(不見一法)'이 된 것입니다. 그러니 승조법사에게는 삶도 죽음도 한 구비 출렁거리는 물결일 뿐입니다.

하지만 본래 평등한 성품자리를 깨닫지 못하고 차별상에 사로잡혀 살면 어떻게 되는가?

가사백천겁　　　소작업불망
假使百千劫　　　所作業不亡

인연회우시   과보환자수

因緣會遇時   果報還自受

백천 겁이 흐른다 해도

지은 업은 없어지지 않아

인연이 맞아 떨어질 때

과보를 스스로 돌려받는다.

크게 깨달아 차별상에 사로잡히지 않고 나아가 삶과 죽음마저도 초연할 수 있다면 얼마나 좋겠습니까? 그렇지 못하다면, 과거에 진 빚이라 여기면서 당연하게 받아들일 줄이라도 알아야 합니다. 한 세상 살아가자면 부당하고 억울한 일들이 좀 많습니까? 하지만 불교를 배운 사람이라면 절대 원망하며 한을 품거나 앙갚음을 하려고 들어서는 안 됩니다. 그래야 불교를 배운 보람이 있는 것입니다.

기 봉 왕 선 불 능 손
飢逢王饍不能飡하니
배는 고픈데 왕의 음식을 만났으나 먹지를 않으니

'왕의 음식〔王饍(왕선)〕'은 훌륭한 돈교 법문, 원돈의 가르침을 비유한 말입니다. 사람들에게 최상승의 가르침들을 설해 주어도 도무지 받아들이려 하질 않는 것이, 마치 굶주린 사람에게 온갖 산해진미가 가득한 임금님 밥상을 차려 줘도 공포를 느끼고 두려워하면서 "감히 내가 어떻게 저 음식을 먹겠나" 하며 먹지 않는 것과 같다는 것입니다.

병 우 의 왕 쟁 득 차
病遇醫王爭得差아
병든 사람이 의왕을 만난들 어찌 나을 수 있으랴.

한 번 더 비유를 든 것입니다. 오랫동안 병으로 고생한 사람이 훌륭한 의사를 만나고도 묘약을 복용하지 않는 것과 같다는 것입니다. 아무리 의사가 훌륭하고, 처방이 기묘하고, 약의 효험이 특별하면 뭐합니까? 환자가 약을 먹지 않으면 아무 소용없습니다.

그러니, 우리가 법에 대해서는 욕심을 내야 합니다. 나처럼 못난 사람이 어찌 감히 최상승의 법문을 배우겠냐고 생각해서는 안 됩니다. 그건 중생상(衆生相) 즉 열등의식이지, 겸손이라 할 수 없습니다. 부처님의 진실한 가르침은 자격을 따지지 않습니다. 승속(僧俗), 유식무식(有識無識), 유학무학(有學無學), 부귀빈천(富貴貧賤), 남녀노소(男女老少)를 따지지 않는 게 바로 최상승의 가르침입니다.

재 욕 행 선 지 견 력
在欲行禪知見力하니
욕심의 상태에 있으면서 선정을 닦는 것은 지견의 힘이니

아주 중요한 말씀입니다. 성품을 본다, 선정을 닦는다, 도리를 통한다, 수행을 한다는 것은 본능과 번뇌가 있는 상태에서 하는 것입

니다. 모든 본능과 번뇌가 제거된 뒤에야 비로소 성품을 볼 수 있고, 선정을 닦을 수 있고, 도리를 통할 수 있고, 수행을 할 수 있다는 것이 아닙니다. 모든 욕망과 감정과 의지가 완전히 제거된다면 그게 목석이지 사람입니까? 도인에게는 심적인 갈등과 모순, 불합리와 부조리가 하나도 없겠지 생각한다면 천만의 말씀입니다. 차이가 있다면, 항상 지혜의 눈을 뜨고서 그 욕망과 번뇌와 고통의 실상을 꿰뚫어 본다는 것입니다. 그렇게 실상을 꿰뚫어 보는 지견의 힘은 무엇과 같은가?

화 중 생 련 종 불 괴
火中生蓮終不壞로다
비유컨대 불 속에서 연꽃이 피는 것과 같아서 마침내 파괴되지 않도다.

수행자의 이상적인 삶을 상징하는 것이 연꽃입니다. 연꽃은 진흙에 뿌리를 내리고 더러운 웅덩이에서 자라지만 티끌 하나 묻히지 않고 아름다운 꽃을 피웁니다. 그처럼 항상 탐·진·치 삼독의 진흙 바닥에 뿌리를 내리고서 매일같이 팔만사천 번뇌의 오물을 뒤집어쓰면서도 항상 맑고 깨끗하고 향기로운 삶을 영위해 나아가는 것이 바로 수행자의 삶입니다. 그럴 수 있는 힘이 무엇인가? 바로 지견의 힘, 지혜의 힘, 마하반야의 힘입니다. 그 지견의 힘이 불 속에서 핀 연꽃과 같아서 끝내 파괴되지 않는다는 것입니다.

제30강

용 시 범 중 오 무 생
勇施犯重悟無生하니
용시 비구는 중죄를 범하고도 생사가 없는 도리를 깨
달았으니

조 시 성 불 우 금 재
早時成佛于今在로다
일찍이 성불하시어 지금도 계신다.

사 자 후 무 외 설
獅子吼無畏說이여
사자후의 두려움 없는 설법이여

심 차 몽 동 완 피 달
深嗟懞憧頑皮靼이로다
어리석어서 마치 완악한 가죽과 같음을 슬퍼하도다.

지 지 범 중 장 보 리
只知犯重障菩提하고

다만 중죄를 범하면 보리에 장애가 된다는 사실만 알고

불 견 여 래 개 비 결
不見如來開秘訣이로다
여래가 열어 놓은 그 비결을 보지 못하는구나.

유 이 비 구 범 음 살
有二比丘犯淫殺에
두 비구가 있어서 음행과 살인을 범했을 때

바 리 형 광 증 죄 결
波離螢光增罪結이나
우바리존자의 반딧불 같은 소견은 죄의 매듭만 증장시
켰지만

용 시 범 중 오 무 생
勇施犯重悟無生하니
용시 비구는 중죄를 범하고도 생사가 없는 도리를 깨달았으니

　용시(勇施) 비구 이야기는 『불설정업장경(佛說淨業障經)』에 나옵니다. 아득한 옛날 중향세계(衆香世界)에 일무구광여래(日無垢光如來)가 계셨는데, 그때 용시 비구라는 한 수행자가 있었답니다. 그 스님이 워낙 인물이 좋다 보니, 한 여인이 반해 그만 병이 들어 버렸습니다. 딸이 바짝 말라 가자 그 어머니는 꾀를 내어 용시 비구를 유인했고, 결국 두 사람은 사랑에 빠지게 됩니다. 그런데 그 딸이 이미 결혼한 사람이었습니다. 음욕에 눈이 먼 용시 비구는 결국 그 딸에 독을 써서 남편을 살해하도록 사주합니다.

　불법에서 가장 금기시하는 불살생계와 불음계를 범한 것입니다. 용시 비구는 그 남편이 죽고 나자 비로소 후회하고 두려움에 떨게 됩니다. "저는 중죄를 지었습니다. 누가 저를 참회시켜 주겠습니까" 하고 외치며, 용시 비구는 미친 사람처럼 사방을 헤맸습니다. 그러다 비유다라(鼻揉多羅)존자를 만나, 그의 설법을 듣고는 곧바로 무생인(無生忍), 즉 생멸이 없는 도리를 깨달았습니다. 우리의 자성 자리에는 일체 죄니 복이니 하는 차별상이 도대체 있을 수 없다는 것을 확철대오한 것입니다. 용시 비구는 그 후 어떻게 되었는가?

조 시 성 불 우 금 재
早時成佛于今在로다

일찍이 성불하시어 지금도 계신다.

　　일찍이 성불하여 지금도 계신다고 하였습니다. 이미 성불해서 지금은 서쪽 아득한 곳의 상광국(常光國)에 계시는데, 그 명호가 보월여래(寶月如來)이십니다.

　　돌아보면 허물없는 사람이 어디 있겠습니까? 물론 참회하고 반성해야겠지요. 하지만 지나친 후회와 자책에 사로잡혀 비탄으로 세월만 보낸다면 그것은 진리의 길에서 멀어지는 행위입니다. 지난 잘못을 새로운 출발의 디딤돌로 삼고, 참된 정진의 밑거름으로 삼아야 합니다. 영가 스님께서 이런 사례를 드신 것도 온갖 허물과 번뇌 속에서 살아가는 우리들에게 용기를 주고 격려하려는 것입니다.

　　사　자　후　무　외　설
　　獅子吼無畏說이여
　　사자후의 두려움 없는 설법이여

　　영가 스님의 기개가 잘 드러나는 표현입니다. 조사들의 법문을 찬찬히 읽다 보면, 깨달음의 경지는 다르지 않다 치더라도 각자 성향에는 상당한 차이가 있음을 느낄 수 있습니다. 『선요(禪要)』를 읽어보면 고봉원묘(高峰原妙) 선사는 높은 봉우리라는 그 이름처럼 범접할 수 없는 위엄을 갖췄던 분이라 짐작됩니다. 그 말씀이 날카로운 칼날 같고, 무서운 우렛소리와 같기 때문입니다. 반면 그분의 제자 천목중봉(天目中峯) 선사의 글은 아주 온화하고 넉넉하며, 모든 것을 다 이해하고 감싸 주는 포근한 느낌을 줍니다.

'사자후(獅子吼)'라는 표현이 앞뒤로 여러 차례 나옵니다. 이런 것을 통해서도, 오랜 세월 헤매다 바른 깨달음을 얻은 영가 스님의 심정이 어떠했는가를 어느 정도 짐작할 수 있습니다. 백수의 왕인 사자가 드넓은 초원에서 포효하듯이 이젠 진리를 설파함에 있어 그 누구도 두렵지 않다는 것입니다.

심 차 몽 동 완 피 단
深嗟懞憧頑皮靼이로다
어리석어서 마치 완악한 가죽과 같음을 슬퍼하도다.

'심차(深嗟)'는 깊이 탄식한다는 것입니다. '몽동(懞憧)'은 아주 어리석은 것입니다. '완피달(頑皮靼)'은 무두질하지 않은 가죽을 말합니다. 동물의 가죽을 가공하지 않고 그냥 건조시키면 아주 딱딱합니다. 특히 소가죽이 그렇고, 쇠가죽 중에서도 목덜미 부분이 가장 거칠고 두껍다고 합니다.

귀가 번쩍 뜨이고, 눈이 번쩍 뜨일 기가 막힌 이치를 설파해도 가공하지 않고 말린 쇠가죽처럼 그 어리석음이 너무도 단단해 도무지 알아듣질 못하고 꿈쩍도 않는다는 것입니다. 그것을 슬퍼한다는 것입니다.

지 지 범 중 장 보 리
只知犯重障菩提하고

다만 중죄를 범하면 보리에 장애가 된다는 사실만 알고

계율에서 가장 중한 죄를 바라이(波羅夷)라 하는데, 여기에 네 가지가 있습니다. 첫째, 음행하지 말라. 둘째, 도적질하지 말라. 셋째, 살생하지 말라. 넷째 거짓말하지 말라는 것입니다. 이 네 가지를 범하면 승단에서 축출하였고, 아비지옥에 떨어져 한량없는 고통을 받는다고 하였습니다. 왜 이렇게 엄하게 다스렸는가? 이 네 가지가 길을 막는 큰 장애물처럼 깨달음의 길로 더 이상 나아가지 못하게 막기 때문입니다. 결국 계율을 제정하신 부처님의 의도는 항목을 정해 벌을 주겠다는 것이 아니라, 깨달음으로 유도하겠다는 것입니다. 따라서 중죄를 범했다 해서 깨달음의 길을 포기하게 만든다면 그건 부처님의 뜻에 어긋나는 것입니다.

불 견 여 래 개 비 결
不見如來開秘訣이로다
여래가 열어 놓은 그 비결을 보지 못하는구나.

여래의 비결이란 앞에서 얘기한 그대로입니다. 마음 밖에는 한 법도 없다는 것, 그 마음의 실상은 본래 평등하다는 것, 즉 일심(一心)의 법칙입니다. 그러니 죄이니 복이니 할 것도 없고 손해니 이익이니 할 것도 없다〔無罪福無損益(무죄복무손익)〕는 것입니다. 이것이 여래께서 열어 놓으신 비결입니다. 중죄를 범했어도 완전한 깨달음을 성취할 수 있다는 것을 앞에서 용시 비구를 예로 들어 설명했는데,

아래에서 다시 한 번 예를 듭니다.

유 이 비 구 범 음 살
有二比丘犯淫殺에
두 비구가 있어서 음행과 살인을 범했을 때

음행과 살인을 저지른 두 비구가 있었습니다. 이 이야기는 『유마경(維摩經)』「제자품(弟子品)」에 나옵니다. 두 비구가 숲 속 토굴에서 공부를 하다가 한 사람이 탁발을 하러 나가게 되었습니다. 남아 있던 비구가 좌선을 하다 잠깐 잠이 들었는데, 한 여인이 땔감을 주우러 숲에 왔다가 그 비구를 보고는 그만 음심이 발동해서 강간을 했다는 것입니다.

그 비구는 크게 낙심했습니다. 자의로 음행한 것은 아니지만 평생 공부가 허사가 된 것이 아닌가 싶었던 것입니다. 그때 마침 동료 비구가 탁발을 해서 돌아왔습니다. 자초지종을 들은 동료는 화가 나서 그 여자를 찾아 숲을 뒤졌습니다. 숲에서 나뭇가지를 줍던 그 여자는 화난 모습으로 자신을 찾는 비구를 보고 도망치다가 그만 낭떠러지에 떨어져 죽게 되었습니다. 이렇게 고의는 아니지만 한 비구는 엉겁결에 음행을 범하고, 또 한 비구는 엉겁결에 살생을 범한 것입니다.

바 리 형 광 증 죄 결
波離螢光增罪結이나
우바리존자의 반딧불 같은 소견은 죄의 매듭만 증장시켰지만

'바리(波離)'는 지계제일 우바리(優波離)존자를 지칭합니다. 그래서 죄책감에 휩싸인 두 사람이 우바리존자를 찾아갑니다. 두 사람의 이야기를 들은 우바리존자는 제일 큰 죄인 바라이죄를 범한 것이라고 계율에 따라 설명해 줍니다. 바라이죄는 참회가 허용되지 않는 죄〔不通懺悔(불통참회)〕입니다. 비구 자격이 박탈되는 것이지요.

그러니 두 비구의 마음이 어떠했겠습니까? 두 사람은 잘못을 뉘우치고 새로운 마음으로 수행을 시작하려고 우바리존자를 찾아갔던 것인데, 결과적으로 죄책감과 자괴감만 늘어난 것입니다. 그래서 영가 스님께서, 우바리존자의 반딧불 같은 소견이 죄의 결박만 늘렸다고 한 것입니다.

제31강

유 마 대 사 돈 제 의
維摩大士頓除疑가
유마대사는 몰록 의심을 제거한 것이

환 동 혁 일 소 상 설
還同赫日銷霜雪이라
뜨거운 태양이 서리나 눈을 녹이는 것과 같았네.

부 사 의 해 탈 력
不思議解脫力이여
불가사의한 해탈의 힘이여

묘 용 항 사 야 무 극
妙用恒沙也無極이라
묘한 작용이 항하의 모래 수와 같아 다함이 없네.

사 사 공 양 감 사 로
四事供養敢辭勞아
네 가지 공양을 감히 수고롭다고 사양할 것인가

만 냥 황 금 역 소 득
萬兩黃金亦銷得이라

하루에 만 냥의 황금을 쓴다 하더라도 다 녹일 수 있다.

분 골 쇄 신 미 족 수
粉骨碎身未足酬요

분골쇄신한다 하더라도 깨닫지 못하면 족히 갚을 수가
없으나

일 구 요 연 초 백 억
一句了然超百億이라

한 구절에 환히 깨달으면 백억 배를 초과하여 은혜를
갚으리라.

유 마 대 사 돈 제 의
維摩大士頓除疑가
유마대사는 몰록 의심을 제거한 것이

우바리가 두 비구에게 죄를 추궁할 때, 마침 유마거사가 찾아오게 됩니다. 그들의 대화를 들은 유마거사 우바리에게 "두 비구의 죄를 더욱 무겁게 하지 마십시오. 당장 없애 주어야지, 그 마음을 요동치게 해서는 안 됩니다" 하고 충고합니다. 그리고 이어서 "왜냐하면 그들이 지은 죄의 성품이 안에도 있지 않고, 밖에도 있지 않고, 중간에도 있지 않기 때문입니다" 하며 일장의 법문을 하십니다. 그 법문을 듣고 두 비구는 단박에 무거운 마음을 털어 버리게 되었습니다.

제2조 혜가 스님과 제3조 승찬 스님 이야기에도 이와 비슷한 말씀이 나옵니다. 어느 날 마흔이 넘은 한 거사가 심한 풍병에 걸려 혜가 스님을 찾아옵니다. 지은 업장이 많아 그리된 것이 생각한 그는 혜가 스님께 이렇게 말합니다.

"화상께 저의 죄를 참회하고자 합니다."

그러자 혜가 스님이 말씀하십니다.

"죄를 가지고 오십시오. 그러면 참회시켜 주겠습니다."

"죄의 성품을 찾아보아도 찾을 수가 없습니다."

"그대의 죄를 참회시켜 주었습니다."

거사는 이 말씀에 크게 깨닫고 이렇게 말합니다.

"오늘 비로소 죄의 성품이 안에도 밖에도 중간에도 있지 않음을 알았습니다."

이것이 앞에서 말한 여래의 비결입니다. 마음의 실상을 바로 이해하는 것, 이것보다 뛰어난 비결은 없습니다.

환 동 혁 일 소 상 설
還同赫日銷霜雪이라
뜨거운 태양이 서리나 눈을 녹이는 것과 같았네.

작열하는 태양이 서리나 눈을 녹여 버리듯 죄업이라는 마음속 번뇌망상을 말끔히 없애 버렸다는 것입니다. 이렇게 죄의 성품이 본래 공한 이치를 알고 참회를 해야 진정한 참회입니다. 『관보현보살행법경(觀普賢菩薩行法經)』에 이런 계송이 있습니다.

약욕참회자   단좌사실상
若欲懺悔者   端坐思實相
중죄여상로   혜일능소제
衆罪如霜露   慧日能消除
만약 참회하고자 한다면
단정히 앉아 실상을 사유하라.
온갖 죄업들 서리나 이슬 같아
지혜의 태양이 녹여버릴 수 있으니.

그러니 이치를 알고 참회합니다. 이치를 모르고 참회하면 큰 소득이 없습니다.

부 사 의 해 탈 력
不思議解脫力이여
불가사의한 해탈의 힘이여

중죄를 지어 고뇌하고 번민하던 사람도 자성자리에 들어가 실상을 깨달으면 단박에 고뇌와 번민에서 벗어나게 됩니다. 왜냐하면 그 자리에서는 불견일법(不見一法), 한 법도 볼 수가 없기 때문입니다. 아무리 단단한 번뇌의 사슬이라도 단숨에 끊어 버리니, 이 얼마나 위대한 해탈의 힘입니까? 이런 여래의 비결을 지니면 언제 어디서나 무엇에도 속박되는 일이 없으니, 이 얼마나 신비한 해탈의 힘입니까? 진정 생각으로는 도저히 헤아릴 수 없는 기묘한 힘입니다.

묘 용 항 사 야 무 극
妙用恒沙也無極이라
묘한 작용이 항하의 모래 수와 같아 다함이 없네.

번뇌가 한 가지면 해탈의 지혜도 한 가지고, 번뇌가 만 가지면 해탈의 지혜도 만 가지일 것입니다. 그러나 중생의 번뇌는 끝이 없으니, 해탈의 지혜가 어찌 끝이 있겠습니까? 그 모든 해탈의 지혜가 몽땅 하나의 마음에서 펼쳐지는 것이니, 마음의 오묘한 작용에 또한 어찌 끝이 있겠습니까?

사 사 공 양 감 사 로
四事供養敢辭勞아
네 가지 공양을 감히 수고롭다고 사양할 것인가

　'네 가지 공양〔四事供養(사사공양)〕'이란 신도들이 수행자에게 올리
는 네 가지 공양물, 즉 음식(飮食)·의복(衣服)·와구(臥具)·탕약(湯藥)
을 말합니다. 번뇌를 완전히 소진한 자를 일컫는 아라한(阿羅漢)을
응공(應供)으로 의역하기도 합니다. 공양받아 마땅한 분, 공양받을
자격이 충분한 분이라는 뜻입니다. 지금 영가 스님은 자신도 자성자
리에 계합하였기에 공양받을 자격이 충분하다고 말하고 있는 것입
니다.

　만 냥 황 금 역 소 득
萬兩黃金亦銷得이라
하루에 만 냥의 황금을 쓴다 하더라도 다 녹일 수 있다.

　이치를 제대로 알고 수행한 사람이라면, 이처럼 얼마든지 받아도
녹여낼 수 있는 것입니다. 하지만 반대로 이치를 깨닫지 못했다면
그것은 반대한 빚을 지는 것입니다.
　『자경문』에서 말씀하셨습니다.

　금생미명심　　　적수야난소
　今生未明心　　　滴水也難消

금생에 마음을 밝히지 못하면
물 한 방울도 소화시키기 어렵다.

 신자들이 올리는 공양물에는 수많은 이들의 희생과 노고가 담겨 있습니다. 과보를 두려워하지 않고서야 어찌 감히 쉽게 받을 수 있겠습니까? 오직 마음을 밝힌 자만이 신자들의 피와 땀을 능히 감당할 수 있는 것입니다.

 분 골 쇄 신 미 족 수
 粉骨碎身未足酬요
 분골쇄신한다 하더라도 깨닫지 못하면 족히 갚을 수가 없으나

 수많은 은혜(恩惠) 가운데 그 무게가 무엇보다 무거운 것이 네 가지가 있습니다. 첫째는 부모의 은혜, 둘째는 국가의 은혜, 셋째는 삼보의 은혜, 넷째는 중생의 은혜입니다. 은혜가 무거운 만큼 보답하지 못하면 빚도 무거운 것입니다. 은혜를 갚는 방법에는 여러 가지가 있을 것입니다. 그 가운데 불교인들이 선택하는 방법은 마음자리를 깨달아 스스로 진리에 순응하는 조화로운 삶을 구현하고, 많은 이들의 행복과 평안을 기원하며 이웃을 진리의 길로 이끄는 것입니다. 스스로 해탈하고 이웃을 해탈케 하지 못한다면 뼈를 부수어 골수를 뽑아내고 온몸을 던져 가루가 된다한들 그 막중한 은혜를 어찌 갚을 수 있겠습니까?

일 구 요 연 초 백 억
一句了然超百億이라

한 구절에 환히 깨달으면 백억 배를 초과하여 은혜를 갚으리라.

　지금까지 진 빚을 백억 배를 초과하여 갚는 길이 있다는 것입니다. 그것이 무엇인가? 한 구절, 한 마디에 환히 깨달아 자성자리에 계합하는 것입니다. 그러면 만 냥의 황금이라 해도 녹여낼 수 있고, 그 은혜를 백억 배를 초과해서 갚을 수 있다는 것입니다.

　『금강경』에서도 여러 차례 하신 말씀입니다. 금강경의 이치 하나를 제대로 이해하면, 그 복덕이 항하의 모래알 수보다 많은 삼천대천세계에 금은보화를 가득 채워서 보시하는 것보다도 훨씬 더 뛰어나다고 했습니다. 왜 그런가? 금강산보다 수백만 배, 수천만 배의 금은보화라 할지라도 그것은 결국 유한한 것입니다. 하지만 이 평등한 마음의 도리는 무한한 세계입니다. 따라서 비교가 되지 않는 것입니다.

제32강

법 중 왕 최 고 승
法中王最高勝이여

법 가운데 왕이요, 가장 뛰어나니

항 사 여 래 동 공 증
恒沙如來同共證이라

항하의 모래 수와 같은 여래들이 다 함께 증득하였네.

아 금 해 차 여 의 주
我今解此如意珠하니

내가 지금 이 여의주를 풀어놓았으니

신 수 지 자 개 상 응
信受之者皆相應하리라

믿고 받아 가지는 사람들은 다 상응할 것이다.

요 요 견 무 일 물
了了見無一物이여

밝게 보고 밝게 보아도 한 물건도 없으니

역 무 인 혜 역 무 불
亦無人兮亦無佛이라
사람도 없고 부처도 없더라.

대 천 사 계 해 중 구
大千沙界海中漚요
삼천대천세계가 바다 가운데 물거품이요

일 체 성 현 여 전 불
一切聖賢如電拂이라
일체의 성현들도 번갯불이 번쩍하는 것이로다.

법 중 왕 최 고 승
法中王最高勝이여
법 가운데 왕이요, 가장 뛰어나니

여러 가지 가르침이 많습니다. 그 가운데 지금 영가 스님께서 말씀하고 계신 가르침, 즉 한 법도 보지 않는 것이 곧 여래〔不見一法卽如來(불견일법즉여래)〕라는 도리, 마음 밖에는 한 물건도 없다〔心外無物(심외무물)〕는 도리, 이 도리야말로 법 가운데서도 왕이라는 것입니다. 그리고 가장 수승하다고 했습니다.

항 사 여 래 동 공 증
恒沙如來同共證이라
항하의 모래 수와 같은 여래들이 다 함께 증득하였네.

이것이 나만의 깨달음이고, 나만의 가르침인가? 아니라는 것입니다. 헤아릴 수 없이 많은 부처님들이 모두 나와 똑같은 이치를 깨달았지, 다른 이치를 깨달은 것이 아니라는 것입니다. 그럼 영가 스님만 그런가? 아닙니다. 역대 조사들과 천하의 선지식들이 모두 이 도리를 증득한 것이고, 미래의 선지식들 역시 이 도리를 증득하는 것입니다.

아 금 해 차 여 의 주
我今解此如意珠하니

내가 지금 이 여의주를 풀어놓았으니

지금 이 증도가를 설하신 것이 바로 영가 스님께서 가지고 있던 여의주를 풀어놓은 것입니다. 여기서 '아금해차여의주(我今解此如意珠)'라 한 것은 앞에서 '기능해차여의주(旣能解此如意珠)'라 한 것과 일맥상통합니다. 이 구절의 '해(解)'자 역시 '풀어놓다'는 뜻입니다.

여의주는 누구나 가지고 있습니다. 하지만 일러 주는 이가 없으면 자기가 가지고 있다는 사실조차 모릅니다. 예를 들면 캄캄한 방에 보물이 있는 것과 같습니다. 등불을 들고 비춰 주는 자가 없으면 보물은 끝내 발견되지 않습니다. 불법도 마찬가지라는 것입니다. 영가 스님처럼 제대로 깨달은 분이 설명해 주지 않으면 개인적으로 아무리 지혜가 뛰어나다 해도 알 수가 없습니다. 그래서 스승이 중요한 것이고, 스승도 이치를 제대로 깨달으신 분이라야 합니다. 불교를 이야기하는 사람은 세상에 많습니다. 하지만 불교를 제대로 알고 설명하는가, 그렇지 못한가는 반드시 살펴보아야 합니다.

신 수 지 자 개 상 응
信受之者皆相應하리라
믿고 받아 가지는 사람들은 다 상응할 것이다.

영가 스님께서 이미 증도가라는 여의주를 풀어놓으셨습니다. 캄캄한 방에 등불을 비춰 주며 보물이 있는 곳을 손으로 지목하신 것입니다. 남은 문제는 우리가 그 등불의 빛과 지시를 믿고 받아들여 보물을 발견하는가, 그러질 못하는가 하는 것입니다. 영가 스님의 말씀을 믿고 이해한다면 우리도 자신의 여의주를 발견할 수 있고, 영가 스님처럼 자유자재로 여의주를 활용하게 될 것입니다.

요 요 견 무 일 물
了了見無一物이여
밝게 보고 밝게 보아도 한 물건도 없으니

여기서부터 증도가의 결론에 해당합니다. 실상을 환하게 꿰뚫어 보면 아무것도 없다는 것입니다. 우리 일심(一心)자리는 평등하여 차별되는 어떤 것도 존재하지 않습니다.

역 무 인 혜 역 무 불
亦無人兮亦無佛이라
사람도 없고 부처도 없더라.

사람이니 부처니 하는 것은 설명하기 위해서 지어서 부르는 이름일 뿐이지, 전부 환상이고 그림자입니다. 꿈속에서 수많은 사람이 스치고 지나가듯이 그렇게 나타나 보일 뿐입니다. 아무리 살펴봐도 한 물건도 없습니다. 그러면 우리가 의지하고 있는 이 세계는 무엇인가?

대 천 사 계 해 중 구
大千沙界海中漚요

삼천대천세계가 바다 가운데 물거품이요

물거품은 표면에 잠깐 떠 있다 사라지는 것입니다. 거품이란 물의 다양한 변화상 중 하나이지, 거품이라는 존재가 따로 있는 것이 아닙니다. 꺼지면 바로 물입니다. 그럼, 모든 성현은 무엇인가?

일 체 성 현 여 전 불
一切聖賢如電拂이라
일체의 성현들도 번갯불이 번쩍하는 것이로다.

삼천대천세계, 이 드넓은 우주에 수많은 별처럼 빛나는 부처님과 보살님을 비롯한 모든 성현 역시 번쩍이는 번갯불과 같다는 것입니다. 아무리 위대하고 아무리 거룩해도 잠깐 스쳐 가는 인연일 뿐이라는 것입니다. 참, 대단한 표현입니다. 광대한 우주와 영겁의 세월을 한눈에 담고 관조하는 영가 스님의 안목에 실로 놀라움을 금할 수 없습니다. 그러니, 그 어간에서 벌어지는 소소한 사건들이겠습니까?

제33강

가 사 철 륜 정 상 선
假使鐵輪頂上旋이라도
가령 쇠바퀴가 머리 위를 지나가 산산조각이 난다 하
더라도

정 혜 원 명 종 불 실
定慧圓明終不失이라
내가 깨달은 정과 혜는 원명해서 마침내 잃지 않도다.

일 가 냉 월 가 열
日可冷月可熱이언정
해가 차갑게 되고 달이 뜨겁게 되는 그런 세상이 온다
하더라도

중 마 불 능 괴 진 설
衆魔不能壞眞說이라
뭇 마구니는 능히 이 진리의 설법을 능히 무너뜨리지 못
할 것이다.

상 가 쟁 영 만 진 도
象駕崢嶸漫進途라

코끼리에 수레를 매어 위풍당당하게 길을 가는데

수 당 랑 능 거 철
誰螳螂能拒轍가

어떤 당랑이가 그 길을 막을 수 있겠는가.

대 상 불 유 어 토 경
大象不遊於兎徑이요

큰 코끼리는 토끼의 길에 놀지 않고

대 오 불 구 어 소 절
大悟不拘於小節이라

크게 깨달은 사람은 작은 절개에 구애받지 않는다.

막 장 관 견 방 창 창
莫將管見謗蒼蒼하라

좁은 소견을 가지고 창창히 비방하지 말라

미 요 오 금 위 군 결
未了吾今爲君訣이로다

깨닫지 못했으니 내가 지금 그대들을 위해서 해결해
주노라.

가 사 철 륜 정 상 선
假使鐵輪頂上旋이라도
가령 쇠바퀴가 머리 위를 지나가 산산조각이 난다 하더라도

좀 더 강하게 표현하자면, '쇠바퀴가 내 머리 위를 지나가 내 몸을 산산조각 낸다 하더라도'라는 뜻입니다. 즉 나를 무참히 죽인다 해도라는 의미입니다.

정 혜 원 명 종 불 실
定慧圓明終不失이라
내가 깨달은 정과 혜는 원명해서 마침내 잃지 않도다.

하나의 성품자리는 잃고 얻는 것이 아닙니다. 본래 생멸이 없는 자리입니다. 죽음의 공포가 닥쳐도 선정과 지혜가 항상 고요하게 빛날 것이라고 자신했는데 험담과 비방, 원망과 해침이겠습니까? 영가 스님에게는 실로 소소하기 짝이 없는 경계일 뿐입니다.

얼마나 당당하고, 패기가 넘치고, 기백이 넘치는 말씀입니까! 실상을 완전히 꿰뚫어 진리에 사무치지 않았다면 절대 이렇게 장담하지 못합니다. 누가 감히 목숨을 걸고 거짓말을 하겠습니까? 또한 앞에서 "만약 내가 거짓말로 중생을 속이는 것이라면 영원히 발설지옥에서 사는 업보를 자초하겠다〔若將妄語誑衆生 自招拔舌塵沙劫(약장망어광중생 자초발설진사겁)〕"라고 하였습니다. 전 생애를 바쳐 얻은 확신과 깨달음이 아니고서는 감히 이렇게 장담할 수 없습니다. 읽으면

읽을수록 깊이가 더하고, 감동이 더하는 멋진 구절입니다.

　　일 가 냉 월 가 열
　　日可冷月可熱이언정

　　중 마 불 능 괴 진 설
　　衆魔不能壞眞說이라

해가 차갑게 되고 달이 뜨겁게 되는 그런 세상이 온다 하더라도 뭇 마구니는 능히 이 진리의 설법을 능히 무너뜨리지 못할 것이다.

　해가 차가워지고 달이 뜨거워질 리가 없습니다. 그건 불가능한 일입니다. 하지만 그런 불가능한 일마저 가능하다고 인정한다 해도 지금 이 사자후, 진실한 설법이 파괴되는 일만큼은 불가능하다는 것입니다. 정법을 파괴하는 온갖 마구니들이 떼로 덤벼들어도 불가능하다는 것입니다.

　　상 가 쟁 영 만 진 도
　　象駕峥嶸漫進途라

코끼리에 수레를 매어 위풍당당하게 길을 가는데

　'만진도(漫進途)'는 아주 잘난 듯이 뽐내면서 길을 나아간다는 것입니다.

수 당 랑 능 거 철
誰螳螂能拒轍가
어떤 당랑이가 그 길을 막을 수 있겠는가.

'당랑(螳螂)'은 쇠똥이나 말똥 속에서 나오는 조그마한 벌레입니다. 『장자(莊子)』에 이런 이야기가 있습니다. 옛날에 제(齊)나라의 장공(莊公)이 사냥을 나갔는데, 당랑이 앞다리를 버쩍 세우고 그 수레바퀴를 막으려 들더랍니다. 그래서 마부에게 물었답니다.

"저게 무슨 벌레냐?"

"당랑입니다."

그래 장공이 말했습니다.

"저 벌레가 너무나 보잘것없는 힘으로 큰 수레를 막으려고 있으니, 자기의 힘을 헤아리지 못하는구나."

조그마한 벌레가 수레를 막는다고 막아지겠습니까? 그와 같다는 것입니다. 삿된 소견을 가진 사람들, 반대 의견을 가진 사람들, 불교의 소소한 방편설에 떨어져 있는 사람들이 아무리 나의 주장과 나의 설법을 막으려고 한들 어찌 막을 수 있겠냐는 것입니다. 도저히 막을 수 없을 것이라는 얘기입니다. 또한 이런 나의 설법에 대해 구구하게 말들이 많은 모양인데, 나는 전혀 아랑곳하지 않는다는 것입니다. 그야말로 당랑거철(螳螂拒轍)이란 것이지요. 아주 자신감 넘치는 말씀입니다.

이 구절이 '수견당랑능거철(誰見螳螂能拒轍)'로 되어 있는 책도 있습니다. 이대로 해석하자면 "당랑이가 수레를 막는 것을 본 사람 있는가?"가 됩니다.

대 상 불 유 어 토 경
大象不遊於兎徑이요
큰 코끼리는 토끼의 길에 놀지 않고

큰 코끼리는 대승보살(大乘菩薩)을 비유하고, 토끼는 이승(二乘)을 비유한 말입니다. 또한 앞에서 영가 스님은 "나 역시 수많은 경론을 뒤지면서 쉴 새 없이 명상을 분별했지만 남의 보배를 세는 격이라 아무런 이익이 없었다"라고 고백하였습니다. 이에 의거해 생각해 본다면, 토끼의 길은 곧 여래의 뜻을 파악할 생각은 하지 않고 말에 사로잡혀 분별과 논쟁만 일삼는 학문을 말합니다. 그런 길에서 놀지 않는다는 것은 더 이상 소소한 학문을 하지 않을 뿐 아니라 그렇게 공부하는 자들과는 교류하지 않는다는 것입니다. 왜 그런가? 작은 그릇을 큰 그릇에 담을 수는 있지만 큰 그릇을 작은 그릇에 담을 수는 없기 때문입니다.

대 오 불 구 어 소 절
大悟不拘於小節이라
크게 깨달은 사람은 작은 절개에 구애받지 않는다.

앞에서 용시 비구 이야기, 음행과 살생을 범한 두 비구의 이야기 등을 거론하며 계율의 본뜻에 대한 말씀을 여러 차례 언급한 것으로 볼 때, 당시 영가 스님은 계율과 관련되어 주변으로 지탄받는 일이 잦았던 것으로 보입니다. 구체적으로야 알 수 없지만 출가자임에도 불구하고 어머니와 누이를 모시고 살았던 것이 발단이 아니었을까 짐작됩니다. 그렇게 볼 때 '작은 절개'는 곧 편협한 계율 해석 내지는 지계(持戒)를 의미한다고 볼 수 있습니다. 또한 영가 스님은 천태종에 몸담았다가 선종에 투신한 분입니다. 이를 염두에 두고 하신 말씀이라면, '작은 절개'는 곧 종파에 대한 의리를 의미한다고 볼 수 있습니다.

막 장 관 견 방 창 창
莫將管見謗蒼蒼하라
좁은 소견을 가지고 창창히 비방하지 말라.

'관견(管見)'이란 대통으로 하늘을 보고서 하늘을 작다고 여기는 것입니다. 그처럼 소견이 좁다는 것입니다. 한 물건도 찾을 수 없는 평등한 마음자리는 실로 광대하고 무한한 것입니다. 그 자리에서 보면 삼천대천세계도 바다에 일렁이는 물거품이요, 수없이 명멸했던 위대한 성현들조차 번쩍거렸다 사라지는 번갯불과 같다고 했으니, 그 자리의 드넓음을 어찌 하늘과 견줄 수 있겠습니까? 그러니 분별과 사량으로 이리저리 재단해 이러쿵저러쿵 끝없이 비방하는 짓을 그만두라는 것입니다. 왜인가? 해 봤자 소용없는 짓이기 때문입니다. '창창(蒼蒼)'은 심하게 비방한다는 뜻입니다.

미 요 오 금 위 군 결
未了吾今爲君訣이로다

깨닫지 못했으니 내가 지금 그대들을 위해서 해결해 주노라.

'결(訣)'이 '결(決)' 자로 되어 있는 책도 있습니다. 두 글자 모두 풀어 주다, 해결해 주다는 뜻입니다. 존재의 실상, 참된 여래의 뜻, 중도적 원리를 모르고 있기에 내가 이 증도가로 하나의 성품을 남김 없이 설파해 그대들의 의심을 해결해 주었다는 것입니다.

성현의 말씀은 오래오래 되새길수록 참맛이 우러납니다. 저 역시 오랜 세월 증도가를 읽으면서 그 감동이 나날이 더함을 절실히 느낍니다. 더구나 이 증도가는 실상법문의 정수요, 최상승법문입니다. 이 하나를 꿰뚫는다면 곧 만법의 이치를 꿰뚫는 것입니다. 그러니 이 증도가 하나로 평생의 공부거리를 삼는다 해도 결코 그를 식견이 좁은 사람이라 탓할 수 없을 것입니다.

증도가 원문

증도가 원문
證道歌

군불견
君不見가
그대는 알리라.

절학무위한도인
絕學無爲閒道人은
배울 것도 없고 할 일도 없는 한가한 도인은

부제망상불구진
不除妄想不求眞이라
망상을 버리지도 않고 진심을 구하지도 않네.

무명실성즉불성
無明實性卽佛性이요
무명의 실제 성품이 그대로 부처님 성품이며

환화공신즉법신
幻化空身卽法身이라
환영 같은 허망한 육신이 그대로 법신이네.

법신각료무일물
法身覺了無一物이요
법신의 실상을 깨닫고 나니 아무것도 없고

본 원 자 성 천 진 불
本源自性天眞佛이라
모든 존재의 근본 자성이 그대로 천진불이로다.

오 음 부 운 공 거 래
五陰浮雲空去來요
오음의 육신도 뜬구름이라 할 일 없이 오고 가며

삼 독 수 포 허 출 몰
三毒水泡虛出沒이로다
삼독의 번뇌도 물거품이라 헛되이 출몰하네.

증 실 상 무 인 법
證實相無人法하니
실상을 증득하니 나와 남의 분별이 없어지고

찰 나 멸 각 아 비 업
刹那滅却阿鼻業이라
찰나 사이에 무간지옥의 업이 사라지네.

약 장 망 어 광 중 생
若將妄語誑衆生인댄
만약 거짓말을 가지고 중생을 속인다면

자 초 발 설 진 사 겁
自招拔舌塵沙劫이로다
영원히 발설지옥에서 사는 업보를 자초하리라.

돈 각 료 여 래 선
頓覺了如來禪하니
여래선의 높은 경지를 순식간에 깨달으니

육도만행체중원
六度萬行體中圓이라
육도만행을 닦아 얻어지는 공덕이 마음 안에 다 있네.

몽리명명유육취
夢裏明明有六趣나
꿈속에서는 분명하고 분명하게 육취가 있으나

교후공공무대천
覺後空空無大千이라
꿈을 깨고 나면 텅텅 비어 온 세상이 하나도 없네.

무죄복무손익
無罪福無損益하니
죄도 없고 복도 없고 손해도 없고 이익도 없으니

적멸성중막문멱
寂滅性中莫問覓하라
적멸한 성품 가운데서 아무것도 찾지 말라.

비래진경미증마
比來塵鏡未曾磨러니
예전에는 때 묻은 거울을 미처 닦지 못했었는데

금일분명수부석
今日分明須剖析이라
오늘에는 분명하게 거울을 쪼개어 버렸네.

수무념수무생
誰無念誰無生고
누가 무념이라 하고 누가 무생멸이라 했던가.

약 실 무 생 무 불 생
若實無生無不生이라
만약 진실로 생멸이 없다면 생멸하지 않음도 없네.

환 취 기 관 목 인 문
喚取機關木人問하라
나무로 만든 허수아비 사람에게 물어보아라.

구 불 시 공 조 만 성
求佛施功早晚成가
성불하기 위해서 공덕을 베푼들 언제 이루겠는가.

방 사 대 막 파 착
放四大莫把捉하고
사대를 놓아 버려 붙들고 있지 말고

적 멸 성 중 수 음 탁
寂滅性中隨飮啄하라
적멸한 성품 가운데서 인연 따라 먹고 마시라.

제 행 무 상 일 체 공
諸行無常一切空이
제행이 무상하여 일체가 공한 것이

즉 시 여 래 대 원 각
卽是如來大圓覺이니라
그것이 곧 여래의 크고 원만한 깨달음이니라.

결 정 설 표 진 승
決定說表眞乘을
분명하고 확실한 가르침과 진실을 나타낸 법을

유 인 불 긍 임 정 징
有人不肯任情徵하라
수긍하지 않는 사람이 있다면 마음껏 물어보라.

직 절 근 원 불 소 인
直截根源佛所印이요
근원을 바로 깨달은 것은 부처님이 인가한 바요

적 엽 심 지 아 불 능
摘葉尋枝我不能이라
잎을 따고 가지를 찾는 일은 나는 능하지 못함이로다.

마 니 주 인 불 식
摩尼珠人不識하니
여의주를 사람들이 알지 못하니

여 래 장 리 친 수 득
如來藏裡親收得이라
여래의 창고 속에 친히 감추어 두었도다.

육 반 신 용 공 불 공
六般神用空不空이요
여섯 가지 신통묘용은 공하면서 공하지 아니하고

일 과 원 광 색 비 색
一顆圓光色非色이라
한 덩어리의 둥근 광명은 빛이면서 빛이 아니로다.

정 오 안 득 오 력
淨五眼得五力은
다섯 가지 눈을 갖추고 다섯 가지 힘을 얻는 것은

유증내지난가측
唯證乃知難可測이라
오직 증득해야 알 바요 헤아리기 어려움이라.

경리간형견불난
鏡裡看形見不難이나
거울 속에 있는 형상이야 보기 어렵지 않겠지만

수중착월쟁염득
水中捉月爭拈得가
물속의 달을 잡으려 한들 어찌 건질 수 있겠는가.

상독보상독행
常獨步常獨行나
나는 항상 홀로 다니고 항상 홀로 걷지만

달자동유열반로
達者同遊涅槃路라
통달한 사람끼리는 열반의 길에서 함께 노닌다.

조고신청풍자고
調古神淸風自高나
곡조가 예스럽고 기운이 맑아 그 기풍 절로 높지만

모췌골강인불고
貌悴骨剛人不顧라
얼굴은 초췌하고 뼈가 앙상해 사람들은 돌아보지 않네.

궁석자구칭빈
窮釋子口稱貧이나
궁색한 부처님의 제자들은 입으로는 가난하다고 하지만

실 시 신 빈 도 불 빈
實是身貧道不貧이라
실은 이 몸이 가난하지 도가 가난한 것은 아닐세.

빈 즉 신 상 피 루 갈
貧則身常被縷褐이요
가난한 면으로는 몸에 항상 누더기를 입었고

도 즉 심 장 무 가 진
道則心藏無價珍이라
도의 입장으로는 마음에 무가보를 지니고 있네.

무 가 진 용 무 진
無價珍用無盡하니
그 무가보를 아무리 써도 다 쓸 수 없으니

이 물 응 기 종 불 린
利物應機終不悋이라
사람들을 이롭게 하고 근기를 따라 베푸는 일에 끝내 아끼지 않네.

삼 신 사 지 체 중 원
三身四智體中圓이요
삼신과 사지가 내 마음 가운데 원만히 갖춰져 있고

팔 해 육 통 심 지 인
八解六通心地印이라
팔해탈과 육신통도 본래 마음 땅에 모두 있었네.

상 사 일 결 일 체 요
上士一決一切了하고
상근기는 하나를 해결해 일체를 다 마치지만

중하다문다불신
中下多聞多不信이라
중근기와 하근기는 그렇게 많이 들어도 믿지를 않네.

단자회중해구의
但自懷中解垢衣언정
다만 스스로 마음 가운데서 때 묻은 옷을 벗어 버릴지언정

수능향외과정진
誰能向外誇精進가
누가 능히 밖을 향해서 자신의 정진을 자랑할 것인가.

종타방임타비
從他謗任他非하라
다른 사람들이 비방하고 헐뜯게 맡겨 두어라.

파화소천도자피
把火燒天徒自疲로다
마치 불로써 하늘을 태우는 일이라 스스로 피로할 뿐이로다.

아문흡사음감로
我聞恰似飮甘露하야
나는 비방하는 말을 들으니 흡사 감로수를 마시는 것과 같아서

소융돈입부사의
銷融頓入不思議로다
깡그리 녹아서 모두 사라지니 참으로 불가사의하도다.

관악언시공덕
觀惡言是功德이니
악한 말을 가만히 살펴보니 이것이야말로 공덕이라

차 즉 성 오 선 지 식
此則成吾善知識이라
이렇게 되면 악한 말을 하는 이가 곧 나의 선지식이로다.

불 인 산 방 기 원 친
不因訕謗起怨親이면
비방으로 인해서 원수와 친한 마음을 일으키는 일이 아니면

하 표 무 생 자 인 력
何表無生慈忍力가
생사를 초월한 자비와 인욕의 힘을 어찌 나타낼 수 있으랴.

종 역 통 설 역 통
宗亦通說亦通하여
근본종지도 통달하고 설법도 또한 통달하여

정 혜 원 명 불 체 공
定慧圓明不滯空이로다
선정과 지혜가 원만하고 밝아서 공에 막히지 않도다.

비 단 아 금 독 달 요
非但我今獨達了라
비단 나만 지금 홀로 통달해서 마친 것이 아니요

항 사 제 불 체 개 동
恒沙諸佛體皆同이로다
항하의 모래 수와 같은 모든 깨달은 이들의 마음이 다 같도다.

사 자 후 무 외 설
師子吼無畏說이여
사자후와 같은 두려움 없는 설법이여

백 수 문 지 개 뇌 열
百獸聞之皆腦裂하고
백 가지 짐승들은 그 소리를 듣고 모두 뇌가 찢어지고

향 상 분 파 실 각 위
香象奔波失却威하며
코끼리는 분주하게 위엄을 잃고 달아나며

천 룡 적 청 생 흔 열
天龍寂聽生欣悅이로다.
천신들과 용들은 가만히 듣고 법회선열에 충만하네.

유 강 해 섭 산 천
遊江海涉山川하야
강과 바다를 건너온 산천을 두루 다니면서

심 사 방 도 위 참 선
尋師訪道爲參禪이러니
스승을 찾고 도를 물어 참선에 열중하다가

자 종 인 득 조 계 로
自從認得曹溪路로
조계의 길에서 인가를 받음으로부터

요 지 생 사 불 상 관
了知生死不相關이로다
생사가 나와 관계없다는 사실을 깨달아 알았도다.

행 역 선 좌 역 선
行亦禪坐亦禪이니
걸어 다녀도 참선이요 앉아 있어도 참선이니

어 묵 동 정 체 안 연
語默動靜體安然이라
말하건 침묵하건 움직이건 고요하건 마음은 부동이라.

종 우 봉 도 상 탄 탄
縱遇鋒刀常坦坦이요
비록 창과 칼을 만난다 하더라도 항상 태연하며

가 요 독 약 야 한 한
假饒毒藥也閑閑이라
가령 독약을 먹더라도 또한 동요 없이 편안하도다.

아 사 득 견 연 등 불
我師得見燃燈佛하사
우리 스승 석가모니도 연등부처님을 친견하고

다 겁 증 위 인 욕 선
多劫曾爲忍辱仙이로다
수많은 세월 동안 인욕선인이 되었었네.

기 회 생 기 회 사
幾回生幾回死아
몇 번이나 태어나고 몇 번이나 죽었던가.

생 사 유 유 무 정 지
生死悠悠無定止라
태어나 죽고 또 태어나는 일이 멈추지 않네.

자 종 돈 오 요 무 생
自從頓悟了無生으로
진리를 몰록 깨달아 생사가 없는 이치를 요달하였으니

어제영욕하우희
於諸榮辱何憂喜아
온갖 영광과 오욕에 무슨 근심이 있고 무슨 기쁨이 있겠는가.

입심산주란야
入深山佳蘭若하니
깊은 산에 들어가 적정한 곳에서 살고 있으니

잠음유수장송하
岑崟幽邃長松下로다
산은 높고 골짜기는 깊어 낙락장송 숲 속이로다.

우유정좌야승가
優遊靜坐野僧家하니
한가롭고 편안하게 야승의 움막에 조용히 앉아

격적한거실소쇄
闃寂閑居實蕭灑라
호젓하고 쓸쓸하게 한가로이 사니 맑고 깨끗하기 이를 데 없다.

각즉요불시공
覺卽了不施功이라
깨달으면 곧 다 끝나고 더 이상의 노력을 베풀지 않는다.

일체유위법부동
一切有爲法不同이로다
일체 유위의 법은 모두가 다 차별되고 다르니라.

주상보시생천복
住相布施生天福이나
상에 집착하여 베푸는 것은 천상에 태어나는 복은 되지만

유여앙전사허공
猶如仰箭射虛空이라
마치 하늘을 향해 화살을 쏘는 것과 같다네.

세력진전환추
勢力盡箭還墜라
올라가는 힘이 다하면 화살은 도리어 떨어지니

초득래생불여의
招得來生不如意로다
오는 세상에 뜻과 같지 못함을 초래하게 되리라.

쟁사무위실상문
爭似無爲實相門에
어찌 아무런 작위가 없는 실상의 도리에서

일초직입여래지
一超直入如來地리요
한 번 뛰어 여래의 경지에 들어가는 것만 하겠는가.

단득본막수말
但得本莫愁末하라
다만 근본을 얻고 지말적인 것을 근심하지 말라

여정유리함보월
如淨琉璃含寶月이로다
마치 깨끗한 유리구슬 안에 보배의 달을 머금고 있는 것과 같도다.

아금해차여의주
我今解此如意珠하니
내가 지금 이 여의주를 풀어놓았으니

자 리 이 타 종 불 갈
自利利他終不竭이라
자신도 이롭고 남도 이롭게 함에 마침내 다함이 없도다.

강 월 조 송 풍 취
江月照松風吹한데
강에 달은 비치고 소나무에 바람은 부는데

영 야 청 소 하 소 위
永夜淸霄何所爲아
긴 밤 맑은 하늘에 무엇을 할 바인가.

불 성 계 주 심 지 인
佛性戒珠心地印이요
불성이라는 계의 구슬은 마음 땅의 도장이요

무 로 운 하 체 상 의
霧露雲霞體上衣로다
안개, 이슬, 구름, 노을은 본체 위의 옷이로다.

항 용 발 해 호 석
降龍鉢解虎錫으로
용을 항복받은 발우와 호랑이의 싸움을 말린 석장으로

양 고 금 환 명 역 력
兩詁金鐶鳴歷歷은
두 고리에 달린 여섯 고리가 쩌렁쩌렁 울리는 것은

불 시 표 형 허 사 지
不是標形虛事持라
모양을 나타내자고 헛되이 가진 것이 아니라

여래보장친종적
如來寶杖親蹤跡이로다
여래의 보배 주장자를 친히 본받음이로다.

불구진부단망
不求眞不斷妄하나니
진리도 구하지 않고 망상도 끊지 않나니

요지이법공무상
了知二法空無相이라
두 가지 법이 공하여 형상이 없는 줄을 분명히 알았도다.

무상무공무불공
無相無空無不空이여
상도 없고 공도 없고 공하지 않음도 없음이여

즉시여래진실상
卽是如來眞實相이로다
그것이 곧 여래의 진실한 모습이로다.

심경명감무애
心鏡明鑑無碍하야
마음의 거울은 밝고 비치는 것이 걸림이 없어서

확연영철주사계
廓然瑩徹周沙界로다
확연히 밝게 사무쳐서 무한한 세계에 두루하도다.

만상삼라영현중
萬象森羅影現中이요
삼라만상이 거울 속의 그림자처럼 나타나 있고

일과원광비내외
一顆圓光非內外로다
한 덩어리 원만한 광명은 안과 밖이 아니로다.

활달공발인과
豁達空撥因果하니
아무것도 없이 텅 비워 인과를 부정하니

망망탕탕초앙화
茫茫蕩蕩招殃禍라
어둡고 아득하여 재앙을 불러오도다.

기유착공병역연
棄有着空病亦然이니
있음을 버리고 없는데 집착하면 그 병도 또한 같으니

환여피익이투화
還如避溺而投火라
물에 빠지는 것을 피해 불 속으로 뛰어드는 것과 같도다.

사망심취진리
捨妄心取眞理여
망심을 버리고 진리를 취하는 것이여

취사지심성교위
取捨之心成巧僞로다
취하고 버리는 마음이 교묘한 거짓을 이루는구나.

학인불료용수행
學人不了用修行하니
공부하는 사람이 그러한 이치를 깨닫지 못하고 수행을 하니

진 성 인 적 장 위 자
眞成認賊將爲子로다
참으로 도적을 오인해서 아들을 삼음이로다.

손 법 재 멸 공 덕
損法財滅功德은
법의 재산을 손상시키고 공덕을 소멸하게 하는 것은

막 불 유 사 심 의 식
莫不由斯心意識이니
이런 심·의·식을 말미함지 아니함이 없으니

시 이 선 문 요 각 심
是以禪門了却心하고
그러므로 선문에서는 심·의·식을 떨쳐 버리고

돈 입 무 생 지 견 력
頓入無生知見力이로다
생멸이 없는 지견의 힘에 몰록 들어가도다.

대 장 부 병 혜 검
大丈夫秉慧劍은
대장부가 지혜의 칼을 잡은 것은

반 야 봉 혜 금 강 염
般若鋒兮金剛焰이로다
반야의 칼날이요 금강의 불꽃이로다.

비 단 능 최 외 도 심
非但能摧外道心이라
비단 능히 외도들의 마음을 꺾을 뿐만 아니라

조 증 락 각 천 마 담
早曾落却天魔膽이로다
일찍이 천신과 마구니들의 간담을 떨어뜨리네.

진 법 뢰 격 법 고
震法雷擊法鼓여
법의 우레를 떨치고 법의 북을 두드림이여

포 자 운 혜 쇄 감 로
布慈雲兮灑甘露로다
자비의 구름을 펼치고 감로의 법 비를 뿌림이로다.

용 상 축 답 윤 무 변
龍象蹴踏潤無邊하니
용과 코끼리가 차고 밟고 지나가 윤택함이 넘쳐 나니

삼 승 오 성 개 성 오
三乘五性皆惺悟로다
삼승들과 오성들이 모두 다 깨어나네.

설 산 비 니 갱 무 잡
雪山肥膩更無雜이라
설산의 비니초 밭에는 잡된 풀이 하나도 없어

순 출 제 호 아 상 납
純出醍醐我常納이라
그것을 먹은 소의 제호를 내가 항상 마시도다.

일 성 원 통 일 체 성
一性圓通一切性이요
하나의 성품이 일체의 성품에 원만하게 통하고

일법변함일체법
一法遍含一切法이로다
하나의 법이 일체의 법을 두루 포함하도다.

일월보현일체수
一月普現一切水하고
하나의 달이 일체의 물에 널리 나타나고

일체수월일월섭
一切水月一月攝이로다
물에 비친 모든 달은 하나의 달에 포섭되도다.

제불법신입아성
諸佛法身入我性이요
모든 깨달은 사람의 법신이 내 성품에 들어오고

아성환공여래합
我性還共如來合이로다
나의 성품이 또 여래와 함께 합하도다.

일지구족일체지
一地具足一切地하니
하나의 지위가 모든 지위를 다 갖추고 있으니

비색비심비행업
非色非心非行業이라
육신도 아니고 마음도 아니고 행업도 아니다.

탄지원성팔만문
彈指圓成八萬門이요
손가락 한 번 퉁기는 사이에 온갖 수행을 원만하게 이루었고

찰 나 멸 각 삼 기 겁
刹那滅却三祇劫이로다
찰나 사이에 삼아승지겁을 소멸하였네.

일 체 수 구 비 수 구
一切數句非數句여
일체의 법수와 법수가 아닌 법문들이여

여 오 영 각 하 교 섭
與吾靈覺何交涉가
내 신령스러운 깨달음과 무슨 교섭이 있을 것인가.

불 가 훼 불 가 찬
不可毀不可讚이여
훼방할 수도 없고 찬탄할 수도 없음이여

체 약 허 공 물 애 안
體若虛空勿涯岸이라
심체는 허공과 같아서 가장자리가 없다.

불 리 당 처 상 담 연
不離當處常湛然이나
당처를 떠나지 않고 있으면서 항상 맑고 깨끗하나

멱 즉 지 군 불 가 견
覓則知君不可見이리라
찾으면 분명히 알겠구나, 그대가 볼 수 없음을.

취 부 득 사 부 득
取不得捨不得이니
취할 수도 없고 버릴 수도 없으니

불 가 득 중 지 마 득
不可得中只麼得이라
얻을 수 없는 가운데서 또 그렇게 얻는다.

묵 시 설 설 시 묵
默時說說時默이요
침묵하면서 말하고 말하면서 침묵하니

대 시 문 개 무 옹 색
大施門開無壅塞이라
크게 베푸는 문이 활짝 열려 옹색함이 없다.

유 인 문 아 해 하 종
有人問我解何宗고 하면
어떤 사람이 나에게 무슨 종취를 아느냐고 물으면

보 도 마 하 반 야 력
報道摩訶般若力이라 하리라
마하반야의 힘이라고 대답하리라.

혹 시 혹 비 인 불 식
或是或非人不識하고
혹자는 옳다 하고 혹자는 그르다 하지만 사람들은 알지 못하고

역 행 순 행 천 막 측
逆行順行天莫測이라
역행하기도 하고 순행하기도 하니 천신도 측량하지 못하네.

오 조 증 경 다 겁 수
吾早曾經多劫修라
나는 일찍이 다겁을 지내면서 수행하였기에

불 시 등 한 상 광 혹
不是等閑相誑惑이라
등한히 속이고 미혹하게 하는 것이 아니다.

건 법 당 입 종 지
建法幢立宗旨는
법의 깃발을 세우고 종지를 드날리니

명 명 불 칙 조 계 시
明明佛勅曹溪是로다
너무나도 분명한 부처님의 법이며 조계 육조가 바로 그것이로다.

제 일 가 섭 수 전 등
第一迦葉首傳燈하사
제일 먼저 가섭존자가 그 등불을 전해 받으사

이 십 팔 대 서 천 기
二十八代西天記라
28대 달마 스님까지가 서천의 기록일새

법 동 류 입 차 토
法東流入此土하야
법이 동쪽으로 흘러 중국에 들어와서

보 리 달 마 위 초 조
菩提達磨爲初祖로다
보리달마가 초조가 되었네.

육 대 전 의 천 하 문
六代傳衣天下聞이오
육대까지 내려오면서 옷과 법을 전한 것은 천하가 다 알고

후 인 득 도 하 궁 수
後人得道何窮數리오
후인들이 득도한 것이야 어찌 다 헤아리랴.

진 불 립 망 본 공
眞不立妄本空하고
진도 세울만한 것이 아니고 망도 본래 공한 것이라

유 무 구 견 불 공 공
有無俱遣不空空이라
유와 무를 함께 버리니 공하지 않으면서 공하네.

이 십 공 문 원 불 착
二十空門元不著하니
스무 가지 공의 문에 원래 집착하지 않으니

일 성 여 래 체 자 동
一性如來體自同이라
하나인 성품의 여래는 그 본체가 저절로 동일함이라

심 시 근 법 시 진
心是根法是塵이니
마음은 뿌리가 되고 법은 티끌이 되어

양 종 유 여 경 상 흔
兩種猶如鏡上痕이라
두 가지가 마치 거울에 낀 때와 같다.

흔 구 진 제 광 시 현
痕垢盡除光始現이요
흠집과 때가 다했을 때 광명이 비로소 나타나고

심법쌍망성즉진
心法雙亡性卽眞이라
마음과 법이 함께 없어지면 성품이 곧 진실함이라.

차말법악시세
嗟末法惡時世에
아 슬프다, 이 말법 시대 악한 세상에

중생박복난조제
衆生薄福難調制로다
중생들 박복하여 조복받기 어렵도다.

거성원혜사견심
去聖遠兮邪見深이요
성인에게 가기가 시간적으로 멀어서 삿된 소견은 깊어지고

마강법약다원해
魔强法弱多怨害로다
마구니는 강하고 정법은 약해져 미워하고 훼방하는 일이 많도다.

문설여래돈교문
聞說如來頓敎門하야도
여래의 돈교법문 설하는 것을 듣고도

한불멸제령와쇄
恨不滅除令瓦碎로다
없애지 못하고 도리어 와해됨을 한탄하노라.

작재심앙재신
作在心殃在身하니
짓는 것은 마음이 하고 재앙은 몸이 받으니

불수원소갱우인
不須怨訴更尤人이어다
모름지기 남을 원망하고 하소연하거나 허물하지 말지어다.

욕득불초무간업
欲得不招無間業인댄
무간지옥에 떨어질 업을 초래하지 않고자 하거든

막방여래정법륜
莫謗如來正法輪이어다
여래의 정법을 비방하지 말라.

전단림무잡수
栴檀林無雜樹하니
전단향나무의 숲에는 잡된 나무가 없으니

울밀심침사자주
鬱密深沉師子住라
울창하고 깊숙하여 사자가 머무는지라.

경정림한독자유
境靜林閒獨自遊하니
경계는 고요하고 숲 속은 한가하여 내 홀로 노니니

주수비금개원거
走獸飛禽皆遠去라
짐승과 새들은 다 멀리멀리 가 버리네.

사자아중수후
師子兒衆隨後하야
사자 새끼 무리들만 뒤를 따르며

삼세변능대효후
三歲便能大哮吼로다
세 살만 되면 곧 크게 포효를 할 줄 안다.

약시야간축법왕
若是野干逐法王인댄
만약 들여우가 법왕을 쫓으려 한다면

백년요괴허개구
百年妖怪虛開口로다
백 년이 되어도 요괴인지라 헛되이 입만 벌리도다.

원돈교몰인정
圓頓敎沒人情이니
원만한 가르침은 인정이 없으니

유의불결직수쟁
有疑不決直須爭이어다
의심이 있어 해결하지 못하거든 곧바로 따져 볼지어다.

불시산승영인아
不是山僧逞人我라
산승이 아상 인상을 드러내려고 하는 것이 아니다

수행공락단상갱
修行恐落斷常坑이로다
수행하는데 단견과 상견의 구덩이에 떨어질까 염려해서니라.

비불비시불시
非不非是不是여
그름과 그르지 아니한 것과 옳음과 옳지 아니함이여

차 지 호 리 실 천 리
差之毫釐失千里라
호리만큼만 어긋나도 천리를 잃어버린다.

시 즉 용 녀 돈 성 불
是則龍女頓成佛이요
옳은 입장으로는 용녀도 순식간에 성불을 했고

비 즉 선 성 생 함 추
非則善星生陷墜라
그른 입장으로는 선성 비구도 산 채로 지옥에 떨어졌네.

오 조 연 래 적 학 문
吾早年來積學問하야
나는 일찍부터 학문을 많이 쌓아서

역 증 토 소 심 경 론
亦曾討疏尋經論이로다
소초도 찾고 경론도 찾아 헤멨다.

분 별 명 상 부 지 휴
分別名相不知休라
명상을 분별하기를 쉴 줄 모른 것이

입 해 산 사 도 자 곤
入海算沙徒自困이라
바다에 들어가서 모래를 세는 격이라 스스로 피로할 뿐이었네.

각 피 여 래 고 가 책
却被如來苦呵責하니
도리어 여래의 호된 꾸지람을 듣고 보니

수 타 진 보 유 하 익
數他珍寶有何益가
다른 사람의 보배를 세는 격이라 나에게 무슨 이익이 있었겠는가.

종 래 층 등 각 허 행
從來蹭蹬覺虛行하니
예전에는 걸음을 제대로 걷지 못하여 헛되게 행했음을 깨달으니

다 년 왕 작 풍 진 객
多年枉作風塵客이로다
오랜 세월 동안 잘못되게 풍진객이 되었더라.

종 성 사 착 지 해
種性邪錯知解여
종성이 삿되고 잘못 알고 있었음이여

부 달 여 래 원 돈 제
不達如來圓頓制로다
여래의 원만한 법을 통달하지 못했더라.

이 승 정 진 물 도 심
二乘精進勿道心이요
이승들의 정진은 도의 마음이 아니요

외 도 총 명 무 지 혜
外道聰明無智慧라
외도는 아무리 총명해도 지혜가 없는지라

역 우 치 역 소 애
亦愚癡亦小騃니
어리석고 또 어리석으니

공 권 지 상 생 실 해

空拳指上生實解로다

빈주먹에 안에 무엇을 가지고 있다고 잘못 알았네.

집 지 위 월 왕 시 공

執指爲月枉施功하고

손가락을 집착하여 달을 삼으니 그릇 노력을 하고

근 경 법 중 허 날 괴

根境法中虛捏怪로다

육근과 육경의 법 가운데서 헛되이 눈을 비비도다.

불 견 일 법 즉 여 래

不見一法卽如來니

한 법도 보지 않는 것이 곧 여래이니

방 득 명 위 관 자 재

方得名爲觀自在라

바야흐로 이름을 관자재라고 한다.

요 즉 업 장 본 래 공

了卽業障本來空이나

깨달으면 업장이 본래 공하지만

미 료 환 수 상 숙 채

未了還須償宿債라

깨닫지 못하면 모름지기 묵은 빚을 갚아야 한다.

기 봉 왕 선 불 능 손

飢逢王饍不能飡하니

배는 고픈데 왕의 음식을 만났으나 먹지를 않으니

병 우 의 왕 쟁 득 차
病遇醫王爭得差아
병든 사람이 의왕을 만난들 어찌 나을 수 있으랴.

재 욕 행 선 지 견 력
在欲行禪知見力하니
욕심의 상태에 있으면서 선정을 닦는 것은 지견의 힘이니

화 중 생 련 종 불 괴
火中生蓮終不壞로다
비유컨대 불 속에서 연꽃이 피는 것과 같아서 마침내 파괴되지 않도다.

용 시 범 중 오 무 생
勇施犯重悟無生하니
용시 비구는 중죄를 범하고도 생사가 없는 도리를 깨달았으니

조 시 성 불 우 금 재
早時成佛于今在로다
일찍이 성불하시어 지금도 계신다.

사 자 후 무 외 설
獅子吼無畏說이여
사자후의 두려움 없는 설법이여

심 차 몽 동 완 피 달
深嗟懞憧頑皮靼이로다
어리석어서 마치 완악한 가죽과 같음을 슬퍼하도다.

지 지 범 중 장 보 리
只知犯重障菩提하고
다만 중죄를 범하면 보리에 장애가 된다는 사실만 알고

불 견 여 래 개 비 결
不見如來開秘訣이로다
여래가 열어 놓은 그 비결을 보지 못하는구나.

유 이 비 구 범 음 살
有二比丘犯淫殺에
두 비구가 있어서 음행과 살인을 범했을 때

바 리 형 광 증 죄 결
波離螢光增罪結이나
우바리존자의 반딧불 같은 소견은 죄의 매듭만 증장시켰지만

유 마 대 사 돈 제 의
維摩大士頓除疑가
유마대사는 몰록 의심을 제거한 것이

환 동 혁 일 소 상 설
還同赫日銷霜雪이라
뜨거운 태양이 서리나 눈을 녹이는 것과 같았네.

부 사 의 해 탈 력
不思議解脫力이여
불가사의한 해탈의 힘이여

묘 용 항 사 야 무 극
妙用恒沙也無極이라
묘한 작용이 항하의 모래 수와 같아 다함이 없네.

사 사 공 양 감 사 로
四事供養敢辭勞아
네 가지 공양을 감히 수고롭다고 사양할 것인가

만냥황금역소득
萬兩黃金亦銷得이라
하루에 만 냥의 황금을 쓴다 하더라도 다 녹일 수 있다.

분골쇄신미족수
粉骨碎身未足酬요
분골쇄신한다 하더라도 깨닫지 못하면 족히 갚을 수가 없으나

일구요연초백억
一句了然超百億이라
한 구절에 환히 깨달으면 백억 배를 초과하여 은혜를 갚으리라.

법중왕최고승
法中王最高勝이여
법 가운데 왕이요, 가장 뛰어나니

항사여래동공증
恒沙如來同共證이라
항하의 모래 수와 같은 여래들이 다 함께 증득하였네.

아금해차여의주
我今解此如意珠하니
내가 지금 이 여의주를 풀어놓았으니

신수지자개상응
信受之者皆相應하리라
믿고 받아 가지는 사람들은 다 상응할 것이다.

요요견무일물
了了見無一物이여
밝게 보고 밝게 보아도 한 물건도 없으니

역 무 인 혜 역 무 불
亦無人兮亦無佛이라
사람도 없고 부처도 없더라.

대 천 사 계 해 중 구
大千沙界海中漚요
삼천대천세계가 바다 가운데 물거품이요

일 체 성 현 여 전 불
一切聖賢如電拂이라
일체의 성현들도 번갯불이 번쩍하는 것이로다.

가 사 철 륜 정 상 선
假使鐵輪頂上旋이라도
가령 쇠바퀴가 머리 위를 지나가 산산조각이 난다 하더라도

정 혜 원 명 종 불 실
定慧圓明終不失이라
내가 깨달은 정과 혜는 원명해서 마침내 잃지 않도다.

일 가 냉 월 가 열
日可冷月可熱이언정
해가 차갑게 되고 달이 뜨겁게 되는 그런 세상이 온다 하더라도

중 마 불 능 괴 진 설
衆魔不能壞眞說이라
뭇 마구니는 능히 이 진리의 설법을 능히 무너뜨리지 못할 것이다.

상 가 쟁 영 만 진 도
象駕崢嶸漫進途라
코끼리에 수레를 매어 위풍당당하게 길을 가는데

수 당 랑 능 거 철
誰螳螂能拒轍가
어떤 당랑이가 그 길을 막을 수 있겠는가.

대 상 불 유 어 토 경
大象不遊於兎徑이요
큰 코끼리는 토끼의 길에 놀지 않고

대 오 불 구 어 소 절
大悟不拘於小節이라
크게 깨달은 사람은 작은 절개에 구애받지 않는다.

막 장 관 견 방 창 창
莫將管見謗蒼蒼하라
좁은 소견을 가지고 창창히 비방하지 말라.

미 요 오 금 위 군 결
未了吾今爲君訣이로다
깨닫지 못했으니 내가 지금 그대들을 위해서 해결해 주노라.

무비 스님의 중도가 강의

초판 1쇄 펴냄 2014년 6월 17일
1판 2쇄 펴냄 2014년 9월 30일

강   설 | 무비 스님
발 행 인 | 이자승
편 집 인 | 김용환
펴 낸 곳 | (주)조계종출판사

책임편집 | 고주리
편   집 | 공정선 이현정
제   작 | 윤찬목 인병철
마 케 팅 | 김영관

출판등록 | 제300-2007-78호(2007.4.27.)
주   소 | 서울 종로구 우정국로 67 대한불교조계종 전법회관 7층
전   화 | 02) 720-6107~9
팩   스 | 02) 733-6708
홈페이지 | www.jogyebook.com
도서보급 | 서적총판사업부 02) 998-5847
구입문의 | 불교전문서점 02) 2031-2070~3 / www.jbbook.co.kr

ⓒ 무비, 2014

ISBN   979-11-5580-015-7   03220